Knaur®

Dieses Buch wurde auf chlor- und säurefreiem Papier gedruckt.

Originalausgabe November 1996

Umschlaggestaltung: Agentur ZERO, München
Umschlagillustration: Sabine Schröder, München
Umbruch: Ventura Publisher im Verlag
Druck und Bindung: Ebner, Ulm
Printed in Germany
ISBN 3-426-60487-6

2 4 5 3 1

HOLGER WOLANDT (HRSG.)

Erlesene Weihnachten

Erzählungen

Knaur

Inhalt

Paul Bowles

Eisfelder

Der Zug hatte Verspätung, weil die heißgelaufene Lagerbuchse unter einem der Waggons mitten auf einem großen, flachen, von Schnee bedeckten Feld Feuer fing. Sie hatten etwa eine Stunde dort gestanden. Nach dem Rattern und Kreischen des Zuges löste die plötzliche Stille und das verlegene Hin- und Herrutschen der Leute auf den Sitzen allgemeine Unruhe aus. Einmal war auf dem Gleis nebenan ein anderer Zug vorbeigebraust, dessen Dröhnen schlimmer als Donner war; danach wuchs die Nervosität unter den Passagieren, und sie begannen, sich mit leisen Stimmen gereizt zu unterhalten.

Donald hatte mit den Fingernägeln Bilder in das Eis geritzt, das die untere Hälfte des Fensters neben seinem Sitz bedeckte. Sein Vater sagte: »Laß das!« Er wagte nicht zu fragen: »Warum?«, aber er dachte es; er sah nicht ein, was daran schlecht sein sollte, und er nahm es seiner Mutter ein wenig übel, daß sie nicht eingegriffen hatte. Er hätte es so hinbiegen können, daß sie gegen das sinnlose Verbot protestierte, doch die Erfahrung hatte ihn gelehrt, daß er nur eine begrenzte Zahl von Malen am Tag auf ihre Hilfe bauen konnte und es unklug war, ihren Vorrat an gutem Willen überzustrapazieren.

Man hatte den Schnee von den Bahnsteigen geräumt, als sie ausstiegen. Es war bitter kalt; eine dicke Dampfwolke schwebte von der Lokomotive herab und hüllte einen Teil des ersten Waggons ein. Donalds Füße schmerzten vor Kälte.

»Da sind Onkel Greg und Onkel Willis!« rief er und hüpfte mehrmals von einem Bein aufs andere.

»Du brauchst nicht zu schreien«, sagte sein Vater. »Wir

sehen sie. Zappel nicht so herum. Und nimm deinen Koffer.«

Onkel Willis trug einen schwarzen Bärenfellmantel, der fast bis zum Boden reichte. Er packte ihn unter den Armen und hob ihn in die Luft, bis Donalds Kopf auf gleicher Höhe mit seinem war. Dann küßte er ihn fest auf den Mund und warf ihn hinüber in Onkel Gregs Arme, und Onkel Greg machte dasselbe. »Na, wie geht's unserem kleinen Mann?« rief Onkel Greg, als er ihn wieder absetzte.

»Gut!« antwortete Donald im Bewußtsein eines Triumphes. Sein Vater mochte nicht, wenn man Jungen küßte. »Männer geben sich die Hand«, pflegte er zu sagen. »Sie küssen sich nicht.«

Der Himmel war kristallklar, und obwohl er sich wegen des bevorstehenden Einbruchs der Dämmerung bereits lavendelblau färbte, strahlte er noch eine intensive Helligkeit aus, so wie der Himmel in einer Szene beim Russischen Ballett. Seine Mutter hatte ihn vor ein paar Wochen mitgenommen, als die Pavlova aufgetreten war; es war weniger der Tanz, der ihn erregt hatte, als der unerwartete direkte Kontakt mit der Welt der Magie. Dies hier war ein magischer Himmel, ganz anders als der, den er über den Straßen von New York gewohnt war. Alles, was mit der Farm zu tun hatte, war von Magie erfüllt. Das Haus war der Mittelpunkt einer verzauberten Welt, die realer war als die Welt, die andere Menschen kannten. In den langen grünen Sommern, die er mit seiner Mutter und anderen Mitgliedern ihrer Familie hier verbrachte, hatte er diese Welt entdeckt und erforscht, und keiner von ihnen hatte jemals bemerkt, daß er darin lebte. Die Anwesenheit seines Vaters jedoch bedeutete ernsthafte Gefahr, denn es war so gut wie unmöglich, irgend etwas vor ihm geheimzuhalten. Sobald er von der Existenz der anderen Welt erfuhr, würde er alles tun, um sie zu zerstören. Und Donald war noch nicht sicher, daß alle Zugänge sicher bewacht oder wirksam getarnt waren.

Sie saßen hinten im Schlitten, bedeckt mit einem braunen Büffelfell. Die beiden schweren grauen Pferde stießen Dampf aus ihren großen Nüstern. Schweigend glitt die weiße Landschaft an ihnen vorbei; die gefrorenen Bäume leuchteten rosa im Licht des späten Nachmittags. Onkel Greg hielt die Zügel, und Onkel Willis, der neben ihm saß, drehte sich zur Seite, um mit Donalds Mutter zu sprechen.

»Meine Füße tun weh!« sagte Donald.

»Um Gottes willen, mein Junge!« rief Onkel Willis. »Hast du sie denn nicht auf den Backsteinen? Da unten liegen fünf heiße Backsteine. Dazu sind sie da.« Er beugte sich hinunter und hob die schwere Decke an. Die Backsteine waren in Zeitungspapier gewickelt.

»*Meine* Füße sind die reinsten Eisblöcke«, sagte Donalds Mutter. »Hier, zieh deine Schuhe aus und stell die Füße drauf.« Sie schob zwei Backsteine in Donalds Richtung.

»Er will sich nur wichtig machen«, sagte Donalds Vater. Aber er verbot ihm nicht, die Backsteine zu nehmen.

»Besser so?« fragte Onkel Willis nach einer Weile.

»Fühlt sich gut an. Wie viele Meilen sind es noch bis zur Farm?«

»Sieben Meilen bis The Corner, und von da aus noch anderthalb.«

»Oh, ich weiß, daß es von The Corner noch anderthalb Meilen sind«, sagte Donald. Er war das Stück im Sommer oft zu Fuß gegangen und kannte die Namen der Farmen an der Straße. »Zuerst kommen die Elders, dann die Landons, dann die Madisons –«

Sein Vater stieß ihn mit dem Ellbogen unsanft in die Rippen. »Sei mal eine Weile still.«

Onkel Willis tat, als habe er nichts gehört. »Ja, ja, du hast wirklich ein gutes Gedächtnis. Wie alt bist du jetzt?«

Donalds Kehle schnürte sich zusammen; er kannte das, es bedeutete nicht, daß er weinen würde – nur daß ihm zum Weinen zumute war. Er hustete und sagte mit erstickter Stimme: »Sechs.« Er hustete noch einmal; dann, beschämt und ängstlich, daß Onkel Willis etwas bemerkt haben könnte, setzte er hinzu: »Aber einen Tag nach Neujahr werde ich sieben.«

Danach sagte keiner mehr etwas; man hörte nur den gedämpften Rhythmus der Pferdehufe und das leise Knirschen der Kufen auf der festen Schneedecke. Der Himmel war jetzt eine Schattierung dunkler als die weißen Wiesen, und die Wälder dahinter mit ihren Millionen nackter Zweige wirkten allmählich unheimlich. Donald war froh, in der Mitte zu sitzen. Er wußte, daß es da draußen keine Wölfe gab, und doch – war das sicher? Früher hatte es Wölfe gegeben und auch Bären, und nur weil seit Jahren niemand mehr einen gesehen hatte, sagte man jetzt, es gäbe keine mehr. Aber das war kein Beweis.

Sie erreichten The Corner, wo die Straße, die zur Farm führte, von der Hauptstraße abbog. Sieben verrostete Briefkästen standen in einer schiefen Reihe, für jede Farm einer.

»R. F. D. Nummer eins«, sagte Onkel Willis und lachte. Das war immer ein Scherz zwischen ihnen gewesen, seit sie die Farm gekauft hatten, denn sie waren Städter und hielten die echten Farmer für sehr komische Leute.

Jetzt hatte Donald das Gefühl, auf heimischem Boden zu sein, und das flößte ihm genug Selbstvertrauen ein, um zu sagen: »*Rural Free Delivery.*« Er sprach die Worte vorsichtig aus, weil das erste ihm manchmal Schwierigkeiten bereitete. Aber er sprach sie richtig aus, und Onkel Greg rief, ohne sich umzudrehen: »Genau! Gehst du schon zur Schule?«

»Ja.« Er hatte keine Lust, mehr zu sagen, denn er folgte den Biegungen der Straße, die er auswendig kannte. Aber alles wirkte so anders, als er es in Erinnerung hatte; er konnte kaum glauben, daß es derselbe Ort war. Das Land hatte seine Vertrautheit verloren, lag nackt und schutzlos da. Selbst jetzt in der anbrechenden Dämmerung konnte er durch die unbelaubten Büsche hindurchsehen, hinter denen sich die leeren Felder hätten verstecken sollen. Seine Füße wurden langsam warm, aber die Hände in den wollenen Handschuhen unter dem Büffelfell waren taub vor Kälte.

Die Farm kam in Sicht; hinter jedem Fenster des Erdgeschosses stand eine brennende Kerze in einem Kranz aus Stechpalmenzweigen. Er bückte sich und zog die Schuhe an. Das war schwierig, denn seine Finger taten weh. Als er sich aufrichtete, hatte der Schlitten angehalten. Die Küchentür ging auf; jemand kam heraus. Alle riefen »Hallo!« und »Fröhliche Weihnachten!«. Zwischen Schlitten und Küche war er sich nur der Tatsache bewußt, daß alle ihn küßten und ihm über den Kopf strichen, ihn hochhoben und wieder absetzten und ihm sagten, er sei gewachsen. Sein Großvater half ihm, die Schuhe wieder auszuziehen, und nahm eine Abdeckung vom Herd, damit er sich über den Flammen die Hände wärmen konnte. Die Küche roch genau wie im Sommer nach Holzrauch, saurer Milch und Kerosin.

Es war immer sehr aufregend, unter vielen Menschen zu sein. Jeder einzelne war ein zusätzliches Bollwerk gegen die ständige Wachsamkeit seiner Eltern. Zu Hause gab es nur ihn und sie, so daß die Mahlzeiten fürchterliche Torturen waren. Heute abend saßen sie zu acht am Tisch. Sie legten ein riesiges altes, in Leder gebundenes Wörterbuch auf seinen Stuhl, damit er hoch genug saß, und plazierten ihn zwischen seine Großmutter und Tante Emilie. Sie hatte dunkelbraune Augen und war sehr hübsch. Onkel Greg hatte sie vor einem Jahr geheiratet, und Donald wußte aus vielen Gesprächen, die er mit angehört hatte, daß keiner von den anderen sie wirklich mochte.

Großmutter sagte: »Louisa und Ivor können nicht vor morgen hier sein. Mr. Gordon fährt sie im Wagen bis Portersville. Heute werden sie alle drei im Hotel übernachten, und morgen früh müssen wir als erstes hinfahren und sie abholen.«

»Und Mr. Gordon auch, nehme ich an«, sagte seine Mutter.

»Oh, ich denke schon«, sagte Onkel Greg. »Er wird doch Weihnachten nicht allein verbringen wollen.«

Seine Mutter sah verstimmt aus. »Das scheint mir etwas übertrieben«, wandte sie ein. »Immerhin ist Weihnachten ein *Familienfest.*«

»Nun, eigentlich gehört er ja jetzt zur Familie«, sagte Onkel Willis und lächelte schief.

Seine Mutter antwortete heftig: »Ich finde es schrecklich!«

»Es geht ihm ziemlich schlecht in letzter Zeit«, mischte sich Großpapa ein und schüttelte den Kopf.

»Immer noch Feuerwasser?« fragte sein Vater.

Onkel Greg hob die Augenbrauen. »Das und Schlimmeres. Du weißt schon … Und Ivor auch.«

Donald wußte, daß sie nur seinetwegen so geheimnisvoll taten. Er gab vor, nicht hinzuhören und sich darauf zu konzentrieren, mit dem Serviettenring Muster in die Tischdecke zu drücken.

Sein Vater schien ziemlich verwundert. »Wie kommen sie daran?« fragte er.

»Sie kriegen es auf Rezept«, sagte Onkel Willis leichthin. »Irgendein Quacksalber aus Polen verschreibt es ihnen.«

»Also wirklich«, rief seine Mutter. »Ich verstehe nicht, wie Louisa das *aushält.*«

Tante Emilie, die bisher geschwiegen hatte, mischte sich plötzlich ein. »Oh, ich weiß nicht«, sagte sie nachdenklich. »Sie sind beide sehr nett zu ihr. Ich glaube, Mr. Gordon ist überaus großzügig. Immerhin zahlt *er* die Miete für ihre Wohnung, verstehst du, und er überläßt ihr fast jeden Nachmittag den Wagen und den Chauffeur.«

»Du hast ja überhaupt keine Ahnung«, fuhr Onkel Greg mit rauher, unfreundlicher Stimme dazwischen, als wolle er sie damit zum Schweigen bringen. Doch sie fuhr fort, ein bißchen lauter, und selbst Donald merkte, daß sie es offenbar gewohnt waren zu streiten.

»*Zufällig* weiß ich, daß Ivor jederzeit in eine Scheidung einwilligen würde, wenn sie es wollte, das hat sie mir selbst erzählt.«

Schweigen senkte sich über den Tisch; Donald war sicher, daß sie alle durcheinander gesprochen hätten, wenn er nicht dabei gewesen wäre. Tante Emilie hatte etwas gesagt, das er nicht hören sollte.

»Nun«, brach Onkel Willis schließlich aufmunternd das Schweigen, »wie wär's mit noch einem Stück Kuchen, mein Junge?«

»Wie wär's mit Schlafengehen, meinst du wohl?« sagte sein Vater. »Höchste Zeit, daß er ins Bett kommt.«

Seine Mutter sagte nichts, half ihm vom Stuhl herunter und brachte ihn nach oben.

Die kleinen Scheiben seines Fensters waren vollkommen mit Eis bedeckt. Er öffnete den Mund und hauchte gegen das Fenster, bis ein rundes Loch darin geschmolzen war und er die Dunkelheit draußen sehen konnte. »Mach das nicht, Liebling«, sagte seine Mutter. »Großmama muß sonst die Fenster putzen. Ab ins Bett mit dir. Unter der Bettdecke liegt ein schöner warmer Backstein, damit deine Füße nicht frieren.« Sie steckte die Decke um ihn fest, gab ihm einen Kuß und nahm die Lampe vom Tisch. Die ärgerliche Stimme seines Vaters erklang vom Fuß der Treppe. »Laura! Was ist denn los da oben? Kommst du endlich?«

»Gibt es überhaupt kein Licht im Zimmer?« fragte Donald.

»Ich komme!« rief sie. Sie sah Donald an. »Zu Hause hast du auch kein Licht.«

»Ich weiß, aber zu Hause kann ich es anmachen, wenn ich es brauche.«

»Nun, heute nacht wirst du es nicht brauchen. Dein Vater würde einen Wutanfall kriegen, wenn ich die Lampe hier ließe. Das weißt du doch. Schlaf also ein.«

»Aber ich werde nicht schlafen können«, sagte er unglücklich.

»Laura!« schrie sein Vater.

»Ja, *gleich*!« rief sie wütend zurück.

»Bitte, Mutter ...«

Ihre Stimme war unnachgiebig. »Die kalte Luft wird dich im Handumdrehen einschlafen lassen. Also mach die Augen zu.« Mit der Lampe in der Hand trat sie zur Tür, ging hinaus und zog sie hinter sich zu.

Auf dem Nachttisch stand eine kleine Porzellanuhr, die

sehr laut und schnell tickte. In unregelmäßigen Abständen drang ein Schwall von Gelächter von unten herauf, das sofort wieder erstarb. Seine Mutter hatte gesagt: »Ich mache das Fenster einen Spalt auf, das wird genügen.« Von Minute zu Minute wurde es kälter im Zimmer. Er schob eine Fußsohle gegen den heißen Backstein und hörte das Knistern der Zeitung, in die er eingewickelt war. Es blieb ihm nichts anderes übrig als einzuschlafen. Auf seinem Weg zu den Grenzen des Bewußtseins hatte er eine Vision. Aus den Bergen hinter der Farm, über Felsen und Büsche springend, rannte lautlos ein Wolf auf der eisigen Schneekruste entlang. Er kam auf das Haus zu. Als er es erreichte, spähte er durch die Fenster, bis er das Eßzimmer entdeckte, wo die Erwachsenen um den großen Tisch herumsaßen. Donald fröstelte, als er durch das Glas seine Augen im Dunkeln sah. Und nun, jede Bewegung genau berechnend, setzte der Wolf zum Sprung an, zertrümmerte die Fensterscheibe und packte Donalds Vater am Hals. Im nächsten Augenblick, noch bevor jemand sich bewegen oder aufschreien konnte, war er mit seiner Beute zwischen den Kiefern wieder verschwunden; den Kopf zur Seite gedreht, schleifte er die schlaffe Gestalt schnell über die Schneedecke.

Als er die Augen aufschlug, hing das weiße Licht des Morgengrauens im Zimmer. Schon hörte man Geräusche im Innern des Hauses: Menschen regten sich. Er hörte, wie ein Fenster zugeklappt wurde, und dann die regelmäßigen Schläge eines Mannes, der Holz hackte. Kurz darauf entstanden auch in seiner Nähe Geräusche, und er wußte, daß seine Eltern im Zimmer nebenan aufgestanden waren. Die Tür flog auf, und seine Mutter kam in einem dicken braunen Bademantel aus Flanell herein; das Haar fiel ihr lose über den Rücken. »Fröhliche Weihnachten!« rief sie und hielt einen gewaltigen roten Strumpf in die Höhe, der mit Früchten und kleinen Päckchen vollgestopft war. »Schau, was ich am Kamin gefunden habe!« Er war enttäuscht, denn er hatte gehofft, seinen Strumpf selbst holen zu können. »Ich habe ihn dir heraufgebracht, weil das Haus so kalt wie ein Eisschrank ist«, erzählte sie. »Du bleibst schön im Bett liegen, bis es etwas aufgewärmt ist.«

»Wann zünden wir den Baum an?« Das wichtigste Ritual war der Baum, denn unter ihm lagen die interessantesten Geschenke.

»Immer hübsch der Reihe nach«, sagte sie. »Du hast jetzt deinen Socken. Wir können den Baum nicht anzünden, bis Tante Louisa da ist. Du willst doch nicht, daß sie das verpaßt, oder?«

»Wo sind meine Geschenke für Tante Louisa und Onkel Ivor? Onkel Ivor kommt doch auch, nicht?«

»Natürlich kommt er«, antwortete sie in dem leicht veränderten Tonfall, den sie benutzte, wenn sie von Onkel Ivor sprach. »Ich habe sie bereits unter den Baum gelegt, zu den anderen Geschenken. Du bleibst da, wo du bist, schön zugedeckt, und schaust dir deinen Socken an. Ich ziehe mich in der Zwischenzeit an.« Sie fröstelte und eilte zurück in ihr Zimmer.

Der einzige, bei dem er sich während des Frühstücks bedanken mußte, war sein Großvater, für eine Schachtel Buntstifte, die er ihm ganz unten in den Socken gestopft hatte. Die anderen Geschenke trugen Kärtchen mit der Inschrift: »Für Donald vom Weihnachtsmann«. Onkel Willis und Onkel Greg hatten sehr zeitig gefrühstückt und waren mit dem Schlitten zum Hotel in Portersville gefahren, um Tante Louisa und Onkel Ivor abzuholen. Als sie wiederkamen, lief Donald ans Fenster und sah, daß Mr. Gordon bei ihnen war. Alle hatten so geheimnisvoll von Mr. Gordon gesprochen, daß er sehr gespannt war, ihn zu sehen. Doch genau in diesem Augenblick rief seine Mutter ihn nach oben, damit er ihr half, die Betten zu machen. »Wir alle müssen Großmama helfen, so gut wir können«, sagte sie. »Sie hat weiß Gott genug in der Küche zu tun.«

Doch schließlich hörte er Tante Louisa an der Treppe rufen. Sie gingen hinunter. Er wurde mit Küssen überschüttet, und Tante Louisa fragte ihn: »Wie geht es meinem Kleinen? Du bist doch mein Kleiner, nicht wahr?« Dann küßte ihn Onkel Ivor, und er gab Mr. Gordon, der bereits in Großpapas Schaukelstuhl saß, wo sich sonst nie jemand hinsetzte, die Hand. Mr. Gordon war untersetzt und bleich, und er trug an einer Hand zwei Diamantringe und an der anderen einen noch größeren Saphir. Sein Atem ging pfeifend; hin und wieder nahm er ein großes gelbes Taschentuch aus der Brusttasche und wischte sich die Stirn. Donald setzte sich ans andere Ende des Zimmers und schlug die Seiten einer Zeitschrift um; zuweilen blickte er auf, um ihn zu beobachten. Mr. Gordon hatte Donald »Bursche« genannt, was sehr merkwürdig klang. Einmal merkte er, daß Donald ihn betrachtete, und winkte ihn zu sich. Donald ging zu ihm und stellte sich neben den Schaukelstuhl, während Mr. Gordon in seine Tasche griff und eine dicke Uhr mit einem kleinen Knopf herauszog; ein winziges Glockenspiel erklang im Gehäuse der Uhr. Ein paar Minuten später winkte er ihm erneut; Donald sprang auf und drückte wieder auf den Knopf. Beim nächsten Mal sagte seine Mutter, er solle Mr. Gordon nicht belästigen.

»Aber er hat mich *gerufen*«, protestierte Donald.

»Setz dich hierher. Gleich gehen wir alle hinein, und

dann gibt es die Bescherung. Onkel Ivor wird der Weihnachtsmann sein.«

Plötzlich kam Onkel Willis herein. »Alle mal herhören!« sagte er und rieb sich die Hände. »Ich glaube, das Wohnzimmer ist jetzt warm genug. Wie wäre es, wenn wir den Baum anzünden würden?«

»Na endlich«, sagte Tante Emilie. Sie trug ein rotes Taftkleid, über das Donald seine Mutter zu seinem Vater hatte sagen hören: »*Äußerst* unpassend. Das Mädchen scheint nicht mitbekommen zu haben, daß sie auf einer Farm lebt.« Tante Emilie beugte sich hinunter und nahm Donalds Arm. »Würden Sie mich begleiten, Sir?« fragte sie. Hand in Hand betraten sie das Wohnzimmer. Im Kamin prasselte das Feuer.

»Wo ist Ivor?« fragte Onkel Greg. »Hat jeder einen Platz?«

»Hier ist er«, sagte Onkel Ivor, der aus dem Flur hereinkam. Er trug einen alten roten Strickhut, einen roten Morgenmantel und um den Hals einen Kranz aus grünem Kreppapier. »Das ist alles, was der Weihnachtsmann auftreiben konnte«, verkündete er.

Tante Louisa begann zu lachen. »Sieh dir Onkel Ivor an«, sagte sie zu Donald. »Das tue ich«, antwortete Donald, doch in Wirklichkeit betrachtete er den Baum. Es war eine hohe Schierlingstanne, die bis zur Decke reichte. Darunter türmte sich der größte Stapel von Geschenken, den er je gesehen hatte. »Seht euch das an!« riefen alle.

»Was glaubst du, was da alles drin ist?« fragte Tante Louisa.

»Ich weiß nicht«, antwortete er.

Onkel Ivor setzte sich, so dicht er konnte, neben die Tanne auf den Fußboden, nahm ein großes Paket und reichte es Onkel Greg, der mitten im Zimmer stand.

»Fangen wir damit an«, sagte er. Dann verkündete Onkel Greg feierlich: »Für Donald von allen aus Rutland.«

Während Onkel Ivor fortfuhr, die Geschenke zu verteilen, kämpfte Donald mit seinem Paket. Er nahm die leisen Schreie der anderen »Wie reizend! Das ist viel zu viel!«, »Oh, das war aber nicht nötig!« oder »Wie seid ihr darauf gekommen?«, als die Geschenke ausgepackt wurden, kaum wahr, denn er war zu beschäftigt, um zu merken, daß die meisten dieser Ausrufe Mr. Gordon galten, der am Fenster saß und höchst zufrieden wirkte.

Es war zu schön, um wahr zu sein: ein Feuerwehrauto, drei Fuß lang, mit Gummireifen und einer Glocke und einer Sirene und drei Leitern, die automatisch ausfuhren, wenn der Wagen stand. Donald sah es an und war einen Augenblick fast erschrocken über die Kraft, die – das spürte er – seine Welt verändern konnte.

»Oh … ist … das … eine … Überraschung!« sagte seine Mutter; ihre Verstimmung verlieh jedem Wort einen scharfen Unterton. »Louisa, warum habt ihr das getan?« Donald blickte schnell auf und sah, wie Tante Louisa eine Kopfbewegung in Richtung von Mr. Gordon machte, als wollte sie sagen: »Alles seine Schuld!«

Seine Mutter stieg über das am Boden verstreute Papier und zog die Grußkarte aus dem Paket. »Ich möchte, daß du jedes Kärtchen bei dem dazugehörigen Geschenk läßt«, sagte sie zu Donald, »denn morgen wirst du eine Menge Dankesbriefe schreiben müssen, und du willst ja nicht, daß sie alle durcheinandergeraten. Aber hierfür kannst du dich schon mal bei Tante Louisa und Onkel Ivor bedanken.«

Er haßte es, wenn man ihn in Anwesenheit der betreffenden Person aufforderte, sich bei ihr zu bedanken, als sei er ein kleines Kind. Doch tapfer sagte er und sah dabei Mr. Gordon an: »Vielen Dank für das wunderschöne Feuerwehrauto.«

»Es gibt noch mehr, mein Junge«, strahlte Mr. Gordon; die Diamanten funkelten in der Sonne.

Tante Emilie hielt den Arm ausgestreckt vor sich und betrachtete ihre neue Armbanduhr. Großpapa trug einen seidenen schwarzen Hausmantel und rauchte eine Zigarre. Er sah rundum zufrieden aus, als er sich Mr. Gordon zuwandte und sagte: »Nun, da haben Sie uns aber alle verwöhnt.« Doch Donalds Mutter faßte diesen Satz als Vorwurf auf und setzte erklärend hinzu: »Wir sind es nicht gewohnt, derart großzügige Geschenke zu bekommen, Mr. Gordon.«

Mr. Gordon lachte, wandte sich an Donald und sagte: »Das ist erst der Anfang, Bursche. Sag deinem Onkel Ivor, er soll weitermachen.«

Von nun an schien es, als seien alle Pakete für Donald bestimmt. Er öffnete sie, so schnell er konnte, und staunte über jedes dieser Wunderdinge. Natürlich gab es die üblichen Taschentücher und Bücher und Schals von der Familie, aber auch eine Schweizer Spieluhr mit kleinen auswechselbaren Walzen aus Metall, Rollschuhe, einen großen Satz Bleisoldaten, ein echtes Akkordeon und ein Spielzeugdorf, durch das eine batteriebetriebene Straßenbahn fuhr. Je mehr Päckchen Donald auspackte, um so mehr ähnelten die bewundernden Ausrufe seiner Eltern einem Stöhnen. Schließlich sagte sein Vater so laut, daß Mr. Gordon ihn über die allgemeine Unterhaltung hinweg verstehen konnte: »Es ist nicht gut, wenn ein Kind so viele Geschenke bekommt.«

Mr. Gordon hatte ihn gehört. »Sie waren doch selbst einmal jung«, sagte er leichthin.

Tante Emilie probierte eine Pelzjacke an, die Onkel

Greg ihr geschenkt hatte. Ihr Gesicht war vor Aufregung gerötet; sie hatte Onkel Greg gerade einen dicken Kuß auf die Wange gegeben.

»Der kleine Astorjunge hat an seinem letzten Geburtstag Spielzeug für über fünftausend Dollar bekommen«, sagte sie zu Donalds Vater und strich an ihrem Pelz auf und ab.

Donalds Vater musterte sie mit zusammengekniffenen Augen. »Das ist genau das, was ich unter einer ausgesprochen *stupiden* Bemerkung verstehen würde«, sagte er deutlich.

Bis auf das Prasseln des Kaminfeuers war es einen Augenblick vollkommen still im Raum. Auch jene, die es nicht verstanden hatten, wußten, daß etwas vorgefallen war. Onkel Greg warf einen schnellen Blick auf Donalds Vater und dann auf Tante Emilie. Vielleicht würde es Streit geben, dachte Donald, und jeder wäre gegen seinen Vater. Die Vorstellung entzückte ihn; zugleich aber fühlte er sich schuldig, als sei er dafür verantwortlich.

Onkel Ivor überreichte ihm ein Päckchen. Mechanisch löste er die Schleife und zog einen dunkelbraunen Kaschmirpullover heraus. »Das ist das Geschenk deiner Eltern«, sagte seine Mutter leise. »Er ist dir noch ein bißchen zu groß, aber ich habe ihn extra so gekauft, damit du hineinwachsen kannst.« Die kleine Krise war überstanden; alle sprachen wieder durcheinander. Donald war erleichtert und enttäuscht. »Wie wär's, wenn wir die Brandyflasche köpften?« rief Onkel Willis.

»Ihr Männer bleibt sitzen«, sagte Großmama. »Wir anderen müssen jetzt in die Küche.«

»Ich bringe dir deinen hinaus«, sagte Onkel Ivor zu Tante Louisa, als diese aufstand.

Auf dem Weg aus dem Zimmer beugte sich Donalds

Mutter zu ihm herab und berührte ihn an der Schulter. »Ich möchte, daß du jedes Geschenk wieder so einpackst, wie es war. Dann trägst du alles in dein Zimmer und stapelst es ordentlich in die Ecke unter deinem Fenster. Hörst du?«

Sie ging hinaus. Donald blieb einen Augenblick sitzen, dann sprang er auf und lief ihr nach, um zu fragen, ob er ein Geschenk behalten dürfe – das Feuerwehrauto vielleicht. Sie sagte gerade zu Großmama: »... ziemlich unnötig. Außerdem weiß ich nicht, wie wir das alles nach New York schaffen sollen. Owen kann morgen wenigstens die großen Sachen mitnehmen, hoffe ich.«

Er hielt im Laufen inne und spürte, wie Frieden in ihn einkehrte. Sein Vater würde die Farm verlassen. Sollte er ruhig alles mitnehmen, das Feuerwehrauto und alles übrige, es machte ihm nichts aus. Er drehte sich um und ging ins Wohnzimmer zurück, wo er die Spielsachen sorgfältig wieder in die Schachteln packte und mit Schleifen und Kordeln verschnürte.

»Was ist denn das?« rief Mr. Gordon plötzlich, als er ihn bemerkte. »Was tust du da?«

»Ich muß alles nach oben bringen«, erklärte Donald.

Sein Vater fuhr dazwischen. »Ich will die Pakete da oben nicht überall herumliegen haben. Sieh zu, daß du sie sorgfältig stapelst. Hast du verstanden?«

Donald machte weiter, ohne aufzusehen.

Nach einer Weile sagte Mr. Gordon leise: »Verflucht noch mal!« Und dann, an Donalds Vater gewandt: »Ich habe schon viele wohlerzogene Kinder gesehen, aber eins will ich Ihnen sagen, *so etwas* ist mir noch nie begegnet. Noch nie!«

»Disziplin beginnt in der Wiege«, sagte Donalds Vater knapp.

»Es ist unheimlich«, murmelte Mr. Gordon vor sich hin. Donald blickte auf und sah, wie sein Vater Mr. Gordon haßerfüllt anstarrte.

In der Küche waren seine Großmutter, seine Mutter und die Tanten mit den Essensvorbereitungen beschäftigt. Donald saß am Fenster und zerstampfte Kartoffeln. Das Blau des Himmels war hinter einer gleichmäßig weißen Wolkenwand verschwunden. »Es wird noch mehr schneien, bevor es dämmert«, sagte Großmama, als sie über die Spüle nach draußen sah.

»Willst du mal was Gutes riechen?« fragte Donalds Mutter. Er rannte durch die Küche zum Herd, und sie öffnete die Ofentür. Das Aroma der Zwiebeln mischte sich mit dem des brutzelnden Truthahns. »Er wird wunderbar«, verkündete sie. Sie schlug die Ofentür zu und hängte die Topflappen an ihre Haken. Dann ging sie in die Vorratskammer. Donald folgte ihr. Hier drin war es sehr kalt, und es roch nach sauren Gurken und Gewürzen. Seine Mutter suchte etwas in den Regalen, zwischen den Einmachgläsern und Blechdosen.

»Mutter«, sagte er.

»Hm?« antwortete sie abwesend, ohne ihn anzusehen.

»Warum wohnt Mr. Gordon in Onkel Ivors Haus?«

Jetzt sah sie ihn an, mit einer Eindringlichkeit, die ihn erschreckte. »Wie war das?« fragte sie scharf. Aber noch ehe er seine Frage wiederholen konnte, fuhr sie in völlig selbstverständlichem Ton fort: »Liebling, weißt du nicht, daß Onkel Ivor so etwas wie eine männliche Krankenschwester ist? Wie Miss Oliver, erinnerst du dich – die auf dich aufgepaßt hat, als du Grippe hattest? Nur eben ein Mann. Ein Krankenpfleger.«

»Ist Mr. Gordon krank?«

»Ja, das ist er«, sagte sie und senkte die Stimme, bis sie

kaum mehr als ein Flüstern war. »Er ist ein sehr kranker Mann, aber wir sprechen nicht darüber.«

»Was hat er denn?« Es war ihm klar, daß er sich im Moment absichtlich dumm stellte, in der Hoffnung, mehr aus ihr herauszuholen. Doch seine Mutter sagte bereits: »Ich weiß es nicht, Liebling. Geh jetzt wieder in die Küche. Es ist hier zu kalt für dich. Los! Raus mit dir.« Er kicherte, rannte in die Küche zurück und war zufrieden, auf die Existenz eines Geheimnisses gestoßen zu sein.

Während des Essens musterte sein Vater ihn mit jener typischen Strenge, die er sich für Bemerkungen vorbehielt, von denen er genau wußte, daß sie unerwünscht waren, und sagte: »Du bist heute noch nicht draußen gewesen, junger Mann. Wir machen später einen Spaziergang.«

Tante Louisa hatte ein großes Glas Brandy mit an den Tisch gebracht und nippte daran, während sie aß. »Es ist zu kalt, Owen«, wandte sie ein. »Er wird sich eine Lungenentzündung holen.« Donald wußte, daß sie versuchte ihm zu helfen, doch er wünschte, sie hätte nichts gesagt. Wenn eine Diskussion darüber entbrannte, würde sein Vater den Spaziergang bestimmt nicht vergessen.

»Zu kalt!« schnaubte sein Vater verächtlich. »In *unserer* kleinen Familie gibt es ein paar feste Grundregeln, und eine davon ist, daß er jeden Tag an die frische Luft kommt.«

»Könntest du Weihnachten nicht eine Ausnahme machen? Nur ein einziges Mal?« fragte Tante Louisa.

Donald traute sich nicht, aufzublicken, denn er hatte Angst, den Gesichtsausdruck seines Vaters zu sehen.

»Hör zu, Louisa«, sagte dieser eisig. »Ich schlage vor, du kümmerst dich um deine Angelegenheiten und ich mich um meine. So kommen wir uns nicht ins Gehege.« Und fauchte, als wäre es ihm gerade eingefallen: »Wenn es dir recht ist!«

Tante Louisa lehnte sich über Großpapas Teller in Richtung von Donalds Vater und sprach sehr laut, so daß jeder zu essen aufhörte. »Nein, es ist mir nicht recht! Du hackst von morgens bis abends auf dem Kind herum. Es ist eine Schande! Ich kann nicht tatenlos zusehen, wie mein eigenes Fleisch und Blut derartig mißhandelt wird.«

Großmama und Donalds Vater begannen gleichzeitig zu sprechen. Großmama sagte: »Louisa« und versuchte sie zu beruhigen. Donalds Vater schrie: »Du hast *nie* ein Kind gehabt! Du hast *keine Ahnung* von Kindererziehung!«

»Ich weiß aber, wann jemand egoistisch und gemein ist«, erklärte Tante Louisa.

»Louisa!« rief Großmama verwundert und mit leicht tadelndem Unterton. Donald sah nicht von seinem Teller auf.

»Bin ich jemals nach Rutland gekommen, um meine Nase in deine Angelegenheiten zu stecken und dich zu kritisieren? Ja oder nein?« fragte Donalds Vater.

»Also«, sagte Onkel Willis schnell, »verderben wir uns nicht das schöne Weihnachtsfest!«

»Stimmt«, sagte Großpapa. »Wir sind alle fröhlich. Sagen wir also nichts, das wir später bereuen könnten.«

Doch Tante Louisa wollte sich damit nicht zufriedengeben. Hastig griff sie nach ihrem Glas und hätte sich um ein Haar verschluckt. Dann, noch immer an Donalds Vater gewandt, fragte sie: »Was willst du damit sagen, nach Rutland gekommen, um mich zu kritisieren? Was hast du in Rutland zu kritisieren? Ist dort etwas nicht in Ordnung?«

Einen Moment lang gab Donalds Vater keine Antwort.

Während dieser Sekunde schien jeder das Bedürfnis zu haben, etwas zu sagen, ohne dazu imstande zu sein. Derjenige, der das Schweigen schließlich brach, war Donalds Vater. Mit sanfter Stimme, die Donald sofort als eine bösartige Imitation von Onkel Ivor erkannte, sagte er: »Oh *nein*! Alles in Ordnung in *Rut*land!«

Fast gleichzeitig warf Donalds Mutter plötzlich ihre Serviette auf den Tisch und schob heftig ihren Stuhl zurück. Sie sprang auf, stürzte aus dem Zimmer und schlug die Tür hinter sich zu. Niemand sagte etwas. Donald saß wie versteinert, unfähig aufzublicken, unfähig, auch nur zu atmen. Dann merkte er, daß auch sein Vater aufgestanden und im Begriff war, das Zimmer zu verlassen.

»Laß sie in Ruhe, Owen«, sagte Großmama.

»Du hältst dich da heraus«, erwiderte sein Vater. Als er hinaufging, knarrte die Treppe unter seinen Schritten. Niemand sagte etwas, bis Großmama eine Bewegung machte, als wollte sie aufstehen. »Ich gehe nach oben«, erklärte sie.

»Um Gottes willen, Abbie, bleib hier«, sagte Großpapa. Großmama räusperte sich, blieb jedoch sitzen.

Tante Louisa war rot angelaufen, und die Muskeln in ihrem Gesicht zuckten. »Unerträglich«, sagte sie mit erstickter Stimme. »Einfach unerträglich!«

»Ich hatte Lust, ihn zu ohrfeigen«, gestand Tante Emilie. »Habt ihr gehört, was er zu mir gesagt hat, als wir die Geschenke auspackten?«

Auf einen Blick von Onkel Greg hin hielt Tante Emilie inne. »Nun, Donald«, sagte sie aufmunternd. »Du hast dein Essen ja kaum angerührt. Hast du keinen Hunger?«

Im Geist sah er das Schlafzimmer vor sich, wo sein Vater seiner Mutter den Arm umdrehte und sie schüttelte, um sie zu zwingen, ihn anzusehen. Und als sie es nicht tat, schlug er sie, warf sie zu Boden, trat von allen Seiten auf sie ein. Donald blickte auf. »Nein, nicht viel«, antwortete er.

Ohne Vorwarnung begann Mr. Gordon zu sprechen. Er hob sein Glas in Augenhöhe und betrachtete es, während er es hin und her drehte. »Familienstreit«, seufzte er. »Immer dasselbe. Erinnert mich an meine Kindheit. Wenn ich so zurückdenke, kommt es mir vor, als hätten wir keine Mahlzeit ohne Krach beendet, aber ich nehme an, daß es nicht ganz so gewesen sein kann.« Er stellte das Glas ab. »Na ja, mittlerweile sind sie alle tot, Gott sei Dank.«

Donald warf einen schnellen Blick zu Mr. Gordon hinüber, als sähe er ihn gerade zum ersten Mal.

»Es schneit!« rief Großmama triumphierend. »Seht ihr, es hat wieder angefangen zu schneien. Ich wußte, daß es noch vor Einbruch der Dämmerung soweit sein würde!«

Tante Louisa schluchzte auf, erhob sich und ging in die Küche. Onkel Ivor folgte ihr.

»Schau, Donald, du hast den Glücksknochen!« rief Tante Emilie. »Knabber das Fleisch ab, und dann hängen wir ihn über den Herd zum Trocknen, und morgen können wir uns etwas wünschen. Wäre das nicht lustig?«

Er nahm ihn in die Hand und begann, die Fetzen weißen Fleisches, die daran hingen, abzunagen. Nachdem er ihn sorgfältig gesäubert hatte, kletterte er von seinem Stuhl und lief damit in die Küche.

Der Raum war sehr still; auf dem Herd summte der Teekessel. Die Schneeflocken draußen vor dem Fenster hoben sich dunkel vor dem Weiß des Hintergrunds ab. Tante Louisa saß zusammengesunken auf einem Küchenstuhl, ein zerknülltes Taschentuch in der Hand, und Onkel Ivor war über sie gebeugt und sprach mit sehr leiser Stimme auf sie ein. Donald legte den Glücksknochen auf den Rand der Spüle und wollte sich gerade auf Zehenspitzen hinausschleichen, als Onkel Ivor ihn entdeckte. »Hast du Lust, mit in den Hühnerstall zu kommen, Donald?« fragte er. »Ich muß ein Dutzend Eier sammeln, die wir nach Rutland mitnehmen wollen.«

»Ich hole meinen Mantel«, sagte Donald, eifrig darauf bedacht, fort zu sein, bevor sein Vater herunterkam.

Der Pfad den Hügel hinauf zum Hühnerstall war nicht vom Schnee geräumt, man hatte ihn nur festgetreten. Der neue Schnee trieb über den Pfad; an einigen Stellen hatte er ihn bereits zugeweht. Als Onkel Ivor in den Hühnerstall trat, blieb Donald stehen und legte den Kopf in den Nacken, um ein paar Schneeflocken mit dem Mund aufzufangen. »Komm rein und mach die Tür zu. Du läßt ja die ganze Wärme heraus!« sagte Onkel Ivor.

»Ich komme«, antwortete Donald. Er ging hinein und schloß die Tür. Der Geruch hier drinnen war sehr stark. Als Onkel Ivor sich den Hennen näherte, gaben sie ein leises, mißtrauisches Glucksen von sich.

»Hör mal, Donald«, sagte Onkel Ivor, während er mit den Händen das Stroh durchwühlte.

»Was?« fragte Donald.

»Läuft deine Mutter oft in ihr Zimmer und schließt sich ein, so wie eben?«

»Manchmal.«

»Weshalb? Ist dein Vater böse zu ihr?«

»Oh«, sagte Donald vage, »sie streiten sich.« Er fühlte sich unbehaglich.

»Nun ja. Es ist eine Schande, daß dein Vater je geheiratet hat. Es wäre für alle besser, wenn er allein geblieben wäre.«

»Aber dann wäre ich nicht da!« rief Donald. Er war nicht sicher, ob Onkel Ivor es ernst meinte oder nicht.

»Das wollen wir zumindest *hoffen*!« antwortete Onkel Ivor, rollte mit den Augen und machte ein lustiges Gesicht. Jetzt wußte Donald, daß es eine Art Witz war, und er lachte. Die Tür wurde aufgerissen. »Donald!« brüllte sein Vater.

»Was ist?« fragte er mit schwacher Stimme.

»Komm her!«

Er stolperte zur Tür; sein Vater spähte unsicher herein. »Was machst du da drin?« fragte er.

»Ich helfe Onkel Ivor Eier suchen.«

»Hmmmpf!« Donald trat hinaus, und sein Vater schloß die Tür.

Sie gingen die Straße hinunter in Richtung Smithson Farm. Plötzlich blieb sein Vater ein wenig zurück, stieß ihn in den Rücken und sagte: »Kopf hoch! Brust raus! Oder willst du einen Buckel kriegen? Ehe du dich versiehst, hast du eine Rückgratverkrümmung.«

Als sie außer Sichtweite des Hauses waren, an einer Stelle, wo das Gewirr kleiner Bäume zu beiden Seiten bis an den Wegesrand reichte, blieb sein Vater stehen. Er sah sich um, bückte sich, nahm eine Handvoll Neuschnee und formte ihn zu einem harten Ball. Dann warf er ihn nach einem ziemlich großen Baum in einiger Entfernung von der Straße. Er zerplatzte und hinterließ eine weiße Stelle auf dem dunklen Baumstamm. »Mal sehen, ob du ihn triffst«, sagte er zu Donald.

Irgendwo hier im stillen Zwielicht der Wälder konnte ein Wolf lauern. Es war sehr wichtig, ihn nicht zu reizen. Wenn sein Vater es riskieren wollte, Schneebälle in den Wald zu werfen, dann sollte er es tun, aber ohne ihn. So würde der Wolf vielleicht verstehen, daß zumindest er sein Freund war.

»Na los!« sagte sein Vater.

»Nein, ich will nicht.«

Mit gespieltem Erstaunen sagte sein Vater: »Ah, du willst nicht?« Dann nahm sein Gesicht einen gefährlichen Ausdruck an, und seine Stimme knallte durch die Luft wie eine Peitsche. »Wirst du wohl tun, was ich dir sage?«

»Nein.« Es war das erste Mal, daß er ihm offen widersprach. Sein Vater lief dunkelrot an.

»Hör zu, du kleiner Wichtigtuer!« schrie er, und seine Stimme überschlug sich vor Wut. »Glaubst du, damit kommst du bei mir durch?« Bevor Donald wußte, wie ihm geschah, hatte sein Vater ihn mit einer Hand gepackt, gleichzeitig bückte er sich und schaufelte mit der anderen soviel Schnee zusammen, wie er nur konnte. »Das werden wir doch mal sehen«, stieß er zwischen zusammengepreßten Zähnen hervor. Im nächsten Moment rieb er den Schnee heftig in Donalds Gesicht, und während Donald nach Luft schnappte und sich dem Griff seines Vaters zu entziehen versuchte, steckte dieser ihm den Rest hinten in den Kragen.

Als er die nasse, eisige Masse spürte, die über seinen Rücken herunterlief, fiel er vornüber. Seine Augen waren fest zusammengekniffen; er war sicher, daß sein Vater versuchte ihn umzubringen. Mit einem verzweifelten Satz befreite er sich und stürzte mit dem Gesicht in den Schnee.

»Steh auf!« befahl sein Vater angewidert. Donald rührte sich nicht. Wenn er den Atem lange genug anhielt, würde er vielleicht sterben.

Sein Vater stellte ihn auf die Füße. »Ich habe genug von deinen Mätzchen«, sagte er. Er packte ihn mit beiden Händen an den Schultern und zwang ihn durch die Dämmerung zum Haus zurück.

Donald stolperte vorwärts, den Blick auf die weiße

Straße vor ihm gerichtet, bar jeden Gedankens. Ein ungewohntes Gefühl hatte sich seiner bemächtigt: Er verspürte kein Selbstmitleid, weil er durchnäßt und halb erfroren war, nicht einmal Wut über die Mißhandlung. Er war losgelöst von allem; es war ein angenehmes, fast wollüstiges Gefühl, das er, ohne es zu verstehen oder zu hinterfragen, akzeptierte.

Als sie im Halbdunkel die lange Ahornallee entlanggingen, sagte sein Vater: »Jetzt kannst du zu deiner Mutter flüchten und dich bei ihr ausweinen.«

»Ich weine nicht«, sagte Donald ausdruckslos. Sein Vater gab keine Antwort.

Glücklicherweise war die Küche leer. Am Klang der Stimmen im Wohnzimmer erkannte er, daß Tante Louisa, Onkel Ivor und Mr. Gordon gerade aufbrechen wollten. Er lief hinauf in sein Zimmer und zog sich völlig um. Das Loch, das er in das Eis auf der Fensterscheibe gehaucht hatte, war wieder dick zugefroren, doch die runde Markierung war noch zu sehen. Als er fertig angezogen war, rief seine Mutter nach ihm. Draußen war es jetzt ganz dunkel. Er ging hinunter. Sie stand in der Diele.

»Oh, du hast dich umgezogen«, sagte sie. »Komm mit und sag Tante Louisa und Onkel Ivor auf Wiedersehen. Sie sind in der Küche.« Er sah schnell in ihr Gesicht und forschte nach Spuren von Tränen: ihre Augen waren ein wenig gerötet.

Sie traten zusammen in die Küche. »Donald will sich verabschieden«, sagte sie an Mr. Gordon gewandt und führte Donald auf Tante Louisa zu. »Ihr habt ihm ein herrliches Weihnachtsfest beschert« – ihre Stimme klang vorwurfsvoll –, »aber es war *viel* zuviel.«

Der dicke Biberkragen von Mr. Gordons Mantel war über seine Ohren geschlagen, und er trug riesige Fellhandschuhe. Er lächelte und klatschte erwartungsvoll in die Hände; es verursachte ein gedämpftes Geräusch. »Oh, es hat mir sehr viel Spaß gemacht«, sagte er. »Er erinnert mich an mich selbst, wissen Sie, als ich so alt war wie er. Ich war genauso, ein bißchen schüchtern und still.« Donald spürte, wie der Griff seiner Mutter auf den Schultern fester wurde, als sie ihn zu Tante Louisa schob. »Mhmm«, sagte sie. »Nun, Tante Louisa, hier will sich noch jemand von dir verabschieden.«

Selbst als er aufgeregt zusah, wie Onkel Willis und Onkel Greg mit den anderen im Schlitten davonfuhren, entging Donald nicht, daß sein Vater sich nicht in der Küche hatte blicken lassen. Als der Schlitten am Ende der dunklen Straße verschwand, gingen alle ins Wohnzimmer zurück, und Großpapa legte ein neues Holzscheit ins Feuer.

»Wo ist Owen?« fragte Großmama Donalds Mutter leise.

»Er muß oben sein. Offen gestanden ist es mir ziemlich egal, wo er ist.«

»Armes Kind«, sagte Großmama. »Sind die Kopfschmerzen besser?«

»Ein bißchen«, sagte sie. »Jedenfalls hat er es geschafft, mir Weihnachten völlig zu verderben.«

»Es ist schrecklich«, sagte Großmama.

»Es war alles, was ich tun konnte, um Ivor noch ins Gesicht sehen zu können. Ich meinte es ehrlich.«

»Ich bin sicher, daß alle es verstanden haben«, sagte Großmama beschwichtigend. »Denk nicht mehr darüber nach. Owen reist ohnehin morgen ab, und dann kannst du dich erholen.«

Kurz nachdem Onkel Willis und Onkel Greg zurück waren, kam Donalds Vater herunter. Das Abendessen wurde fast schweigend eingenommen; nicht ein einziges

Mal richtete sein Vater das Wort an ihn oder schenkte ihm die geringste Aufmerksamkeit. Gleich nachdem die Mahlzeit beendet war, brachte seine Mutter ihn nach oben ins Bett.

Als sie hinausgegangen war, lag er im Dunkeln und lauschte dem feinen Schnee, den der Wind gegen die Fensterscheibe warf. Der Wolf war da draußen in der Nacht, lief Pfade entlang, die kein Mensch je zu Gesicht bekommen hatte, den Hügel hinunter und über die Wiese; er blieb stehen und trank an einer tiefen Stelle im Bach, wo sich noch kein Eis gebildet hatte. Im steifen Haar seines Fells hatte sich Schnee verfangen; er schüttelte sich und kletterte die Böschung hinauf, wo Donald saß und auf ihn wartete. Dann streckte er sich neben ihm aus und legte seinen schweren Kopf in Donalds Schoß. Donald beugte sich vor und vergrub das Gesicht im zottigen Fell seines Nackens. Nach einer Weile standen beide auf und liefen zusammen los, schneller, immer schneller, über die Felder.

MS Chakdara (London-Colombo), Januar 1957

Raymond Carver

Versetzen Sie sich doch mal in meine Lage

Das Telefon läutete, als er gerade staubsaugte. Er hatte sich die Wohnung Zimmer für Zimmer vorgenommen und saugte gerade das Wohnzimmer. Um an die Katzenhaare zwischen den Kissen zu kommen, benutzte er den Aufsatz für Polstermöbel. Er hielt inne und horchte; dann schaltete er den Staubsauger aus. Er ging ans Telefon.

»Hallo«, sagte er. »Hier Myers.«

»Myers«, sagte sie. »Wie geht's? Was machst du gerade?«

»Nichts«, sagte er. »Hallo, Paula.«

»Wir haben heut nachmittag nämlich eine Party im Büro«, sagte sie. »Du bist eingeladen. Carl lädt dich ein.«

»Ich glaub' nicht, daß ich kommen kann«, sagte Myers.

»Carl hat im Moment zu mir gesagt, schau, daß du deinen Alten an die Strippe kriegst. Sieh zu, daß du ihn auf einen Drink hierherkriegst. Hol ihn aus seinem Elfenbeinturm und bring ihn für eine Weile zurück in die Wirklichkeit. Carl kann sehr witzig sein, wenn er was getrunken hat. Myers?«

»Ich hab' dich gehört«, sagte Myers.

Myers hatte früher einmal für Carl gearbeitet. Carl hatte immer davon gesprochen, eines Tages nach Paris zu gehen, um einen Roman zu schreiben, und als Myers dann gekündigt hatte, um einen Roman zu schreiben, hatte Carl gesagt, er würde auf der Bestsellerliste nach Myers' Namen Ausschau halten.

»Ich kann jetzt nicht kommen«, sagte Myers.

»Wir haben heut morgen was Schreckliches gehört«, fuhr Paula fort, als hätte sie ihn nicht gehört. »Du erinnerst dich doch an Larry Gudinas. Er war noch bei uns, als du hier anfingst. Er hat zuerst eine Zeitlang bei den wissenschaftlichen Büchern ausgeholfen, wurde dann in den Außendienst versetzt und schließlich rausgeworfen, verstehst du? Und heute morgen haben wir erfahren, daß er Selbstmord begangen hat. Hat sich in den Mund geschossen. Kannst du dir das vorstellen? Myers?«

»Ich hab' dich gehört«, sagte Myers. Er versuchte sich an Larry Gudinas zu erinnern und sah einen großen, gebeugten Mann vor sich, mit metallenem Brillenrahmen, grellen Krawatten und fliehendem Haaransatz. Er konnte sich den plötzlichen Ruck vorstellen, mit dem der Kopf nach hinten geflogen war. »Mein Gott«, sagte Myers. »Tut mir leid, das zu hören.«

»Komm runter ins Büro, Schatz – einverstanden?« sagte Paula. »Wir sitzen hier zusammen und unterhalten uns und trinken was und hören uns Weihnachtsmusik an. Komm doch her«, sagte sie.

Myers konnte den Lärm durch den Apparat hören. »Ich hab' keine Lust«, sagte er. »Paula?« Ein paar Schneeflocken trieben am Fenster vorbei, als er hinaussah. Er fuhr mit seinen Fingern über die Fensterscheibe und begann, seinen Namen auf das Glas zu schreiben, während er wartete.

»Was? Ich hab's gehört«, sagte sie. »Na schön«, sagte Paula. »Also dann – laß uns doch auf einen Drink zu Voyles gehen. Myers?«

»Gut«, sagte er. »Zu Voyles. In Ordnung.«

»Die werden alle schwer enttäuscht sein, daß du nicht kommst«, sagte sie. »Besonders Carl. Carl betet dich an – hast du das gewußt? Ehrlich. Er hat's mir selbst gesagt. Er bewundert dich und deine Nerven. Er sagte, wenn er deine Nerven hätte, dann hätt' er schon vor Jahren alles hingeschmissen. Carl sagte, man bräuchte ziemlich gute Nerven, um so was zu tun. Myers?«

»Ich bin noch dran«, sagte Myers. »Ich glaub', ich kann den Wagen wieder flottkriegen. Wenn ich ihn nicht starten kann, ruf' ich zurück.«

»In Ordnung«, sagte sie. »Wir sehen uns dann bei Voyles. Wenn ich in den nächsten fünf Minuten nichts von dir höre, brech' ich hier auf.«

»Sag Carl schöne Grüße«, sagte Myers.

»Mach ich«, sagte Paula. »Er spricht gerade von dir.«

Myers räumte den Staubsauger weg. Er stieg die zwei Stockwerke hinunter zu seinem Wagen, der auf dem Parkplatz ganz hinten stand und über und über mit Schnee bedeckt war. Er stieg ein, trat ein paarmal aufs Gaspedal und versuchte sein Glück. Der Motor sprang an. Er blieb mit dem Fuß auf dem Pedal.

Während der Fahrt beobachtete er die Leute, die mit Einkaufstüten die Gehsteige entlanghasteten. Er warf einen Blick hinauf zum grauen Himmel, der voller Schneeflocken war, und zu den Hochhäusern mit den verschneiten Nischen und Fenstersimsen. Er versuchte, alles zu sehen, es für später im Gedächtnis zu behalten. Er hatte gerade ein Loch zwischen ein paar Geschichten und fühlte sich nichtswürdig. Schließlich war er bei Voyles angelangt, einer kleinen Bar an einer Straßenecke, neben einem Herrenbekleidungsgeschäft. Er stieß rückwärts in eine Parklücke und ging hinein. Er blieb eine Weile an der Bar sitzen, dann nahm er seinen Drink und setzte sich damit an einen kleinen Tisch am Eingang.

Paula kam herein und sagte: »Fröhliche Weihnachten!«, und er stand auf und gab ihr einen Kuß auf die Backe. Er hielt ihr den Stuhl, bis sie sich gesetzt hatte.

Er sagte: »Scotch?«

»Scotch«, sagte sie, und dann, zu dem Mädchen, das ihre Bestellung aufnahm: »Scotch mit Eis.«

Paula nahm sein Glas und leerte es.

»Für mich auch noch einen«, sagte Myers zu dem Mädchen. »Ich mag dieses Lokal nicht«, sagte er, nachdem das Mädchen wieder fort war.

»Was paßt dir denn nicht dran?« sagte Paula. »Wir kommen doch immer hierher.«

»Ich mag es einfach nicht«, sagte er. »Laß uns nach dem Drink woandershin gehen.«

»Wie du willst«, sagte sie.

Das Mädchen brachte die Drinks. Myers zahlte und stieß mit Paula an.

Myers starrte sie an.

»Schöne Grüße von Carl«, sagte sie.

Myers nickte.

Paula nippte an ihrem Drink. »Und wie war's bei dir heute?«

Myers hob die Schultern.

»Was machst du denn die ganze Zeit?« sagte sie.

»Nichts«, sagte er. »Ich hab' staubgesaugt.«

Sie berührte seine Hand. »Alle haben gesagt, ich soll dir schöne Grüße ausrichten.«

Sie tranken aus.

»Du, ich hab' eine Idee«, sagte sie. »Warum fahren wir nicht auf einen Sprung zu den Morgans. Wir haben sie noch nicht mal kennengelernt, und dabei sind sie schon seit Monaten wieder zurück. Wir könnten für eine Minute vorbeischauen und sagen: Hallo, wir sind die Myers. Und außerdem haben sie uns eine Karte geschrieben. Sie haben geschrieben, wir sollen an den Feiertagen mal vorbeischauen. Sie haben uns *eingeladen.* Ich will jetzt noch nicht nach Hause«, sagte sie schließlich und kramte in ihrer Handtasche nach Zigaretten.

Myers versuchte sich zu erinnern: Er hatte doch die Heizung runtergestellt und alle Lichter ausgeschaltet, bevor er weggefahren war? Und dann fielen ihm wieder die Schneeflocken ein, die am Fenster draußen vorbeigetrieben waren.

»Und was ist mit diesem unverschämten Brief, in dem sie uns darauf aufmerksam gemacht haben, sie hätten gehört, daß wir eine Katze in ihrem Haus halten?« sagte er.

»Das haben sie doch schon längst wieder vergessen«, sagte sie. »Das war sowieso nicht ernst gemeint. Ach, komm, Myers! Schauen wir rasch mal vorbei.«

»Bevor wir was in der Richtung unternehmen, sollten wir anrufen«, sagte er.

»Nein«, sagte sie. »Das gehört doch dazu. Wir rufen nicht an. Wir klopfen einfach an die Tür und sagen: Hallo, wir haben mal hier gewohnt. Einverstanden? Myers?«

»Ich meine, wir sollten erst anrufen«, sagte er.

»Jetzt sind doch Feiertage«, sagte sie und stand auf. »Mach schon, Baby.«

Sie faßte seinen Arm, und sie traten hinaus in den Schnee. Sie schlug vor, ihren Wagen zu nehmen und seinen später zu holen. Er hielt ihr die Tür auf und ging um den Wagen zum Beifahrersitz.

Es versetzte ihm einen Schlag, als er die erleuchteten Fenster sah, den Schnee auf dem Dach und den Kombiwagen in der Einfahrt. Die Vorhänge waren zurückgezogen, und durch die Scheiben blinkten die Lichter des Christbaums.

Sie stiegen aus dem Auto. Er faßte sie unter, als sie über einen Schneehaufen kletterten und den Weg zur vorderen Veranda nahmen. Sie waren ein paar Schritte gegangen, als ein großer, buschiger Hund um die Garagenecke schoß, schnurstracks auf Myers zu.

»O Gott«, sagte er, krümmte sich, trat einen Schritt zurück und nahm die Hände hoch. Er rutschte aus, sein Mantel klappte auseinander, und in der schrecklichen Gewißheit, daß der Hund ihm an die Gurgel fahren würde, schlug er der Länge nach auf den gefrorenen Rasen. Der Hund knurrte einmal und fing an, Myers' Mantel zu beschnüffeln.

Paula nahm eine Handvoll Schnee und warf sie nach dem Hund. Das Licht auf der Veranda wurde eingeschaltet, die Tür ging auf, und ein Mann rief: »Buzzy!« Myers rappelte sich hoch und klopfte sich die Kleider aus.

»Was ist hier los?« sagte der Mann in der Türöffnung. »Wer ist da? Buzzy, hierher, alter Knabe. Na, komm schon!«

»Wir sind die Myers«, sagte Paula. »Wir wollten Ihnen bloß fröhliche Weihnachten wünschen.«

»Die Myers?« sagte der Mann in der Türöffnung. »Raus mit dir! Ab in die Garage, Buzzy. Marsch, marsch! Es sind die Myers«, sagte der Mann zu der Frau, die hinter ihm stand und versuchte, ihm über die Schulter zu sehen.

»Die Myers«, sagte sie. »Dann sag ihnen doch, sie sollen reinkommen. Sag ihnen doch um Himmels willen, daß sie reinkommen sollen.« Sie trat auf die Veranda und sagte: »Kommen Sie doch bitte rein, da draußen erfriert man ja. Ich bin Hilda Morgan. Und das hier ist Edgar. Freut mich sehr, Sie kennenzulernen. Bitte, treten Sie näher.«

Sie gaben sich rasch auf der Veranda die Hand. Myers und Paula traten ins Haus, und Edgar Morgan machte hinter ihnen die Türe zu.

»Warten Sie, ich nehm' Ihnen die Mäntel ab. Legen Sie doch bitte ab«, sagte Edgar Morgan. »Ist Ihnen auch nichts passiert?« sagte er zu Myers, wobei er ihn von oben bis unten musterte, und Myers schüttelte den Kopf. »Ich hab' schon immer behauptet, daß der Hund verrückt ist, aber so eine Schau hat er noch nie abgezogen. Ich hab's selbst gesehen. Ich hab' gerade aus dem Fenster geschaut, als es passierte.«

Die Bemerkung kam Myers sonderbar vor, und er sah sich den Mann an. Edgar Morgan war in den Vierzigern, war fast schon kahl, trug lange Hosen, einen Wollpullover und Lederpantoffeln.

»Er heißt Buzzy«, erklärte Hilda Morgan und verzog das Gesicht. »Der Hund gehört Edgar. Ich persönlich vertrage keine Tiere im Haus, aber als Edgar den Hund kaufte, versprach er, ihn draußen zu halten.«

»Er schläft in der Garage«, sagte Edgar Morgan. »Er bettelt zwar in einem fort, aber wir lassen ihn nicht rein, verstehen Sie.« Morgan kicherte. »Aber nun nehmen Sie doch Platz, nehmen Sie Platz, wenn Sie in diesem Durcheinander einen finden. Hilda, Schätzchen, räum doch bitte das Zeug da von der Couch, damit Mr. und Mrs. Myers sich setzen können.«

Hilda Morgan nahm Pakete, Einwickelpapier, Scheren, eine Schachtel mit Bändern und die Schleifen von der Couch und legte alles auf den Boden.

Myers merkte, daß Morgan ihn wieder anstarrte, diesmal ohne zu lächeln.

Paula sagte: »Myers, mein Lieber, da ist irgendwas in deinem Haar.«

Myers faßte sich an den Hinterkopf, zog einen Zweig aus seinem Haar und steckte ihn in die Tasche.

»Dieser Hund«, sagte Morgan und kicherte wieder.

»Wir wollten gerade etwas Heißes trinken und ein paar Geschenke einpacken, die wir in letzter Minute gekauft haben. Möchten Sie nicht mit uns ein Feiertagsschlückchen trinken? Was hätten Sie denn gern?«

»Mir ist alles recht«, sagte Paula.

»Mir ebenfalls«, sagte Myers. »Wir wollten nicht hier reinplatzen.«

»Unsinn«, sagte Morgan. »Wir waren schon … sehr gespannt auf die Myers. Möchten Sie was Heißes, Sir?«

»Ist mir recht«, sagte Myers.

»Und Mrs. Myers?« sagte Morgan.

Paula nickte.

»Zwei heiße Getränke – schon unterwegs«, sagte Morgan. »Liebling, ich denke, wir können jetzt auch was vertragen. Was meinst du?« sagte er zu seiner Frau. »Das ist doch wirklich ein Anlaß.«

Er nahm ihre Tasse und ging in die Küche. Myers hörte, wie die Schranktüre klappte, und er hörte ein gedämpftes Wort, das wie ein Fluch klang. Myers zwinkerte. Er sah Hilda Morgan an, die es sich gerade in einem Sessel bequem machte.

»Setzen Sie sich hierher, Sie beide«, sagte Hilda Morgan. Sie klopfte mit der Hand auf die Couchlehne. »Hierher, an den Kamin. Wir werden Mr. Morgan bitten, daß er noch einmal nachlegt, wenn er wieder da ist.« Sie setzten sich. Hilda Morgan faltete die Hände im Schoß und beugte sich ein wenig vor, um Myers' Gesicht zu studieren.

Das Wohnzimmer sah so aus, wie er es in Erinnerung hatte, nur daß jetzt an der Wand hinter Hilda Morgans Stuhl drei kleine, gerahmte Drucke hingen. Auf einem der Drucke war ein Herr in Gehrock und Gilet abgebildet, der, die Hand am Hutrand, zwei Damen mit Sonnenschirmen grüßte. Die Szene spielte auf einem breiten Promenadenweg mit Pferden und Kutschen.

»Wie war's denn in Deutschland?« fragte Paula. Sie saß auf dem Rand ihres Kissens, die Tasche auf den Knien.

»Deutschland hat uns sehr gefallen«, sagte Edgar Morgan, der gerade mit einem Tablett mit vier großen Tassen aus der Küche hereinkam. Myers erkannte die Tassen wieder.

»Waren Sie schon mal in Deutschland, Mrs. Myers?« fragte Morgan.

»Wir möchten gern hinfahren«, sagte Paula. »Stimmt's, Myers? Vielleicht nächstes Jahr – nächsten Sommer. Oder sonst im Jahr drauf. Sobald wir's uns leisten können. Vielleicht, wenn Myers etwas veröffentlicht hat. Myers ist nämlich Schriftsteller.«

»Ich könnte mir vorstellen, daß ein Schriftsteller von einer Europareise sehr profitieren kann«, sagte Edgar Morgan. Er stellte die Tassen auf Untersetzer. »Bitte bedienen Sie sich.« Er setzte sich seiner Frau gegenüber in einen Sessel und starrte Myers an. »Sie haben in Ihrem Brief geschrieben, Sie würden Ihren Job aufgeben, um schreiben zu können.«

»Stimmt«, sagte Myers und nippte an seiner Tasse.

»Er schreibt fast jeden Tag etwas«, sagte Paula.

»Wirklich?« sagte Morgan. »Das imponiert mir. – Was haben Sie denn heute geschrieben, wenn ich fragen darf?«

»Nichts«, sagte Myers.

»Das machen die Feiertage«, sagte Paula.

»Sie müssen ja mächtig stolz auf ihn sein, Mrs. Myers«, sagte Hilda Morgan.

»Bin ich auch«, sagte Paula.

»Freut mich für Sie«, sagte Hilda Morgan.

»Ich hab' da unlängst etwas gehört – das wird Sie vielleicht interessieren«, sagte Edgar Morgan. Er holte Tabak hervor und begann, seine Pfeife zu stopfen. Myers zündete sich eine Zigarette an und hielt nach einem Aschenbecher Ausschau. Dann ließ er das Streichholz hinter die Couch fallen.

»In Wirklichkeit ist es eine scheußliche Geschichte. Aber vielleicht können Sie was damit anfangen, Mr. Myers.« Morgan ließ ein Streichholz aufflammen und zog an seiner Pfeife. »Wasser auf Ihre Mühlen – und so weiter, verstehen Sie«, sagte Morgan. Er lachte und schüttelte das Streichholz. »Dieser Knabe war etwa so alt wie ich. War auch ein paar Jahre lang mein Kollege. Wir kannten uns nur flüchtig und waren mit den gleichen Leuten befreundet. Dann zog er um und nahm an der Universität eine Stelle an. Nun, Sie wissen ja, wie's manchmal ist – der Knabe fing jedenfalls mit einer seiner Studentinnen ein Verhältnis an.«

Mrs. Morgan machte ein mißbilligendes Geräusch mit der Zunge. Sie hob ein in grünes Papier gewickeltes Paket vom Boden auf und heftete eine rote Schleife daran.

»Den Schilderungen nach muß es eine heiße Liebesgeschichte gewesen sein, die sich über ein paar Monate hinzog«, fuhr Morgan fort. »Um die Wahrheit zu sagen, bis vor kurzem. Genauer gesagt, bis vor einer Woche. Und an jenem Tag – es war spät abends – eröffnete er seiner Frau (sie waren zwanzig Jahre verheiratet), er wolle sich von ihr scheiden lassen. Sie können sich vielleicht vorstellen, wie die betrogene Ehefrau aufnahm, was da sozusagen aus heiterem Himmel über sie hereinbrach. Es hat einen Riesenkrach gegeben. Die ganze Familie mischte sich ein. Die Frau erklärte ihm, er habe auf der Stelle aus dem Haus zu verschwinden. Aber als der Bursche gerade gehen wollte, warf ihm sein Sohn eine Dose Tomatensuppe nach und traf ihn an der Stirn. Der Mann hatte eine Gehirnerschütterung und mußte ins Krankenhaus gebracht werden. Sein Zustand ist ziemlich kritisch.«

Morgan sog an seiner Pfeife und starrte Myers an.

»So eine Geschichte hab' ich noch nie gehört«, sagte Mrs. Morgan. »Edgar, das ist doch abscheulich.«

»Grauenhaft«, sagte Paula.

Myers grinste.

»Na, das *wär'* eine Story für Sie, Mr. Myers«, sagte Morgan, der Myers' Grinsen bemerkt hatte und die Augen zusammenkniff. »Würde sicher eine gute Geschichte draus, wenn es Ihnen gelingt, sich in den Kopf dieses Mannes zu versetzen!«

»Oder in den von ihr«, sagte Mrs. Morgan. »In den der Frau. Denken Sie doch mal an *ihre* Geschichte. Auf eine solche Art und Weise nach zwanzig Jahren betrogen zu werden. Stellen Sie sich einmal vor, wie der Frau zumute sein muß.«

»Aber überlegt doch mal, was dieser arme *Junge* erst durchgemacht haben muß«, sagte Paula. »Stellt euch das vor – um ein Haar den eigenen Vater umzubringen.«

»Ja, alles schön und gut«, sagte Morgan. »Aber da gibt es noch was, etwas, woran meiner Meinung nach bis jetzt noch keiner von euch gedacht hat. Bedenkt doch einen Augenblick lang folgendes. Mr. Myers, hören Sie auch zu? Sagen Sie mir, was Sie davon halten. Versetzen Sie sich doch mal in die Lage dieser achtzehnjährigen Studentin, die sich in einen verheirateten Mann verliebt hat. Denken Sie doch einen Moment über *sie* nach – dann haben Sie sämtliche Perspektiven der Geschichte.«

Morgan nickte und lehnte sich zufrieden in seinen Sessel zurück.

»Ich fürchte, für *sie* kann ich kein Mitgefühl aufbringen«, sagte Mrs. Morgan. »Ich kann mir vorstellen, was für ein Typ sie ist. Kennt doch jeder, diese Sorte Frauen, die älteren Männern nachstellt. Und ich hab' auch keinerlei Sympathie für ihn – den Mann, den Jäger. Nein, nicht die geringste. Tut mir leid, aber mein Mitgefühl ist in diesem Fall ausschließlich auf Seiten von Ehefrau und Sohn.«

»Das müßte schon ein Tolstoi sein, der das erzählen könnte – und zwar *richtig* erzählen!« sagte Morgan. »Kein Geringerer als Tolstoi. Mr. Myers, das Wasser ist noch heiß.«

»Zeit, daß wir aufbrechen«, sagte Myers.

Er stand auf und warf seine Zigarette ins Feuer.

»Bleiben Sie«, sagte Mrs. Morgan. »Wir haben uns noch nicht einmal richtig kennengelernt. Sie haben ja keine Ahnung, welche … Spekulationen wir über Sie angestellt haben. Und jetzt, wo wir endlich mal beisammen sind – bleiben Sie doch noch ein bißchen. Es ist so eine angenehme Überraschung.«

»Danke auch für Ihre Karte und Ihre Zeilen«, sagte Paula.

»Karte?« sagte Mrs. Morgan.

Myers setzte sich.

»Wir haben beschlossen, dieses Jahr keine Karten zu schreiben«, sagte Paula. »Als es an der Zeit gewesen wäre, bin ich nicht dazu gekommen, und dann fand ich es sinnlos, in allerletzter Minute zu schreiben.«

»Möchten Sie noch was zu trinken, Mrs. Myers?« sagte Morgan. Er stand vor ihr und griff nach ihrer Tasse. »Sie werden Ihrem Gatten doch mit gutem Beispiel vorangehen.«

»Er war *wirklich* gut«, sagte Paula. »Da wird einem richtig warm.«

»Stimmt«, sagte Morgan. »Da wird einem richtig warm. Das ist wahr. Hast du gehört, was Mrs. Myers gesagt hat, Schatz?« sagte Morgan. »Da wird einem richtig warm. Äußerst treffend. – Mr. Myers?« sagte Morgan. »Trinken Sie noch einen mit?«

»Also gut«, sagte Myers.

Der Hund begann zu winseln und an der Tür zu kratzen. »Dieser Hund. Möchte wissen, was in diesen Hund gefahren ist«, sagte Morgan. Er ging in die Küche, und diesmal hörte Myers deutlich, daß Morgan fluchte, als er den Kessel auf die Gasflamme knallte.

Mrs. Morgan fing an zu summen. Sie hob ein halb eingewickeltes Paket auf, schnitt ein Stück Klebstreifen ab und begann, das Paket zuzukleben.

Myers zündete sich eine Zigarette an. Er ließ das Zündholz in seinen Untersetzer fallen. Er schaute auf die Uhr.

Mrs. Morgan hob ihren Kopf. »Ich glaube, da wird gesungen«, sagte sie. Sie horchte. Sie stand auf und trat an das Fenster, das zur Straße ging. »Da singt *wirklich* jemand, Edgar«, rief sie.

Myers und Paula traten ans Fenster.

»Ich hab' schon seit Jahren keine Weihnachtssänger mehr gesehen«, sagte Mrs. Morgan.

»Was ist denn?« sagte Morgan. Er brachte das Tablett mit den Tassen. »Was ist denn? Irgendwas nicht in Ordnung?«

»Alles in Ordnung, Schatz. Es sind Weihnachtssänger. Sie stehen drüben auf der anderen Straßenseite«, sagte Mrs. Morgan.

»Mrs. Myers«, sagte Morgan und hielt ihr das Tablett hin.

»Mr. Myers. Schätzchen.«

»Danke schön«, sagte Paula.

»Muchas gracias«, sagte Myers.

Morgan stellte das Tablett ab und trat, in der Hand seine Tasse, wieder ans Fenster. Auf dem gegenüberliegenden Gehsteig hatten sich vor einem Haus ein paar junge Leute versammelt, Jungen und Mädchen und ein älterer, größerer Junge, der einen Schal trug und einen Mantel anhatte. Myers konnte die Gesichter am Fenster gegenüber erkennen – die Ardreys –, und als die Sänger fertig waren, kam Jack Ardrey an die Tür und gab dem älteren Jungen etwas. Die Gruppe entfernte sich mit hüpfenden Taschenlampen, ging den Gehsteig hinunter und blieb vor einem anderen Haus stehen.

»Die kommen bestimmt nicht zu uns«, sagte Mrs. Morgan nach einer Weile.

»Was? – Weshalb sollen die nicht zu uns kommen?« sagte Morgan zu seiner Frau. »Was ist denn das für eine verdammt unsinnige Behauptung? Wieso sollten sie nicht zu uns kommen?«

»Ich weiß eben, daß sie nicht kommen«, sagte Mrs. Morgan.

»Und ich behaupte, sie kommen«, sagte Morgan. »Mrs. Myers, werden die Weihnachtssänger zu uns kommen oder nicht? Was glauben Sie? Werden sie zurückkommen, um dieses Haus zu segnen? Wir legen die Entscheidung in Ihre Hände.«

Paula drückte sich näher ans Fenster. Aber die Sänger waren die Straße schon ein gutes Stück hinuntergegangen. Sie gab keine Antwort.

»Also – nachdem die ganze Aufregung wieder vorbei

ist«, sagte Morgan und kehrte zu seinem Sessel zurück. Er setzte sich, runzelte die Stirn und fing an, seine Pfeife zu stopfen.

Myers und Paula setzten sich wieder auf die Couch. Schließlich riß sich auch Mrs. Morgan vom Fenster los. Sie setzte sich ebenfalls. Sie starrte lächelnd in ihre Tasse. Dann stellte sie die Tasse hin und fing an zu weinen.

Morgan gab seiner Frau ein Taschentuch. Er sah Myers an, und unvermittelt begann er auf die Lehne seines Sessels zu trommeln. Myers bewegte die Füße hin und her. Paula suchte in ihrer Handtasche nach einer Zigarette.

»Siehst du, was du angerichtet hast?« sagte Morgan und senkte seinen Blick auf etwas, was neben Myers' Schuhen auf dem Teppich lag.

Myers rappelte sich hoch.

»Edgar, bring den Herrschaften doch noch was zu trinken«, sagte Mrs. Morgan und betupfte ihre Augen. Dann benützte sie das Taschentuch, um sich zu schneuzen. »Ich möchte, daß die beiden die Geschichte von Mrs. Attenborough hören. Myers ist doch Schriftsteller. Ich glaub', sie wird ihm gefallen. Wir warten noch, bis du wieder da bist, und dann erzählen wir ihnen diese Geschichte.«

Morgan sammelte die Tassen ein. Er brachte sie in die Küche. Myers hörte Geschirr klappern und Schranktüren zuschlagen. Mrs. Morgan warf Myers einen Blick zu und lächelte ein bißchen.

»Wir müssen aufbrechen«, sagte Myers. »Wir müssen aufbrechen. Paula, hol deinen Mantel.«

»Kommt gar nicht in Frage, wir bestehen darauf, Mr. Myers«, sagte Mrs. Morgan. »Sie müssen sich unbedingt noch die Geschichte von Mrs. Attenborough anhören. Die arme Mrs. Attenborough. Ihnen wird diese Geschichte bestimmt auch gefallen, Mrs. Myers. Das ist *die* Chance für Sie, einmal zuzusehen, wie Ihr Mann mit dem Rohmaterial umgeht.«

Morgan kam zurück und servierte die heißen Getränke. Er setzte sich rasch.

»Erzähl den beiden doch bitte von Mrs. Attenborough, Schatz«, sagte Mrs. Morgan.

»Dieser Hund hätte mir fast ein Bein abgerissen«, sagte Myers plötzlich zu seiner eigenen Überraschung. Er stellte seine Tasse wieder hin.

»Jetzt kommen Sie aber – so schlimm war's nun auch wieder nicht«, sagte Morgan. »Ich hab's doch mit eigenen Augen gesehen.«

»Sie wissen ja, wie Schriftsteller sind«, sagte Mrs. Morgan zu Paula. »Die übertreiben gern.«

»Die Macht der Feder – und so weiter«, sagte Morgan.

»Genau«, sagte Mrs. Morgan. »Schmieden Sie aus Ihrer Feder eine Pflugschar, Mr. Myers.«

»Also – Mrs. Morgan wird uns jetzt die Geschichte von Mrs. Attenborough erzählen«, sagte Morgan, ohne sich um Myers zu kümmern, der sich in diesem Augenblick erhoben hatte. »Mrs. Morgan hatte an dieser Geschichte nämlich den allerpersönlichsten Anteil. – Ich habe Ihnen bereits von dem Mann erzählt, der so jählings zu Boden gekracht, als er mit einer Suppendose Bekanntschaft gemacht.« Morgan kicherte. »Nun aber wollen wir Mrs. Morgan unser Gehör schenken.«

»Erzähl du's, Schatz. Und Sie, Mr. Myers, passen Sie jetzt ganz genau auf«, sagte Mrs. Morgan.

»Wir müssen jetzt gehen«, sagte Myers. »Komm, Paula, brechen wir auf.«

»Erzähl uns von Anstand und Ehre«, sagte Mrs. Morgan.

»Ja, reden wir darüber«, sagte Myers. Dann sagte er: »Paula, kommst du jetzt?«

»Ich möchte, daß Sie diese Geschichte hören«, sagte Morgan mit erhobener Stimme. »Sie beleidigen Mrs. Morgan, Sie beleidigen uns beide, wenn Sie sich diese Geschichte nicht anhören.« Morgan schloß die Faust um seine Pfeife.

»Myers, bitte«, sagte Paula begierig. »Ich will sie hören. Danach brechen wir sofort auf. Myers? Bitte, Liebling, setz dich noch eine Minute hin.«

Myers sah sie an. Sie bewegte ihre Finger, als wollte sie ihm ein Zeichen geben. Er zögerte, dann setzte er sich neben sie.

Mrs. Morgan fing an: »Das Ganze passierte eines Nachmittags in München. Edgar und ich wollten ins Museum. Es war Herbst, und es gab da eine *Bauhaus*-Ausstellung, und Edgar sagte, was soll's, nehmen wir uns einen Tag frei – er steckte damals mitten in seinen Forschungsarbeiten, verstehen Sie –, also, was soll's, nehmen wir uns einen Tag frei. Wir nahmen die Straßenbahn und fuhren quer durch München zum Museum. Wir verbrachten mehrere Stunden damit, uns die Ausstellung anzusehen und ein paar von den Galerien wiederzusehen, in denen wir einigen alten Meistern, die wir besonders schätzen, unsere Ehrerbietung erweisen wollten. Bevor wir wieder aufbrachen, verschwand ich noch schnell in der Damentoilette und ließ meine Handtasche liegen. In der Handtasche waren Edgars monatlicher Scheck von zu Hause, den wir am Tag zuvor bekommen hatten, und außerdem waren hundertzwanzig Dollar in bar drin, die ich mit dem Scheck zusammen ins Depot tun wollte. Meine Papiere waren auch noch in der Tasche. Ich hab' die Tasche aber erst vermißt, als wir zu Hause waren. Edgar telefonierte sofort mit der Museumsleitung. Aber während er noch redete, sah ich vor dem Haus schon ein Taxi, aus dem eine gutgekleidete, weißhaarige Dame stieg. Sie war untersetzt und trug zwei Handtaschen. Ich rief nach Edgar und ging an die Tür. Die Frau stellte sich als Mrs. Attenborough vor, gab mir die Handtasche und erzählte, sie sei an diesem Nachmittag ebenfalls im Museum gewesen, und in der Toilette habe sie im Abfalleimer eine Handtasche entdeckt. Selbstverständlich habe sie die Tasche geöffnet, um herauszufinden, wem sie gehörte. Aus den Personalausweisen habe sie dann unsere Münchner Adresse entnommen. Sie hatte daraufhin das Museum verlassen, um ein Taxi zu nehmen und die Handtasche persönlich zu überbringen. Edgars Scheck war noch drin, aber das Geld, die hundertzwanzig Dollar, waren verschwunden. Trotzdem war ich froh, daß alles andere noch da war. Es war kurz vor vier, und wir luden die Dame ein, doch zum Tee zu bleiben. Sie nahm Platz, und nach einer Weile fing sie an, von sich zu erzählen. Sie war eine gebürtige Australierin, war dort auch aufgezogen worden, hatte jung geheiratet, drei Kinder zur Welt gebracht – alle drei Söhne –, war Witwe geworden und lebte nun noch immer mit zweien ihrer Söhne in Australien. Sie züchteten Schafe und hatten über zwanzigtausend Morgen Land, auf denen die Tiere frei herumlaufen konnten, und jede Menge Viehtreiber und Schafscherer und so, die saisonweise für sie arbeiteten. Als sie uns in unserem Münchner Domizil aufsuchte, war sie gerade auf dem Weg nach Australien. Sie kam aus England, wo sie bei ihrem jüngsten Sohn, einem Rechtsanwalt, zu Besuch gewesen war. Als wir sie kennenlernten, war sie also auf dem Rückweg nach Australien«, sagte Mrs. Morgan. »Und auf dieser Reise wollte sie noch etwas von der Welt sehen. Sie hatte noch jede Menge Zwischenstopps geplant.«

»Komm zur Sache, Schatz«, sagte Morgan.

»Ja – und jetzt kommt's also. Mr. Myers, ich steuere jetzt ohne Umschweife auf den Höhepunkt zu, wie ihr Schriftsteller sagt. Denn plötzlich, nachdem wir uns eine Stunde lang äußerst gut miteinander unterhalten hatten und diese Frau uns von sich und ihrem abenteuerlichen Leben in Australien erzählt hatte, stand sie auf, um zu gehen. Und als sie mir gerade ihre Tasse reichen wollte, klappte ihr Mund auf, die Tasse fiel zu Boden, und sie selbst fiel auf unsere Couch und war tot. Tot. Mitten in unserem Wohnzimmer. Es war der größte Schock unseres Lebens.«

Morgan nickte feierlich.

»Mein Gott«, sagte Paula.

»Das Schicksal hatte sie dazu ausersehen, auf unserer Wohnzimmercouch in Deutschland zu sterben«, sagte Mrs. Morgan.

Myers prustete los. »Das Schicksal … hatte sie … dazu ausersehen … auf unserer Wohnzimmercouch … in Deutschland … zu sterben …«, sagte er japsend.

»Ist das so komisch, Sir?« sagte Morgan. »Finden Sie das so amüsant?«

Myers nickte. Er lachte immer noch. Er trocknete sich mit dem Hemdsärmel die Augen. »Tut mir ehrlich leid«, sagte er. »Ich kann nichts dafür. Aber diese Zeile: ›*Das Schicksal hatte sie dazu ausersehen, auf unserer Wohnzimmercouch in Deutschland zu sterben.*‹ Tut mir ehrlich leid.« Irgendwie gelang es ihm noch zu sagen: »Und was ist dann passiert? Ich würde gern wissen, was dann weiter passiert ist.«

»Mr. Myers, wir wußten einfach nicht, was wir tun sollten«, sagte Mrs. Morgan. »Es war ein schrecklicher

Schock. Edgar fühlte ihren Puls, aber sie gab kein Lebenszeichen mehr von sich. Und außerdem fing sie bereits an, sich zu verfärben. Gesicht und Hände fingen an, *grau* zu werden. Edgar ging ans Telefon, um jemanden zu holen. Dann sagte er: ›Mach ihre Handtasche auf. Sieh nach, ob du feststellen kannst, wo sie wohnt.‹ Ich sah die ganze Zeit von dem armen Ding auf der Couch weg und nahm mir ihre Handtasche vor. Nun stellen Sie sich aber meine absolute Verwirrung und Bestürzung vor, meine völlige Verwirrung, als meine hundertzwanzig Dollar das erste waren, worauf ich stieß – mitsamt der Heftklammer. In meinem ganzen Leben war ich noch nie so überrascht gewesen.«

»Und enttäuscht«, sagte Morgan. »Vergiß das nicht. Es war eine Riesenenttäuschung.«

Myers gluckste.

»Wenn Sie ein richtiger Schriftsteller wären, wie Sie behaupten, Mr. Myers, dann würden Sie jetzt nicht lachen«, sagte Morgan und stand auf. »Dann würden Sie nicht wagen zu lachen! Sie würden versuchen, Verständnis aufzubringen. Sie würden die Tiefen des Herzens dieser bedauernswerten Seele ausloten und versuchen Verständnis aufzubringen. Aber Sie sind eben kein Schriftsteller, Sir.«

Myers kicherte weiter.

Morgan hieb mit seiner Faust auf den Couchtisch, daß die Tassen in den Untersetzern klapperten. »Die eigentliche Geschichte aber spielt hier, in diesem Haus, in *diesem* Wohnzimmer, und es ist höchste Zeit, daß jemand diese Geschichte erzählt. Die eigentliche Geschichte spielt nämlich *hier*, Mr. Myers«, sagte Morgan. Er trat auf das glitzernde Einwickelpapier, das sich aufgerollt hatte und nun ausgebreitet auf dem Teppich lag, und latschte darauf herum.

Er hielt inne, um Myers, der sich den Kopf hielt und sich vor Lachen schüttelte, zu fixieren.

»Denken Sie einmal über folgende Variante nach, Mr. Myers«, brüllte Morgan. »*Denken* Sie einmal darüber *nach*! Ein Freund – nennen wir ihn Mr. X – ist befreundet mit … Mr. und Mrs. Y *und auch* mit Mr. und Mrs. Z. Unglücklicherweise kennen Mr. und Mrs. Y Mr. und Mrs. Z nicht. Ich sage *unglücklicherweise*, denn wenn sie sie gekannt hätten, dann gäbe es diese Geschichte nicht, weil sie sich nämlich nie ereignet hätte. Also, Mr. X erfährt, daß Mr. und Mrs. Y für ein Jahr nach Deutschland gehen wollen und jemanden suchen, der während der Zeit ihrer Abwesenheit ihr Haus bewohnt. Mr. und Mrs. Z befinden sich gerade auf der Suche nach einem passenden Haus, und Mr. X teilt ihnen mit, er habe genau das Richtige für sie. Aber bevor Mr. X Mr. und Mrs. Z mit Mr. und Mrs. Y bekannt machen kann, müssen die Ys abreisen, und zwar früher als erwartet. Mr. X – er ist ein Freund – bleibt es nun überlassen, das Haus nach eigenem Gutdünken zu vermieten, und zwar an jedermann, auch an Mr. und Mrs. Y – will sagen Z. Nun, Mr. und Mrs. Z ziehen ein und bringen eine Katze ins Haus, wie Mr. und Mrs. Y später in einem Brief von Mr. X erfahren. Mr. und Mrs. Z bringen eine Katze ins Haus, *obwohl* der Mietvertrag die Haltung von Katzen und anderen Tieren wegen des Asthmas von Mrs. Y ausdrücklich untersagt. Die *eigentliche* Geschichte, Mr. Myers, die steckt in der Situation, die ich Ihnen soeben geschildert habe. Mr. und Mrs. Z – ich meine die Übersiedlung von Mr. und Mrs. *Y* in das Haus der Zs, die *Invasion* des Hauses der Zs, um der Wahrheit zu ihrem Recht zu verhelfen. Im Bett der Zs zu schlafen, das ist eine Sache, aber den privaten Wandschrank der Zs aufzubrechen und ihre Bettwäsche zu benützen, alles, was sie darin finden, wie Vandalen durcheinanderzuwerfen – das war gegen Geist und Buchstaben des Mietvertrages. Und genau *dieses* Paar, die Zs, haben Schachteln mit Küchenutensilien geöffnet, auf denen *Nicht öffnen* stand. Und haben Geschirr zerbrochen, obwohl ausdrücklich, *ausdrücklich* in eben jenem Mietvertrag stand, daß sie die *persönliche*, ich betone, *persönliche* Habe der Eigentümer – der Zs – nicht zu benützen hatten.«

Morgans Lippen waren weiß. Er ging weiter auf dem Papier auf und ab, blieb ab und zu stehen, blickte Myers an und erzeugte mit seinen Lippen paffende Geräusche.

»Und die Sachen im Badezimmer, Schatz – vergiß die Sachen im Badezimmer nicht«, sagte Mrs. Morgan. »Schlimm genug, daß sie die Decken und Laken der Zs benützen, aber daß sie auch noch an die Sachen im *Badezimmer* drangehen und sich über die kleinen, privaten Dinge hermachen, die auf dem *Dachboden* verwahrt sind – das geht doch wirklich zu weit.«

»Das ist die *eigentliche* Geschichte, Mr. Myers«, sagte Morgan. Er versuchte sich die Pfeife zu stopfen. Seine Hände zitterten. Tabak bröselte auf den Teppich. »Das ist die eigentliche Geschichte, und die wartet noch darauf, geschrieben zu werden.«

»Und dazu ist kein Tolstoi nötig«, sagte Mrs. Morgan.

»Dazu ist kein Tolstoi nötig«, sagte Morgan.

Myers lachte. Er und Paula erhoben sich gleichzeitig und gingen zur Tür. »Gute Nacht«, sagte Myers fröhlich.

Morgan stand hinter ihm. »Wenn Sie ein richtiger Schriftsteller wären, dann würden Sie diese Geschichte niederschreiben – und zwar ohne viel drumherumzureden.«

Myers lachte bloß. Er hatte die Hand am Türknauf.

»Und noch etwas«, sagte Morgan. »Ich hatte nicht vor, das zur Sprache zu bringen, aber in Anbetracht der Art und Weise, wie Sie sich heute abend hier aufgeführt haben, möchte ich Ihnen mitteilen, daß ich mein Doppelalbum *›Jazz at the Philharmonic‹* vermisse. Ich hänge nämlich sehr an diesen Schallplatten. Ich hab' sie 1955 gekauft, und jetzt bestehe ich darauf, daß Sie mir sagen, was aus ihnen geworden ist.«

»Um fair zu sein, Edgar«, sagte Mrs. Morgan, während sie Paula in den Mantel half, »nachdem du eine Bestandsaufnahme von deinen Schallplatten gemacht hattest, hast du zugegeben, daß du dich nicht daran erinnern kannst, wann du diese Platten zum letzten Mal gesehen hast.«

»Aber jetzt weiß ich's«, sagte Morgan. »Ich bin ganz sicher, daß ich die Schallplatten knapp vor unserer Abreise gesehen habe, und jetzt, jetzt hätte ich gern, daß mir dieser *Schriftsteller* hier genau sagt, was er über ihren Verbleib weiß. – Mr. Myers?«

Aber Myers war schon draußen. Er nahm seine Frau an der Hand und hastete mit ihr den Gehsteig entlang zum Wagen. Buzzy ließ sich von ihnen überrumpeln. Der Hund jaulte, offenbar vor Angst, und tat einen Satz zur Seite.

»Ich bestehe darauf, es zu *erfahren*!« schrie Morgan. »Ich warte, Sir!«

Myers schubste Paula in den Wagen und ließ den Motor an. Er blickte noch einmal auf das Paar auf der Veranda zurück. Mrs. Morgan winkte. Dann gingen sie und Edgar ins Haus und schlossen die Tür.

Myers fuhr seinen Wagen von der Bordsteinkante.

»Diese Leute sind total übergeschnappt«, sagte Paula.

Myers tätschelte ihre Hand.

»Sie haben mir Angst gemacht«, sagte sie.

Er antwortete nicht. Ihre Stimme schien von weit her zu kommen. Er fuhr weiter. Schnee zerstob an der Windschutzscheibe. Er schwieg und konzentrierte sich auf die Straße. Er war soeben am Ende einer Geschichte angelangt.

John Updike

Das Gepfeif des Jungen

Es konnte kaum besser sein: in drei Wochen war Weihnachten, Roy arbeitete jeden Tag bis in die Nacht und verdoppelte sein Gehalt durch Überstunden, und heute abend regnete es. Regen war Roys Lieblingsgeräusch, und er fühlte sich nie zufriedener, nie geborgener, als wenn er spät abends im dritten Stock des Herlihy-Gebäudes in seinem überheizten kleinen Zimmer saß und die Verkaufsräume dunkel und ausgestorben unter ihm ruhten, das Radio dudelte, Regen aufs schwarze Oberlicht trommelte und fünfzehnhundert Meter entfernt im Güterbahnhof an der Buchanan Street die Lokomotiven hin und her ruckten.

Das einzig Störende war das Gepfeif des Jungen. Zehn Monate im Jahr besorgte Roy die Dekorationsabteilung allein. Wenn er zu viele Verkaufsschilder auf einmal zu machen hatte, lieh Shipping ihm einen Lehrling zur Hilfe aus. Aber Anfang November stellte Simmons, der Geschäftsführer, regelmäßig einen Jungen von der High School an, der jeden Abend kam und Sonnabends für den ganzen Tag. In diesem Jahr hieß der Helfer Jack, und er pfiff. Er pfiff unentwegt.

Jack stand an der Handpresse, druckte Verkaufsschilder und intonierte dabei *Summertime.* Er schien der Ansicht zu sein, daß diese Melodie eines kühlen, zurückhaltenden Vortrags bedürfe, und Roy war ihm dankbar dafür. Er wollte gerade mit dem großen Schild für die Spielwaren-Abteilung beginnen, und er wollte es gut machen. Obwohl die übliche Groteskschrift oder halbfette Antiqua es auch getan hätten, wollte er es diesmal mit altenglischen Versalien versuchen. Ausschließlich zu seinem Privatvergnügen wollte er das. Niemand würde diese Extraleistung zu würdigen wissen, am wenigsten Simmons. Auf einer Sperrholzplatte, die anderthalb Zentimeter dick, fünfundvierzig Zentimeter hoch, drei Meter dreißig breit und mit gebrochenem Weiß grundiert war, zog er die Schreiblinien und skizzierte mit Bleistift die Buchstaben, um sich den Platz einzuteilen. Er zündete sich eine Zigarette an, tat ein paar paffende Züge, ohne zu inhalieren, und legte die Zigarette dann auf der Kante des Arbeitstischs ab. Sein Zeichenbrett war mit Scharnieren am zweiten von vier Borden befestigt; zum Arbeiten heruntergeklappt, ruhte es in einem Winkel von dreißig Grad auf der Tischkante und ragte ein Stückchen darüber hinaus; wenn es nicht gebraucht wurde, sollte es eigentlich in eine Ösenschraube am obersten Bord eingehakt werden, aber die Schraube hatte sich in dem weichen, billigen Fichtenholz nicht gehalten, und das Brett hing ständig herunter. Dadurch wurde das unterste Fach zur Hälfte verdeckt und war zum Schlupfwinkel für leere Farbtöpfe, vergessene Notizzettel, steinharte Pinsel und Abfälle von Holzfaserplatten geworden. Auf dem zweiten Bord standen, in Regenbogenfolge, die Töpfe mit den Plakatfarben. Im dritten Fach wurden Dosen mit Nägeln verwahrt, Schachteln mit Reißzwecken und Heftklammern, zwei Heftmaschinen (wovon eine nicht mehr funktionierte), farbige Tinten (eingetrocknet), Federhalter in einer Drahtschlaufe, Federn in einer Zigarrenkiste, drei Hämmer, zwei Metallstäbe, mit denen man die Arme von Schaufensterpuppen abstützen konnte, sowie eine Laubsäge ohne Sägeblatt: dies alles freilich nicht ganz so wohlgeordnet wie die Plakatfarben. Der weite Raum zwischen dem vierten Bord und der Zimmerdecke war kunterbunt vollgestopft mit verstaubten ausgedienten Requisiten:

Papp-Indianern, Knallbonbons, Rentieren, Wolken, Dollarschildern. Auch an der Wand links von Roy zogen sich Regale voller Unordnung hoch, und rechts, ein Stückchen weiter entfernt, waren der Junge, die Handpresse und die Tür. Hinter ihm befanden sich die schweren Werkzeuge, etwas Holz zum Verarbeiten und, im dunkelsten Winkel des Raumes, der Wandschrank mit den Kleiderpuppen. Obwohl Roy einen hochbeinigen Schemel hatte, stand er lieber am Zeichenbrett. Er suchte sich einen abgeschrägten Neuner-Pinsel heraus und die Plakatfarbe Himmelblau. Warf einen Blick in das Schriftmusterbuch, das bei »Altenglisch« aufgeschlagen war, und vergewisserte sich, daß der Zerstäuber mit dem Silberstaub griffbereit stand.

Dann tauchte er, ohne noch länger zu zögern, den Pinsel ein und setzte ihn auf der Holzplatte an. Den großen Halbmond des T vollendete er ohne das leiseste Zittern.* Der breite Bogen, den er darüber legte, besaß genau den richtigen flotten, von links nach rechts führenden Abwärtsschwung. Mit einem Zweier-Pinsel fügte er die Haarstriche hinzu. Er sprühte Silberstaub auf die feuchten Buchstaben, blies die überflüssige Schicht weg und trat befriedigt einen Schritt zurück.

Im Geist knallte er eine Tür zu zwischen sich und Jacks unermüdlichen Interpretation von *Lady Be Good.* Er spülte den Pinsel in einem Wassertopf aus und machte sich mit sattem Gelb ans O. Er war nicht sicher, ob das Gelb sich genügend vom Weiß abheben würde, aber es tat's, besonders, als der Silberstaub darüber lag.

Jack wechselte zu *After You've Gone* über, laut und rhythmisch mit dem Fuß dazu klopfend. Er schwang sich zu

* *Er will schreiben: Toyland – Spielzeugland. (Anm. d. Übers.)*

solchen Trompetentönen empor, daß Roy, der eben im Begriff war, den Haarstrich beim Y zu ziehen, Angst bekam, seine Hand könnte zittern; er drehte sich um und starrte brennend auf Jacks Wirbelsäule. Der Effekt war gleich Null. Jack war groß, fünfzehn Zentimeter größer als Roy etwa, und dünn. Sein Hals, nicht dicker als ein Arm, verlor sich in einem Muff ungeschnittenen Haars. Er ließ zwei Matrizenteile auf den Tisch klappern, lehnte sich zurück und stieß vier mächtige jubilierende Triller aus.

»He Jack!« rief Roy.

Der Junge drehte sich um. »Ja?« Er sah erschreckt aus, wie ertappt. Eigentlich war er nett, keiner von diesen rüden Bengeln.

»Wie wär's mit 'ner Coca?«

»Toll. Wenn Sie eine spendieren –«

Roy wollte gar nichts trinken, er wollte Ruhe. Aber er hatte sich in eine Situation gebracht, in der ihm nichts anderes übrigblieb, als in die dunkle Halle hinauszugehen, zehn Zehn-Cent-Stücke aus der Tasche zu graben, sie in den Automaten zu stecken, zwei nasse Flaschen herauszuziehen und mit ihnen in die Dekorationsabteilung zurückzugehen. Als er Jack die eine hinhielt, streckte der ihm ein Fünf-Cent-Stück und fünf einzelne Pennies entgegen. »Behalt dein Geld«, sagte Roy. »Kauf dir ein Saxophon dafür.«

Jacks dankbarer Gesichtsausdruck besagte, daß die Anspielung zu subtil gewesen war. »Wollen Sie 'n paar Erdnüsse?« fragte er und zeigte auf eine tintenverschmierte Tüte mit dem Firmenaufdruck PLANTERS.

Roy fühlte das kühle Gewicht der Flasche in der Hand und fand, gesalzene Nüsse seien jetzt gerade das Richtige. Er griff sich eine gute Handvoll aus der Tüte, merkte dann, daß sie fast leer war, und tat ein paar Nüsse zurück. Der Junge sah zu, wie er eine nach der andern in den Mund schob und kaute, und hoffte sichtlich auf eine Unterhaltung. Roy wies mit lockerer geballter Hand auf das dicke Bündel von Bestellzetteln. »Wird 'ne lange Nacht werden.«

»Die schaff ich heut nacht aber nicht alle.«

Roy wußte, der Junge hatte recht, aber wenn er ihm recht *gab,* würde ihn das womöglich zum Trödeln verleiten. Ohne ein weiteres Wort wandte er sich wieder seinem Schild zu. Er führte die Feinstriche am Y zu Ende und zog mit einer ununterbrochenen, langsamen, genußvollen Bewegung seines Arms die Unterlänge.

Dann wusch er die beiden Pinsel aus, öffnete den Topf mit dem Etikett »Karmesin« und betrachtete dabei seine Hände. Sie waren kantig geformt und glatthäutig, mit sorgfältig gepflegten Nägeln, und von makelloser Reinheit, aber nicht etwa so weiß, daß sie im Kontrast zu den leuchtenden Manschetten nicht schmeichelhaft braun gewirkt hätten. Die Manschetten waren akkurat umgeschlagen, zweimal, und gestärkt, etwa so steif wie dünne Pappe, und kerbten sich leicht in seine Unterarme, was ihm ein angenehmes verpacktes Gefühl gab. Gut, daß er den Jungen nicht angeschnauzt hatte. So sah eben dessen Abendfriede aus: pfeifen, mit Matrizen spielen, die grobe Schürze um sich geschnürt fühlen, neben sich auf dem Tisch die Tüte mit den gesalzenen Erdnüssen und das Päckchen Old Golds, und im Kopf Gott weiß nicht was. Der Junge rauchte unablässig. Als Roy ihn einmal gefragt hatte, ob er nicht ein bißchen zuviel rauchte, hatte er erwidert, nein, er rauche sonst nie, nur hier, und genau darum ging es ja, aber Roy ließ es dabei bewenden. Schließlich war er nicht der Vater.

Roy begann mit dem L. Jack mit *If I Could Be With You One Hour Tonight* – auf eine enervierende schnulzig-schnodderige Art. Sollte sich wohl wie Coleman Hawkins anhören oder irgendein anderer von diesen dämlichen Hüftwacklern. In der Hoffnung, Jack damit zum Schweigen zu bringen, schaltete Roy das Radio an, das im Regal stand. Es war ein alter Philco; seine Röhren waren fast alle durchgebrannt. Roy drehte ihn auf höchste Lautstärke, und trotzdem war er nicht laut genug, um das Gepfeif zu übertönen und an Jacks Ohr zu dringen. Der Junge pfiff weiter, er pfiff, als sei es seine ganze Seligkeit.

Roy war gerade mit dem L fertig. Da verstummte Jack plötzlich. Roy fürchtete schon, der Junge sei gekränkt, und stellte das Radio ab. In der jähen Stille hörte er dann, was den Jungen tatsächlich zum Schweigen gebracht hatte: das Zuschlagen der Fahrstuhltür und näherklappernde Absätze.

Mehr als eine Minute schien zu verstreichen, bis die Tür zur Dekorationsabteilung sich öffnete. Janet stand da, in einem durchsichtigen Regenmantel, der über und über mit Tropfen beperlt war, ebenso wie ihr kurzes rotes Haar. Irgend etwas Aggressives ging von diesem nassen Haarschopf aus. Janet blinzelte in dem hellen Licht. »Es ist so dunkel da draußen«, sagte sie. »Ich habe mich verirrt.«

»Der Schalter ist direkt neben dem Fahrstuhl« – das war alles, was Roy einfiel.

Janet ging an der Handpresse vorbei, wo der Junge stand, und blieb neben Roy stehen. Sie warf einen Blick auf das Schild. »›Todl‹?« fragte sie.

»›Toyl‹. Das ist ein Ypsilon.«

»Aber es ist oben doch zu. Sieht aus wie ein D mit Wackelschwanz.«

»Das ist gotische Schrift.«

»Na schön, wir wollen nicht streiten. Sicher liegt es an mir.«

»Wieso kommst du her? Was ist los?«

»Der Regen hat mich so unruhig gemacht.«

»Du bist den Weg zu Fuß gegangen? Wer hat dich reingelassen?«

»Sind doch bloß ein paar hundert Meter. Es macht mir nichts, durch den Regen zu laufen. Ich hab's gern.« Janet hielt den Kopf schief und fingerte an ihrem einen Ohrring herum. »Der Nachtwächter hat mich reingelassen. Er hat gesagt: ›Gehn Sie man ruhig rauf, Mrs. Mays. Er wird sich freuen, wenn Sie kommen. Er ist bestimmt furchtbar einsam, und Sie machen ihn jetzt glücklich.‹«

»Orley hat dich reingelassen?«

»Ich hab nicht nach seinem Namen gefragt.« Sie nahm sich eine Zigarette aus seinem Päckchen.

»Zieh lieber den Regenmantel aus«, sagte er. »Oder willst du dich erkälten?«

Sie ließ den Mantel an sich herunterrutschen, drapierte ihn über die elektrische Säge und blieb, die Beine so weit gespreizt, wie der enge Rock es zuließ, vor dem Regal stehen: Sie rauchte und betrachtete das Gerümpel auf dem obersten Bord. Roy holte den Orange-Topf herunter und begann mit dem A.

»Orange neben Rot«, sagte sie. »Huuuh!«

»Bääh«, knurrte er, aber ganz vorsichtig, damit seine Hand nicht wackelte.

»Was ist in den Kästen da?«

»Kästen?« Roy war auf sein A konzentriert und hörte kaum, was sie sagte.

»*Da*, in den Kästen.«

Er setzte den Pinsel ab und wandte den Kopf, um zu sehen, worauf sie zeigte. »Rauschgold.«

»Rauschgold! Lieber Himmel, zwei, vier, sechs – *sechs* Riesenkisten voller Rauschgold! Was *machst* du damit? Schläfst du drauf? Verfütterst du's an Kühe?«

»Man kriegt Mengenrabatt.«

Sie stieß nachdenklich mit dem Fuß gegen eine der Kisten und setzte ihre Inspektion fort. Mehr als drei Monate war es her, daß Janet zum letztenmal hier gewesen war; sie hatte ihn zum Essen abholen und mit ihm ins Kino gehen wollen. Damals war sie ganz anderer Stimmung gewesen. »Schmeiß doch endlich mal diesen Plunder hier raus!« rief sie mit hallender Stimme aus der Tiefe des Wandschranks, wo die Kleiderpuppen lagerten.

»Paß auf. Die Dinger sind teuer.« Roy setzte zur kühnen, schwungvollen Serife am A an.

Sie kam zurück. »Wofür ist *das* da?«

Er sprühte erst Silberstaub auf den nassen Buchstaben, bevor er sich umdrehte, um zu sehen, was sie meinte. »Das sind Tannenzweige.«

»Das seh ich selber. Ich meine, was *machst* du damit?«

»Na was wohl! Ich leg sie ins Schaufenster, mach Kränze draus. Wir haben Weihnachten, Herrgott noch mal.«

Er wandte ihr den Rücken und starrte auf sein Schild. Sie trat neben ihn. Er fing mit dem N an. Als er den Abwärtsstrich zog, berührte er sie mit dem Ellbogen, so nah stand sie.

»Wann kommst du nach Hause?« fragte sie sanft; zum erstenmal benahm sie sich so, als sei ihr bewußt, daß ein Dritter im Zimmer war.

»Wie spät ist es jetzt?«

»Kurz nach neun.«

»Ich glaube nicht, daß ich vor elf hier wegkomme. Ich muß dies Schild noch fertigmachen.«

»Es *ist* doch fast fertig.«

»Ich muß das Schild fertigmachen. Anschließend können wir's dann gleich aufhängen, der Junge und ich. Und außerdem gibt es noch andere Sachen zu erledigen. Es leppert sich. Ich versuch, es bis elf zu schaffen –«

»Roy, *wirklich.*«

»Ich versuch's, aber ich kann's nicht garantieren. Tut mir leid, Schatz, aber Simmons sitzt mir im Nacken. Donnerwetter, ich verlier schon viel zuviel Zeit.«

Sie schwieg, und er malte die Serifen am N. »Dann ist es ja wohl zwecklos, wenn ich weiter hier rumstehe und warte«, sagte sie schließlich.

Das N sah fabelhaft aus. Das ganze Schild war überhaupt mehr als passabel. Er war ziemlich stolz auf sich, daß er sich von ihr nicht hatte aus dem Konzept bringen lassen.

»Dann also bis elf«, sagte Janet. Sie zog ihren Regenmantel an.

»Warte, ich bring dich runter.«

»Oh, bewahre!« Sie hob eine schmale, blasse, spöttische Hand. »Laß dich durch *mich* nicht stören. Du verlierst doch sowieso schon viel zuviel Zeit. Ich stolpere mich schon allein zurecht.«

Roy hielt es angesichts ihrer Stimmung für besser, sie gewähren zu lassen; weiß der Himmel, worauf sie aus war. Er schickte ihr begütigende Blicke nach, als sie zur Tür ging. Sie wußte, daß er ihr nachsah: er merkte es an ihrem kessen, wiegenden Gang. Als sie an Jacks Arbeitsplatz vorbeikam, blieb sie stehen und sagte: »Hallo! Was machen *Sie* denn hier noch so spät?«

Jack deutete mit den Augen auf die frisch gedruckten Verkaufsschilder. »Ich muß drucken.«

»So viele? Und alle mit diesem kleinen Ding?« Sie stippte gegen die Presse. »Ganz voll Farbe!«

Sie hielt dem Jungen Zeige- und Mittelfinger hin; auf beiden war je ein blutroter Fleck, wie zwei Konfettiplättchen. Jack stöberte verzweifelt nach einem sauberen Lappen. Das einzige, was er ihr bieten konnte, war ein Zipfel seiner Schürze. »Vielen Dank.« Langsam, sorgfältig wischte sie sich die Finger ab. An der Tür lächelte sie und sagte: »Wiedersehen allerseits.« Dabei fixierte sie einen Punkt irgendwo in der Mitte zwischen ihrem Mann und dem Jungen.

Roy beschloß, den letzten Buchstaben, das D, genauso himmelblau zu gestalten wie das Anfangs-T. Das würde dem Ganzen etwas Abgerundetes geben. Während er den Buchstaben zeichnete, erst mit dem Neuner-Pinsel, dann mit dem Zweier, hatte er plötzlich das Gefühl, daß irgend etwas in seinem Zimmer nicht mehr stimmte; irgend etwas war aus dem Lot geraten. Und einen Teil seiner Aufmerksamkeit verwandte er darauf, die Ursache zu ergründen. Das war ein Fehler. Als er den Silberstaub aufgetragen hatte, und einen Schritt zurücktrat, sah er, daß das D verpatzt war. Es war zu plump geraten, fiel aus der Reihe, stand zu nah am N. Niemand würde es merken, weder Simmons noch sonst irgend jemand – wer achtete schon auf Schilder –, aber Roy wußte, daß er sein Werk verpfuscht hatte, und er wußte jetzt auch, warum. Der Junge hatte zu pfeifen aufgehört.

Garrison Keillor

Winter

Als ich fünfzehn war, lud mich ein Mädchen, für das ich drei Gedichte geschrieben hatte, am Weihnachtsabend ein, um ihren Eltern zu beweisen, daß ich nicht so schlecht war wie mein Ruf. Während sie nach einem opulenten Fleischklößchenmahl mit ihrer Mutter den Tisch abräumte, entstand zwischen ihrem Vater und mir ein langes, nachdenkliches Schweigen, als er mich nach meinen Zukunftsplänen fragte. Danach begaben wir uns in die Lutherische Kirche zum Abendfestgottesdienst. Meine Gedanken kreisten jedoch nicht um das Weihnachtsfest. Ich dachte nur an sie. Sie hatte meine Gedichte nie zu Gesicht bekommen, weil sie viel zu persönlich waren, und wußte daher gar nicht, wie sehr ich sie liebte.

Die Lichter erloschen, der Kinderchor zog singend und mit Kerzen in der Hand langsam durch den Mittelgang ein; ihre zarten, hellen Stimmen und die im Kerzenlicht schimmernden Gesichter im Dunkeln brachten die Leute zum Weinen, entfesselten Tränenströme, die sie offenbar lange zurückgehalten hatten. Ihre Mutter weinte, ihr Vater, der mich stundenlang mit eisigem Blick gemustert hatte, senkte den Kopf und verbarg das Gesicht in den Händen, das holde Mädchen selbst zog ein Taschentuch hervor und preßte es gegen die Augen, und auch ich versuchte zu weinen. Mit ihr gemeinsam wollte ich meinen Tränen freien Lauf lassen, ihr dabei vielleicht den Arm um die Schultern legen – aber es ging nicht. In der Hoffnung, den Tränenfluß dadurch anzuregen, zog ich mein Taschentuch heraus und putzte mir die Nase, aber da gab es nichts zu putzen.

Ich weinte erst, nachdem ich sie heimgesucht hatte.

Wir standen vor dem Haus, sie sperrte die Tür auf, und ich beugte mich vor, um sie zu küssen, da wandte sie sich ab und sagte: »Ich sage das nur sehr ungern, aber du bist einer der kältesten Menschen, die mir jemals begegnet sind.« Zu Hause, im Bett, begann ich zu weinen. Ich drehte mein Gesicht zur Wand und spürte, wie mir heiße Tränen über die Wangen liefen. Als ich aufwachte, war der Weihnachtsmorgen da.

Inzwischen bin ich alt genug, daß mir die Tränen lockerer sitzen, und wenn die Main Street im Weihnachtsschmuck erstrahlt, spaziere ich allein die Straße entlang, um die Dekoration zu bewundern. Sie ist so schön, daß sogar alte Männer entzückt stehenbleiben und sich in ihre Kindheit zurückversetzt fühlen, wozu es allerdings keiner besonderen Phantasie bedarf, da die Dekorationen noch immer dieselben sind wie zu meiner Kinderzeit. Den zwölf Meter großen Stern aus Sperrholzplatten mit den hundert Weihnachtslämpchen, zwanzig in jeder Zacke, haben die Kinder 1956 in Mr. Scheffelmachers Werkunterricht gebastelt; ich bin bei der Prüfung über die Elektrizität damals durchgefallen und durfte deshalb nicht mitarbeiten. Ich habe also bloß die Ecken mit Sandpapier glattgeschliffen, obwohl ich auch bei der Holzverarbeitungsprüfung durchgefallen war. Später versagte ich dann auch noch an den Maschinen, flog aus dem Werkunterricht hinaus und wechselte von dort in den Rhetorikkurs – »Nachdem du den lieben langen Tag ohnehin nichts anderes tust als reden, reden und wieder reden, dann lerne wenigstens richtig reden.« Ich bettelte darum, im Werkunterricht bleiben zu dürfen, wo sie gerade zur Blechverarbeitung übergingen und Mehlschaufeln anfertigen wollten, aber er sagte: »Du hast nicht einmal die Holzverarbeitung geschafft. Nicht einmal ein anständiges Vogelhäuschen hast du zustande gebracht!«, womit er leider recht hatte. Mein Vogelhäuschen war undicht, und das nahmen mir die Vögel so übel, daß Herr und Frau Blaukehlchen mich attackierten, als ich versuchte, das Dach zu reparieren. Also landete ich doch im Rhetorikkurs und mußte dort zunächst alles nachholen, was ich versäumt hatte: fünf Redeübungen in einer Woche – humorvoll, überzeugend, aus dem Stegreif improvisiert und doch überlegt –, und plötzlich wurde mir das Reden, das mir an der Werkbank so leichtgefallen war, ein Ding der Unmöglichkeit. Mit schleppenden Schritten ging ich nach vorne, voll Angst, meine (von meinem Bruder ererbten) Mokassins könnten knarren, und dann stand ich da, eine lächerliche Figur, eins neunzig lang und achtundsechzig Kilo schwer, und versuchte, meine Wangenmuskeln zu entspannen, wie ich es vor dem Spiegel geübt hatte, um mein schmales Kinn zu überspielen. Stotternd begann ich, mir wurde ganz heiß, und dann hörte ich mich sagen: »Also, wie ich zu Beginn schon sagte …«, was Miss Perkovich sofort mit drei Minuspunkten bewertete, weil »also« ein klarer Beweis von Unsicherheit ist. Damit disqualifizierte ich mich auch für den Rhetorikkurs, aber wenn man nicht einmal sprechen konnte, wo sollte man dann noch hingehen? In einen Lesekurs? Ich blieb also im Rhetorikkurs und zeichnete Galgenmännchen, während Chip Ingqvist seine wohl durchdachte Redeübung mit dem Titel »Eine Weihnachtserinnerung« vortrug. Sie handelte von seiner lieben alten Tante, der er jedes Jahr einen Weihnachtsbesuch abstattete, um ihr Süßigkeiten zu bringen, und war so gut, daß er sie noch zweimal vor der Klasse, dann vor der ganzen Schule, dann beim Bezirksredewettbewerb, dann bei einem Regionalbewerb und schließlich beim Redewettbewerb des

Bundesstaates Minnesota wiederholte, aus dem er als Sieger hervorging, weil seine Rede immer noch so aufrichtig klang, als wäre sie ihm gerade erst eingefallen. Wenn er zum Beispiel sagte: »Ach! Das Leuchten in ihren Augen bedeutete mir mehr als alles, was man für Geld kaufen kann«, war seine Stimme tränenerstickt, seine Augen flackerten wie schadhafte Neonröhren, und mit einer erschütternd schönen Geste griff er sich ans Herz, das unter einem atemberaubenden braunen V-Ausschnitt-Pullover schlug. Diesen Pullover erwähne ich deshalb, weil er ihm, ganz wie es die Werbung versprach, das nötige Selbstbewußtsein verlieh, und ich das Gefühl hatte, daß ich genauso glaubwürdig wäre wie er, wenn ich nicht immer nur den ewig gleichen handgestrickten Weihnachtspullover bekäme. Kurzum, die Weihnachtsdekorationen rufen alle möglichen Erinnerungen in mir wach.

Von einem bestimmten Standpunkt aus scheinen die Sterne dem Reisenden den Weg ins Sidetrack Tap zu weisen, wo die alten Knaben sitzen und ein weiteres Stück ihres Gedächtnisses in einem Glas Pfefferminzschnaps ersäufen, das Wally so geschickt nachzufüllen versteht, daß sie ihrer besseren Hälfte getrost erzählen können, sie hätten bloß ein Gläschen getrunken. Nach einem solchen Endlosdrink vermeiden sie es, zu den Lämpchen des kleinen Aluminiumbaums hinter der Bar hinüberzusehen, an der Bud steht, den um diese Jahreszeit ein stechender Schmerz in den Oberschenkeln an das Jahr erinnert, in dem beim Aufhängen der Weihnachtsdekorationen die Leiter unter ihm zusammenbrach und er am Telefonmast hinunterrutschte, der seither etwas glatter ist als vorher. Außer dem großen Weihnachtsstern gibt es kleinere, die wie Seesterne aussehen, dicke Kerzen und die Heiligen Drei Könige, die vor lauter frommem Staunen etwas dümmlich dreinsehen – alles Laubsägearbeiten aus dem Werkunterricht, ebenso wie die Engel, die sich, aus einem bestimmten Blickwinkel betrachtet, wie Wolken ausnehmen. Die Krippe steht vor der Kirche Unserer Lieben Frau, und die (aus Chicago importierten) Figuren sehen so lebensecht aus, daß es einem eiskalt über den Rücken läuft, wenn man sie so im Freien stehen sieht – es ist doch so kalt, sie sollten lieber die Flucht nach Ägypten antreten! Der städtische Weihnachtsbaum steht vor der Statue des Unbekannten Norwegers, der den Arm auszustrecken scheint, um den Baum zu stützen.

In einer bitterkalten Nacht kam ein gewisser Jemand aus dem Sidetrack Tap, und als er unter dem klaren Sternenhimmel auf die fröhlichen Lichter des städtischen Weihnachtsbaums zuging, da spürte er, daß er dringend austreten mußte. Bis nach Hause waren es noch drei Häuserblocks, und in der Kälte war seine Blase plötzlich geschrumpft, so daß er eiligst zum Unbekannten Norweger hinübertrippelte und sich im Schatten des Baumes ein dunkles Plätzchen im Schnee suchte, wo ihn niemand sehen würde.

Zuerst empfand er natürlich eine ungeheure Erleichterung, es war wie Luftholen nach langem Tauchen, aber sie wurde getrübt durch das höchst unbehagliche Gefühl, in so exponierter Lage mitten auf der Main Street zu stehen. Rundum die vielen dunklen Fenster, aus denen er vielleicht beobachtet wurde, und was, wenn ein Auto vorbeikäme? Jeder würde sofort erkennen, daß er hier ein norwegisches Denkmal entweihte: »Ich sollte aufhören – auf der Stelle!« dachte er. Aber seine Kapazität war wirklich unglaublich! Wie ein Pferd. Literweise floß es aus ihm heraus, doch der Hahn ließ sich immer noch nicht zudrehen. Dann erblickte er die Scheinwerfer. Zwar nur einen Augenblick, denn das Auto bog ab, aber in diesem Augenblick sprang er fast zwei Meter zur Seite und wartete starr vor Schreck, bis die Rücklichter verschwunden waren. Erst jetzt hörte er das Zischen einer Flüssigkeit auf der heißen Glühbirne, das ihm bewußt machte, was er da tat. Er pißte auf den Baum! Pißte auf Weihnachten! Und dann barst die Glühbirne. *Plopp!*

»O Gott, was bin ich für ein Ferkel!« dachte er. Er erwartete, daß die große Fichte umstürzen und ihn unter sich begraben würde. So würde man ihn am nächsten Morgen finden, erdrückt, erfroren, mit seinem Dings in der Hand. Welche Schande für seine Familie. Was für ein entwürdigendes Schauspiel! Endlich war er fertig *(du Ferkel!)*. Im Schnee war ein Fleck, so groß wie eine Badewanne, und ein zweiter dort, wo er vorher gestanden hatte. Er häufte mit den Händen sauberen Schnee darüber, der sich aber sogleich gelb färbte. Da ging er nach Hause, holte eine Schneeschaufel und trug das, was er angerichtet hatte, Schaufel für Schaufel auf die andere Straßenseite. Dann füllte er die Löcher mit sauberem Schnee wieder auf, glättete die Oberfläche, ging nach Hause und legte sich schlafen.

Von fröhlichen Weihnachten war nicht die Rede, denn er konnte nicht vergessen, was er getan hatte *(Ferkel)*. Hätte eines seiner Kinder so etwas angestellt, er hätte ihm die Hölle heiß gemacht! In diesem Jahr kaufte er seinen Kindern wunderschöne Geschenke und seiner Frau eine goldene Uhr und wurde blutrot, als sie ihm versicherten, was für ein großartiger Mensch er sei. Erst im Januar, nachdem der Weihnachtsbaum entfernt worden war, bekam er wieder Lust, im Sidetrack Tap vorbeizuschauen und sich zur Entspannung ein Bierchen zu genehmigen.

Bei uns schneit es zuerst ganz leicht, dann ein paar Zentimeter hoch, dann noch ein paar, und manchmal fällt der Schnee tonnenweise vom Himmel. Der offizielle Schneehöhenmesser ist eine leere Sherwin-Williams-Lackdose, die hinter der städtischen Garage an einem Tisch befestigt ist und die bekannte Sherwin-Williams-Weltkugel zeigt, über deren Nordpol sich rote Farbe ergießt. Wenn der Schnee das Ende der Welt erreicht hat, hört Bud zu messen auf, denn wenn einmal so viel Schnee liegt, spielen weitere Zuwächse schon keine Rolle mehr. Aus den Schneemassen bauen wir am Adams Hill hinter der Schule eine Schlittenbahn mit hohen Schneedämmen in den Kurven, damit wir bei den atemberaubenden Geschwindigkeiten, die wir erreichen, wenn die Bahn mit Wasser besprüht und gefroren ist, nicht aus der Bahn fliegen. Jeder fährt wenigstens einmal, sogar Muriel. Oben beim Pinkelbaum läßt man sich bäuchlings auf den Schlitten fallen, stößt sich ab, rast sechs Meter fast senkrecht in die Tiefe, dann *blitzschnell* in eine Rechtskurve, gleich darauf scharf nach links, und plötzlich sieht man den Baum. Er steht mitten auf der Bahn und wird einem den Schädel zertrümmern, falls man nicht sofort etwas unternimmt, doch ehe man sich's versieht, liegt man schon in der dritten Kurve, da einen die Fliehkraft sicher um den Baum herumgetragen hat; dann kommt noch die Sprungschanze, die Hasenfüße das Fürchten lehrt, und hinter der weitgezogenen, steilen Kurve unter den Schaukeln bleibt der Schlitten schließlich stehen. Beim Aufstehen bemerkt man, daß die Schuhspitzen beinahe durchgescheuert sind. Ohne es zu merken, hat man die ganze Zeit gebremst.

Am Badestrand hat die Freiwillige Feuerwehr das Eis mit Wasser bespritzt, um eine glasglatte Oberfläche zu erzeugen, und bunte Glühbirnen aufgehängt, die ein großes V zwischen Wärmestube und Badesteg bilden. Die Wärmestube ist offen; es ist Jensens ehemaliger Hühnerstall, der 1937 über das Eis gezogen wurde, nachdem Jensen die Hühnerzucht aufgegeben hatte, weil einige Tiere an einer Spezialnahrung, die ihre Eier zu groß werden ließ, regelrecht zerplatzt waren. Wenn Bud den gußeisernen Ofen anheizt, steigt aus dem Fußboden die leise Erinnerung an Hühner auf. Der Ofen steht in der Mitte, und rundherum, wo sich Generationen von Schlittschuhläufern die eiskalten Füße vertreten haben, ist der Fußboden ganz zerhackt. Die Wände, an denen Bänke entlanglaufen, sind voll mit alten Liebesgeständnissen, manche davon schockierend für ein Kind, das da zum Beispiel liest, daß Vater oder Mutter, statt zur Sache zu kommen und es in die Welt setzen, herumalberten und irgend jemand Fremden mit feuchten, herzhaften Küssen *(XXXXX)* bedachten, was, wenn er oder sie mit demjenigen beisammen geblieben wäre, letztendlich dazu geführt hätte, daß man nicht man selbst, sondern irgendein anderes Kind geworden wäre. Dieser erschreckende Blick in die Vergangenheit macht ein Kind ganz schön stutzig und nachdenklich, aber schließlich – was soll man machen? – schnürt man sich die Schlittschuhe zu, tappt unsicher über die hölzerne Rampe aufs Eis und zieht die erste Runde der Saison. Der Nachthimmel ist klar, die Sterne funkeln, und das leuchtende V weist einen hinaus in die Finsternis; es ist derselbe Platz, auf dem schon unsere Eltern, vielleicht händchenhaltend, eisliefen oder mit überkreuzten Armen zu den lateinamerikanischen Rhythmen von Cully Culbertson und seiner Lustigen Wurlitzerorgel tanzten, die aus einer riesigen, auf dem Eis aufgestellten Zenith-Musikbox dröhnten. Auch heute legen dort ein paar ältere Semester noch schöne Figuren aufs Eis. Zum Beispiel Clarence und Arlene Bunsen: Trifft man ihn auf der Straße, sieht man ihm an, daß er kaputte Bandscheiben hat, aber auf dem Eis findet er manchmal beinahe zu seiner alten Form zurück, und wenn die beiden sich umeinander drehen, dann versteht man, was sie an diesem alten Charmeur so angezogen hat. Wenn zwei Menschen es einmal geschafft haben, auf dem Eis miteinander Samba zu tanzen, dann können sie ruhig heiraten, die Ehe wird ihnen auch nicht viel schwerer fallen, meint Clarence.

In manchen Häusern wird, abgesehen vom Adventskranz, dessen Kerzen täglich beim Abendessen angezündet werden, der Weihnachtsschmuck erst am Nachmittag des Heiligen Abends hervorgeholt. Die Katholiken glauben an das Fasten vor Festen – es regt den Appetit an. Darum verzichtet Pater Emil wochenlang auf seinen abendlichen Fingerhut voll Brandy, um den Weihnachtsbrandy danach um so mehr zu genießen. Er ließ sich nicht einmal verführen, als Clarence ihm eine Flasche Napoleon mitbrachte, der ungleich besser ist als der Dominican DeLuxe, den Pater Emil sich selber kauft. »Danke nein«, sagte er. »Ach, kommen Sie«, sagte Clarence, «man lebt doch nur einmal.« Clarence ist Lutheraner, aber manchmal schaut er im Pfarrhaus vorbei, um auch die Meinung der anderen Seite zu hören. Da Pater Emil nicht der Ansicht ist, daß der Mensch nur einmal lebt, stellt er den Napoleon ins Bücherregal hinter *Krieg und Frieden*, wo er ihn leicht wiederfinden würde. Sogar am Heiligen Abend trinkt er nicht mehr als einen Fingerhut, und es wäre völlig falsch zu glauben, zwei Fingerhüte wären doppelt so gut, drei noch besser, und am allerbesten gleich die ganze Flasche. Das hieße Weihnachten ganz falsch zu verstehen. Das wahre Weihnachten verklärt jedes kleinste Ding, macht aus einem Keks ein Geschenk des Himmels, läßt eine einzige Kerze, eine kleine Aufmerksamkeit wundervoller erscheinen als alles, was man je auf Bühne oder Bildschirm gesehen hat.

Die Kruegers laden Pater Emil ein, sich mit ihnen die Perry-Como-Weihnachtsshow anzusehen, und mit Rücksicht auf ihre jahrelange großzügige Spendentätigkeit sagt er zu, sitzt mit ihnen in dumpfem Schweigen vor dem Fernseher und sieht sich braungebrannte, gelöste Menschen an, die auf einer kleinen Dorfstraße, wie er noch keine gesehen hat, »O kleines Städtchen Bethlehem« singen. Dann erscheint ein Mann auf dem Bildschirm und empfiehlt das Triumph-Fernsehgerät als ideales Weihnachtsgeschenk, während im Hintergrund ein Mann und eine Frau einander so strahlend anlächeln, als hätte das Fernsehen ihre Ehe gerettet. Die Kruegers trinken Martinis, ein tückisches Getränk, das sie müde und traurig macht, und während der Werbeeinschaltungen steht der Hausherr auf, um das Bild schärfer einzustellen. Es wird dadurch noch geisterhafter – grünliche Gesichter wie von Wasserleichen, dann wiederum orangefarbene wie von lebenden Fackeln –, bis Krueger junior schließlich stöhnt: »Ach, *Dad*« und die Farbkontraste wieder auf normal einstellt. Doch auch so sieht alles gespenstisch aus wie eine billige Ansichtskarte. Kruegers sind trotzdem begeistert, aber welch geistlose Art von Begeisterung: Sie wechseln keine zehn Worte, bis nach einer Stunde schließlich das Telefon klingelt – es ist Millys Schwester aus Dallas –, und obwohl ohnehin nur ein Werbespot läuft, läßt Milly den Bildschirm nicht aus den Augen, und bringt keinen vollständigen Satz heraus, sondern sagt nur »hm-hm«, »ach« und »ja, das glaub ich auch«, so als wäre die Waschpulver anpreisende Dame ihre Schwester und ihre Schwester eine lästige Telefonvertreterin. Wie ganz anders ist es doch in der Kirche, wo sich die Leute vorbeugen, um nur ja kein Wort von dem zu versäumen, was ihre Kinder dort vorne vortragen, ihr eigen Fleisch und Blut, das vor kurzem noch in den Windeln lag und jetzt die Frohbotschaft verkündet. Was die Kruegers wohl tun würden, wenn es während Perrys Soloauftritt plötzlich an der Tür klingelte und draußen auf der Veranda Kinder ein Weihnachtslied sängen? Ob sie sie zum Teufel wünschen würden?

Der Deutsche Klub an der High-School veranstaltet Adventsingen, und obwohl die meisten katholisch sind, singen sie Luthers *Vom Himmel hoch da komm ich her / Ich bring euch gute neue Mär.* Weihnachtslieder singen auch die Lutheraner, die Katholische Jugend, der Lutherische Kirchenchor, Miss Falconers High-School-Chor, der Spanische Klub, der Bauernverein, ja sogar die Thanatopsianer ziehen umher und lassen beherzt ihre kaputten Stimmen erschallen, und manchmal sieht man Pfadfinder, die sich vorsichtig anschleichen, um vor einer Haustür ein oder zwei Liedchen zu wispern. *O Tannenbaum, o Tannenbaum / Wie treu sind deine Blätter.* Die Pfadfinder tragen Kerzen, von denen Wachs auf ihre Uniformen tropft. Jimmy Buehler, seines Zeichens Späher, dessen Mutter den Plattenspieler konfiszierte, weil der Schlager »Highway zur Hölle« sie nervös machte, ist der beste Sänger; sein heller Tenor reißt die anderen mit. *Du grünst nicht nur zur Sommerszeit / Nein, auch im Winter, wenn es schneit.*

Das Weihnachtssingen auf der Elm Street bedeutet für Miss Falconers Chor eine willkommene Abwechslung zum *Hodie,* das sie für die Schulfeier so fleißig geprobt haben. Tag für Tag haben sie dagesessen, auf den Fußboden gestarrt, der nach Desinfektionsmittel roch, und seelenruhig durch den Mund geatmet, während sie reglos wie eine Statue vor ihnen stand und schließlich sagte: »Wir sollten dieses ganze Konzert wohl lieber absagen. Ihr zeigt ja nicht die kleinste Bereitschaft zur Mitarbeit.« Sie seufzt beim Gedanken an diese Schande und verschränkt die Arme. In einer so kleinen Schule kann man sich auf nichts spezialisieren: Heute bringt Coach Magendanz einen zur Raserei, morgen ist man Ernest in Oscar Wildes *Bunbury* oder spielt den Anwalt des Teufels in einer Diskussion um die Todesstrafe, und tags darauf soll man sich mit der Polyphonie des sechzehnten Jahrhunderts befassen. »Ihr dort drüben, macht den Mund auf, ihr könnt doch nicht mit geschlossenem Mund singen. Und die Bässe sollen in die Noten schauen. Sie liegen direkt vor eurer Nase.«

Die Stadt hat einen derart großen Bedarf an Weihnachtsmusik, daß manche Sänger von dieser Chorprobe direkt zu Mrs. Hoglunds Probe in die Lutherische Kirche oder zur Kirche Unserer Lieben Frau eilen, wo unter Schwester Edictas Leitung ein anderes *Hodie* einstudiert wird. Es ist so kalt, daß in dicken Anoraks geprobt werden muß, denn beim Anblick der letzten Heizölrechnung erbleichte Pater Emil und drehte den Thermostat auf dreizehn Grad zurück. Daß der Advent eine so eisige Angelegenheit für sie ist, haben die Katholiken Emile Bebeau zu verdanken, dem Wanderarchitekten, der das hohe Spitzbogengewölbe 1878 erbaute, zweifellos in der Annahme, es werde die Herzen der Gläubigen himmelwärts ziehen; leider zieht es jedoch auch die warme Luft himmelwärts, so daß die Pfarre bei einem lutherischen Heizöllieferanten tief in der Kreide steht. Pater Emil träumt von einer Verständigung der Totoannahmestelle: »Sehr geehrter Herr Emil! Mit großer Freude teilen wir Ihnen mit …«

oder von einem Nothilfescheck von Bischof Kluecker; allerdings ist Unsere Liebe Frau keine Diözesanpfarre, sondern ein Missionshaus der Benediktiner, und Pater Emil ist einem Abt in Pennsylvania unterstellt, der sich, zumindest in finanziellen Angelegenheiten, streng an sein Schweigegelübde hält.

Knutes Söhne singen selbst keine Weihnachtslieder, da die Stimmen, die Gott ihnen verliehen hat, sich dazu wenig eignen, aber sie sponsern einen Chor aus Schülern der vierten Klasse, die zwei norwegische Weihnachtslieder soweit einstudieren, daß sie sich bei schummriger Beleuchtung hören lassen können, wenn sie nach dem Abendessen durch den Schnee von Haus zu Haus stapfen und abwechselnd eines der beiden Lieder singen. Meist reicht eines aus, damit ein echter Knute sich die Augen wischen und die Nase putzen muß – *Jeg er så glad hver julekveld, Da synger vi hans pris; Da åpner han for alle små, Sitt søte paradis.* (»Ich bin so froh zu Weihnachten und singe dann Sein Lob; Er öffnet dann für jedes Kind das Tor zum Paradies.«) –, zwei könnte er gar nicht verkraften. Sogar Hjalmar, der Klein Tommys Erkrankung an einer seltenen Blutkrankheit in der Serie »Die Parkers« völlig unberührt mit ansah, während Virginia sich abwandte und losheulte, sogar Hjalmar ist nicht gefreit gegen *Jeg er så glad hver julekveld;* da glänzen seine hellen Augen, und er muß sich abwenden, denn er hört die Stimme seiner Mutter und riecht den Duft ihres *julekake,* des Weihnachtskuchens, während sie im Lehnstuhl sitzt und an ihrer *broderi* stickt, einem Kissenbezug mit zwei *engler,* die in einem Himmel voller *stjerne* über der *krybbe* schweben, in der das Jesulein liegt. *»Glade Jul!«* rufen die Schüler der vierten Klasse, und da erstehen in Hjalmars Erinnerung plötzlich die Gefährten seiner eigenen Kindheit lebendig wieder auf. In dem hellen Lichtschein, der aus dem Fenster fällt, stehen sie im glitzernden Schnee des Jahres '34 und rufen »Hjally! Hjally!«

Nach altem Brauch muß man die Weihnachtssänger ins Haus bitten und ihnen Kekse, Kuchen, irgend etwas zum Knabbern anbieten. Das gleiche gilt für jeden anderen, der an die Tür klopft, denn sonst flöge der Weihnachtsengel aus dem Haus, und das würde sogar einem Krösus alle Festesfreude nehmen. Das ist die eine Hälfte des Brauchs, die andere besagt, daß man selbst Besuche machen muß. Jeder muß mindestens einen unerwarteten Besuch erhalten, da er sonst ja keine Gelegenheit hätte, jemanden hereinzubitten, was wiederum sein Weihnachtsfest ärmer machen würde. Darum erweist man den Leuten selbst dann einen Dienst, wenn man schon an der Tür an ihrem schiefen Begrüßungslächeln erkennt, daß man mitten in einen Streit hineingeplatzt ist; und sogar wenn man als Überraschungsbesuch im Wohnzimmer sitzt und rund um einen herum Giftblicke ausgetauscht werden und Andeutungen wie Hammerschläge niederprasseln, tut man etwas Gutes, indem man den Gastgebern die Möglichkeit gibt, sich um Freundlichkeit wenigstens zu bemühen, mag es ihnen auch noch so schlecht gelingen.

Mit dem Backen wird schon Wochen vorher begonnen. Berge von Keksen – genug, um eine ganze Armee zu verpflegen, genug, um eine ganze Armee kampfunfähig zu machen – werden hergestellt, darunter deftige Rumkugeln und alkoholgetränkte Weihnachtsstollen (wenn der Alkohol beim Backen wirklich verdampft, wie allgemein behauptet wird, warum versteckt Arlene sie dann vor ihrer Mutter?). In Ralphs Fleischabteilung tauchen Fässer voll *lutefisk* auf, getrockneter Kabeljau, der wochenlang eingeweicht wird, bis er zu einer farblosen, gallertigen Masse geworden ist, die jeder Norweger heiß liebt, aber trotzdem nur einmal jährlich ißt. Der Einweichprozeß findet in einem Schuppen hinter dem Laden statt, und Ralph besitzt eine eigene *lutefisk*-Ausrüstung, die er im Kofferraum verwahrt. Kein Hund läuft seinem Wagen nach, doch wenn er einmal vergißt, seine *lutefisk*-Socken auszuziehen, wird er von seiner Frau gehörig angebellt. Ralph hält diese Fischspezialität für eine besondere Delikatesse und kann *lutefisk*-Witzen daher nichts abgewinnen. »Schimpft nicht, ohne ihn überhaupt gekostet zu haben«, sagt er. Den Adventsingern, die zu ihm kommen, bietet er ihn aber trotzdem nicht an, weil er weiß, daß sie daran zugrunde gehen könnten. Auf *lutefisk* muß man vorbereitet sein.

Pater Emil schimpft nicht auf *lutefisk*; er sieht darin eine Form der Selbstverleugnung, die selbstauferlegte Buße der Lutheraner. Ganz in diesem Sinn sagte er in seiner Predigt am Sonntag vor Weihnachten: »Wir glauben, daß wir selbst nicht wissen, was das beste für uns ist, darum geben wir manches auf, das uns lieb ist, in der Hoffnung, etwas noch Besseres zu finden, etwas, das wir bisher übersehen hatten, etwas in uns, von dem wir bisher nichts geahnt haben. Denn im Grunde kennen wir uns selbst nicht, wissen nichts über unser eigenes Leben. Nur Gott kennt uns. Wir befolgen Seine Gebote, wenn auch unter Schmerzen, und überantworten Ihm, der nur unser Bestes will, unser Leben.«

Die Gläubigen hören das mit Unbehagen. Was denn noch alles, fragen sie sich. Kein Weihnachtsfest dieses Jahr? Nur Suppe und Zwieback? Die katholischen Kinder sehen die lutherischen Kinder Süßigkeiten essen, auf die sie selbst, sagen die Nonnen, bis Weihnachten verzichten müssen, und denken sich: »Ha! Die Nonnen haben leicht reden von Verzicht: Die leben ja schließlich davon. Aber ich, ich bin zwölf – für mich fängt das Leben erst an!«

Auch den Lutheranern wird Opferbereitschaft gepredigt; besonders gut machte das immer der verstorbene Pastor Tommerdahl, der darüber jedes Jahr unter dem Titel »Der wahre Sinn des Weihnachtsfestes« sprach und einen unsanft auf den Boden der Realität zurückholte, wenn man von Geschenken und Süßigkeiten träumend zur Kirche gekommen war. Für den Weihnachtsmann war in seiner Theologie kaum Platz. Er hatte eine eigene Begabung, einem das Gefühl zu geben, daß es am besten wäre, nach Hause zu gehen, alle Weihnachtsgeschenke an die Armen zu verteilen und Weihnachten mit einem Teller Suppe zu feiern, in der auch noch möglichst wenig Nudeln schwammen. Er predigte streng das Evangelium, das, wie er sagte, lehre, den Armen zu helfen und den Reichen zu schaden. Den Lutheranern haben seine Predigten sicher nicht geschadet.

Ich hörte nur eine, die mir ein großer Trost war, weil mich der Gedanke quälte, daß ich zu Weihnachten wieder so reich beschenkt werden würde und selbst so wenig zu geben hatte. Ich war zehn, meine Barschaft belief sich auf acht Dollar, und auf meiner Liste standen zwölf Personen; für eine davon hatte ich schon drei Dollar ausgegeben, für meinen Vater nämlich, der ein Swank-Badeset mit Swank-Rasierwasser, Swank-Deodorant, Swank-Toilettenwasser, Swank-Badeseife und Swank-Haarwasser kriegen würde, eine tolle Geschenkidee. Ich ging in Detwilers Drugstore, und da roch ich ihn, den exotischen Swank-Duft, der Vaters Leben erst lebenswert machen und den Charles Boyer in ihm hervorkehren würde. Also sagte ich: »Packen Sie's mir bitte ein« und freute mich, einen

Hauch Romantik in sein Leben zu bringen, bis die Ladenkasse klingelte und mir klar wurde, daß ich jetzt nur noch fünf Dollar für elf Personen hatte, das heißt fünfundvierzig Cents pro Kopf. Sogar damals waren fünfundvierzig Cents Kleingeld.

Ich stellte mir vor, daß ein Mann auf mich zukam und mir fünfzig Dollar schenkte. Er war alt und dick und hatte ein freundliches Gesicht. »Da hast du«, sagte er und gebot mir, es niemandem zu erzählen. Ich versprach es. Er drückte mir zwei brandneue Fünfundzwanzigdollarscheine in die Hand, an sich schon Raritäten und wahrscheinlich Tausende wert. Da raste ein Brinks-Geldtransporter durch die Stadt, rumpelte über eine Bodenwelle, und ein Geldsack fiel mir direkt vor die Füße. Ich rief bei der Firma Brinks an, doch dort sagte man mir: »Nein. Uns fehlt kein Geld. Du scheinst heute einen Glückstag zu haben, mein Sohn.« Dann rief Crystal Sugar an, teilte mir mit, ich sei der Gewinner des »Wie nennst du dein Haus am See?«-Preisausschreibens und fragte, ob ich lieber das Haus am See (namens Mallowmarsh) haben wolle oder lieber den Preis in bar, sprich fünfzehntausend Dollar.

Trotzdem geht nichts über eine Predigt gegen den Materialismus, um einen Menschen darüber hinwegzutrösten, daß er zuwenig besitzt. Gott wacht über uns, Er weiß, wie wenig wir uns leisten können, und liebt uns darum nicht weniger. Ich kaufte mit meinen fünf Dollar also auch für alle übrigen kleine Fläschchen Swank-Toilettenwasser, das genauso gut roch wie das für Vater. Wenn man sich ein paar Tropfen aufs Gesicht spritzte, zog man eine Duftspur quer durch das ganze Haus, so daß jeder schon im voraus wußte, daß man im Anmarsch war. Es kündigte einen an wie ein Herold seinen König.

Dad war über sein Geschenk so gerührt, daß er es sorgfältig aufhob und, dank jahrelanger sparsamer Rationierung, das meiste davon heute noch hat.

Pater Emil hat immer noch seinen Cognac Napoleon.

Ich habe heute noch Wachstropfen auf meiner blauen Matrosenjacke.

Der *Herald-Star* druckt immer noch das Foto der nächtlichen, verschneiten Main Street in festlicher Weihnachtsbeleuchtung mit der Bildunterschrift »O kleine Stadt Lake Wobegon, wie stille liegst du da«, das er schon brachte, als ich ein kleiner Junge war. Der Chevrolet vor Skoglunds Laden ist der vorletzte Chevrolet, den Carl sich vor seinem jetzigen Chevrolet kaufte. Es tut ihm heute noch leid, daß er ihn eingetauscht hat, weil ihm der neue nichts als Scherereien macht. Der alte auf dem Foto lief wie ein Glöckchen.

Das Krippenspiel in der Kirche Unserer Lieben Frau hat sich ein bißchen verändert, seit Schwester Arvonne am Ruder ist. Zu Schwester Brunnhildes Zeiten lief es so präzise ab wie ein Walzer, es hatte nur den Fehler, daß für die Sprechrollen immer die stillsten, bravsten Kinder ausgesucht wurden, während die wilden in schweigender Anbetung stillstehen mußten, und so kam es sehr oft vor, daß die Verkünder der frohen Weihnachtsbotschaft vor Schreck verstummten, so daß ihnen aus den Kulissen eingesagt werden mußte, während die himmlischen Heerscharen grinsend danebenstanden und einander in die Rippen pufften.

Auch Schwester Arvonne ist eine fromme Frau, aber sie ist viel zarter und leichtfüßiger als Schwester Brunnhilde, und darum nimmt ihre Frömmigkeit auch andere Formen an als Knien – Reformen zum Beispiel. So nahm sie etwa eines Tages eine Gartenschere zur Hand und stutzte im Klostergarten den Flieder zurecht, wild wuchernde Büsche, um die sich jahrelang niemand gekümmert hatte, und im nächsten Frühjahr begannen sie tatsächlich wieder zu blühen. Ähnlich reagierte sie auch, als das neue Edikt über die Nonnentracht herauskam. Sie hängte ihren Schleier über die Büste von Kardinal Newman und trug von da an Hosenanzüge. Manche eingefleischten *Catholischen* dachten, das sei der Weltuntergang, aber Schwester Arvonne bewies ihnen das Gegenteil. Den ganzen Tag schwirrte sie umher, als wäre es acht Uhr früh. Etwa zur gleichen Zeit wurde die neue Liturgie von den Gläubigen, ja selbst von den Ungläubigen, mit einem abgrundtiefen Seufzen begrüßt. Schwester Arvonnes Schwester Rosalie, die seit dem Regierungsantritt von Präsident Eisenhower kein Vaterunser mehr über die Lippen gebracht hatte, weinte der lateinischen Messe nach, als handelte es sich um ihre verstorbene Mutter, aber bei Schwester Arvonne kam sie damit nicht an. »Englisch«, erklärte sie Rosalie, »ist eine großartige Sprache. Nimm nur Shakespeare. Oder Milton – wenn sogar ein Calvinist wie er so höllisch gut schreiben konnte, dann stell dir mal vor, was du zustande bringen könntest, wenn du nur wolltest.«

Seit Menschengedenken hatte immer Schwester Brunnhilde das Krippenspiel geleitet, und standfest wie sie war, schien sie diese Stellung für alle Ewigkeit gepachtet zu haben. Aber Schwester Arvonne wartete ihre Zeit ab, hörte geduldig zu, wenn die Mitschwester klagte, wie wenig diese alljährliche Bürde doch anerkannt und gewürdigt werde, bemitleidete sie, brachte sie dazu, aus sich herauszugehen, und als sie weit genug aus sich herausgegangen war, um nicht mehr umkehren zu können, schnitt sie die Nabelschnur gelassen durch und trat ihre Nachfolge an.

Sie begann gleich damit, das alberne Gegrinse einzudämmen, indem sie zusätzliche Sprechrollen einführte. Sie brachte Zacharias und Elisabeth ins Spiel und versuchte, auch für Josef ein paar Zeilen zu schreiben:

Kein Platz?? Aber meine Frau ist hochschwanger!
Hier, Maria. Du legst dich hin, und ich kümmere mich um die Windeln.
Sollen wir das Baby in die Krippe legen?
Ist es ein Junge oder ein Mädchen?

Die letzte Zeile gefiel ihr zwar recht gut, aber irgendwie kamen sie ihr doch alle drei ein bißchen *gezwungen* vor und schließlich gab sie auf. Mit Josef hatte sie immer schon gewisse Schwierigkeiten gehabt. Auch die Hirten waren ein Problem. Sie hatten jeder nur eine Zeile zu sprechen, aber aus eigener Bühnenerfahrung wußte sie, daß eine Zeile schwieriger ist als hundert. Hundertmal hat man geprobt: »Laßt uns nach Bethlehem gehen, das Ereignis zu sehen, das uns der Engel verkündet hat«, und trotzdem läßt sich nicht voraussehen, was man im Scheinwerferlicht dann tatsächlich sagen wird. Eine Zeile, die man intensiv geprobt hat, kann sich einem so tief ins Gehirn bohren, daß man sie am Premierenabend nicht mehr findet und dann bis an sein Lebensende nicht mehr vergessen kann. Darum gab sie den Hirten eine große Rede aus dem Buch Jesaja zum Lernen:

»Das merken sich die doch nie«, sagte Schwester Brunnhilde, als sie bei den Probearbeiten einmal einsprang. »Das ist viel zu kompliziert. Und sie nuscheln doch alle so, daß kein Mensch ein Wort verstehen wird.«

»Es wird sicher wunderschön. Und die Geschichte kennt ohnehin jeder«, antwortete Schwester Arvonne, womit sie natürlich recht hatte.

Eine Weihrauchwolke hinter sich her ziehend schritt Zacharias durch den Mittelgang nach vorne, reckte Gott preisend die kurzen Ärmchen empor und schwang das Weihrauchfaß wie eine Glocke. Die Wolke hüllte ihn vollständig ein, als er auf den Altarstufen kniete und plötzlich der Engel Gabriel hervorsprang und ihm zurief: »Fürchte dich nicht!« Gabriel, gekleidet wie ein Gott, verkündete Zacharias, daß er einen Sohn mit Namen Johannes bekommen werde, der groß sein würde vor dem Herrn. »Ich bin ein alter Mann!« rief Zacharias. Und zur Strafe für seinen Unglauben schlug Gabriel ihn mit Stummheit. Seine Frau Elisabeth, auch schon alt, half ihm hinaus; sie zweifelte sichtlich nicht daran, daß sie ein Baby bekommen würde, sie zählte schon die Tage. Wenn die Heilige Jungfrau auftrat, um Korn zu mahlen, sah man ihr auf den ersten Blick an, daß sie sehr zartbesaitet war, und hoffte, der Engel würde leise sprechen. Der stand wartend in den Kulissen, putzte sich heraus, zupfte seine herrlichen Flügel zurecht, und dann trat er hinter sie. »Gegrüßest seist du, Maria, voll der Gnade, der Herr ist mit dir! Du bist gebenedeit unter den Weibern.« Sie fiel um, und er sprach weiter: »Siehe, du wirst empfangen und einen Sohn gebären, dem sollst du den Namen Jesus geben.« Dann erzählte er ihr von Elisabeth, worauf sie sich etwas zu erholen schien, und immer noch auf dem Boden liegend sagte sie: »Siehe, ich bin die Magd des Herrn; mir geschehe nach deinem Worte.«

Elisabeth half ihr auf, dann fielen die beiden einander in die Arme. Maria sprach das Magnifikat. Johannes wurde geboren, Zacharias fand die Sprache wieder und hielt eine Rede über die milde Barmherzigkeit Gottes, der zu seinem Volk kam, um denen, die in der Finsternis und im Schatten des Todes sitzen, Licht zu bringen und unsere Schritte den Weg des Friedens zu lenken. Danach wurde es ein oder zwei schaurige Minuten lang stockfinster, so daß man schon dachte, es sei etwas schiefgegangen und gleich werde mit einem Knalleffekt alles zu Ende sein, doch dann gingen die Lichter wieder an, und man sah die Krippe und Maria und Josef. Ein Stück weiter hinten lagerten Hirten, vor denen der Engel, von starken Scheinwerfern angestrahlt, seinen dritten Auftritt hatte. »Fürchtet euch nicht!«, schrie er, worauf sie alle umfielen. Ein himmlischer Chor begann zu singen. Die Weisen aus dem Morgenland, die nicht recht wußten, ob sie das Richtige taten, näherten sich durch den Mittelgang. »Wo ist er, der König der Juden? Denn wir haben seinen Stern im Osten gesehen und sind gekommen, ihn anzubeten.« Sie trafen auf die nach Westen ziehende Hirtenschar und gingen mit ihnen zur Krippe, wo sie auf die Knie fielen. Geschenke wurden dargebracht, Gebete gesprochen, und einige Hirten konnten sogar noch längere Passagen des langen Jesaja-Textes auswendig. »Seht das Lamm Gottes, das hinwegnimmt die Sünden der Welt«, sagte einer.

Und dann wurde es still. Mit gesenkten Köpfen drängten sich die Kinder aneinander, ein wunderbar friedlicher Anblick, nur wußte man nicht recht, ob das der Schluß war oder noch etwas folgen sollte – niemand rührte sich, Maria und Josef knieten wie die Statuen, keiner sagte ein Wort. Sie blieben in tiefster Anbetung versunken, bis die Orgel einsetzte. Das war das Signal zum Aufbruch; sie standen und gingen, das Krippenspiel war zu Ende.*

Unser Baum trifft ein paar Tage vor Weihnachten ein; wir kaufen ihn ganz frisch bei Mr. Fjerde oder Mr. Munch, zwei Junggesellenfarmern, die einen kleinen Wald besitzen, wo man sich seinen Weihnachtsbaum selbst holen kann. Mr. Fjerde ist ein schweigsamer Mann, und wenn man mit dem Baum in der Hand an seine Tür klopft, nennt er einem nicht einmal den Preis; er wartet, was man ihm anbietet, und nickt dann oder setzt eine nachdenkliche Miene auf, bis man noch einen Dollar drauflegt. Mr. Munch dagegen redet einem ein Loch in den Bauch, und nach seinen Aussagen zu schließen, hatte er überhaupt nie die Absicht, Weihnachtsbäume zu züchten. Ganz von allein haben sie auf seinem Grund zu wachsen begonnen, und sobald er einmal Zeit hat, wird er sie alle mit Stumpf und Stiel ausrotten.

»Die verdammten Dinger wachsen wie Unkraut, versteht ihr«, sagt er, »und laugen einem den Boden völlig aus – dabei haben wir hier einen guten Boden, man soll-

* *Die Lutherische Kirche kaufte einmal (irrtümlich) zwanzig Exemplare eines Krippenspiels (das fast eine Woche lang geprobt wurde) mit dem Titel »Die neue Weihnacht«. Auf Seite vier stießen sie auf die Stelle:*

»Und der Geist der Wahrheit kam über sie, er schenkte ihnen große Klarheit, und natürlich fürchteten sie sich. Da sagte der Geist der Wahrheit zu ihnen: ›Habt keine Angst. Ich bringe euch eine gute Nachricht, über die ihr euch wirklich freuen solltet, denn heute ist ein Kind geboren, das zum Sinnbild des Neubeginns und neuer Möglichkeiten werden wird.‹ Und plötzlich waren aus dem Geist der Wahrheit viele Wahrheiten geworden, die ein Loblied auf die Güte sangen und riefen: ›Welche Freude! Friede auf Erden und wahres Verständnis zwischen den Menschen.‹«

Eine Rückerstattung des Kaufpreises war nicht möglich.

te eigentlich was damit anfangen, es ist eine Schande, ihn so verkommen zu lassen. Verdammt, ich glaube, nächstes Frühjahr geh ich da mit 'nem Unkrautvertilgungsmittel drüber, um ihnen den Garaus zu machen. Ich könnte sie aber auch verbrennen. Ja, vielleicht verbrenn ich sie lieber.«

Mutter kann Fluchen nicht ertragen, darum bleibt sie im Auto sitzen und hört bei dicht geschlossenen Fenstern Chormusik aus dem Radio. »Du bleibst hier«, sagt sie zu mir, aber aus Sensationslust begleite ich Dad bis zu Mr. Munchs Hintertür. Die Junggesellenfarmer verstoßen gegen fast jede Regel, die meine Eltern jemals aufgestellt haben; im Hof liegt unter der Schneedecke überall Abfall herum, darunter ein kaputtes Sofa, eine Waschmaschine, ein alter Eiskasten, der mit offener Tür an einem Baum lehnt und ebenfalls vollgestopft ist mit Müll, und gleich neben der Hintertür türmt sich ein Berg rostiger Blechbüchsen. Mr. Munch ist unrasiert, sein weißes Haar steht wirr zu Berge, seine Kleider starren vor Schmutz, brauner Saft rinnt ihm über das Kinn und sein Atem riecht nach Alkohol. »Er ist gar nicht fähig, mit anständigen Menschen zusammenzuleben«, antwortete Mutter auf meine Frage, warum er allein lebe. Aber er scheint sich damit abgefunden zu haben; er ist so alt wie mein Großvater. Gott hat ihn gar nicht so hart gestraft, wie man meinen könnte.

Er schlurft in sein Häuschen, um aus einer Zigarrenkiste zwei Dollar Wechselgeld zu holen, und bei der Gelegenheit sehe ich, daß er auch drinnen nicht saubermacht. Auf dem Tisch steht ein Teller mit Frühstücksresten – was für ein Luxus, nach dem Essen einfach aufzustehen und fortzugehen! Bedächtig zählt er meinem Vater die zwei Dollar in die Hand und sagte: »Gebt aber gut acht mit dem Baum. Die Dinger sind wie Dynamit, wißt ihr. Da hab ich Leuten einen Baum verkauft, letztes Jahr, glaub ich, und zwei Tage drauf waren sie tot. Der Baum ist in die Luft geflogen, und alle sind sie verbrannt, bis zur Unkenntlichkeit verkohlt. Ich kann nur sagen, *ich* würde mir keinen aufstellen, nicht mal für viel Geld. Sogar die frischen, wißt ihr, können auf einmal hochgehen wie eine Bombe. *Bumm*! Einfach so.«

»Frohe Weihnachten«, sagte Dad.

»Behüt euch Gott«, sagte Mr. Munch.

Das Neueste über feuergefährliche Weihnachtsbäume war für Mutter nichts Neues. Über Brandgefahren wußte sie alles. Ölgetränkte Fetzen verbrachten keine einzige Nacht in unserem Haus. Einem in Terpentin eingeweichten Pinsel wurde eine halbe Stunde zugestanden, um sauber zu werden, dann wurde das Terpentin in den Kanal geschüttet und zwei Hektoliter Wasser hintennach. Schadhaft oder verdächtig aussehende elektrische Kabel wurden mit Isolierband umwickelt. Neben dem Herd stand für den Brandfall ein Topf Mehl bereit; einmal schlug die Gasflamme unter einem Topf Spaghettisauce hoch, und Mutter brachte das Mehl zum Einsatz. Die Sauce mußten wir trotzdem essen – »Es ist ja nur Mehl«, sagte sie, »woraus doch auch die Nudeln bestehen.« –, obwohl sie uns wie Kleister am Gaumen klebte. Jedes ungewöhnliche Geräusch im Ofen, ob Säuseln oder Pfeifen, ließ vor ihren Augen sogleich Horrorvisionen aufsteigen: (1) Heizöl, das aus dem Boden sickerte und eine riesige dunkle Lache bildete, die immer näher kam, oder (2) aus den Leitungen aufsteigendes Kohlenmonoxyd, das unbemerkt unser Leben bedrohte. Der offene Kamin durfte nur unter Aufsicht in Betrieb genommen werden, und selbst nachdem sie die Glut mit Wasser gelöscht hatte, konnte Mutter oft nicht einschlafen und schlich auf Zehenspitzen wieder hinunter, um noch ein, zwei Liter darüberzugießen.

Die Folge war, daß ich eine leidenschaftliche Liebe zum Feuer entwickelte und nur zum Vergnügen in meinem Zimmer Streichhölzchen anfachte. In dem Jahr, als zwei Tage vor Weihnachten das Haus der Mortensons abbrannte (ob der Weihnachtsbaum daran schuld war, war nicht sicher, aber möglich), während ich gerade bei Onkel Frank zu Besuch war, bedauerte ich zutiefst, dieses Ereignis verpaßt zu haben. Ich bedauerte allerdings auch meinen Wunsch, dabeigewesen zu sein, weil sie bei dem Brand doch alles verloren hatten, einschließlich der Weihnachtsgeschenke – eine schreckliche Tragödie, aber trotzdem tat es mir schrecklich leid, sie versäumt zu haben.

Vaters große Angst war, daß Weihnachten ihn ins Armenhaus bringen würde. Mutter fand, daß jeder von uns außer den obligaten Socken, Kartenspielen, Federballsets, Modellbaukästen, Okarinas, Hemden und ähnlichem ein wirklich *großes* Geschenk bekommen sollte, zum Beispiel eine Druckerpresse, ein Dreirad oder ein Spielhaus. Vater war der Ansicht, mit einer Okarina müßte jeder zufrieden sein. Er hatte als Kind niemals Spielzeug bekommen, sondern sich sein Spielzeug, wie das damals üblich war, selbst gemacht, aus Holzklötzchen, Bindfaden und dergleichen. Er war damit vollauf zufrieden gewesen, und darum erschien ihm der Gedanke, daß ein Junge eine große Blechgarage mit Zapfsäulen und Handkurbelaufzug zum Hochhieven der Autos auf die Parkdecks *braucht*, einfach lächerlich und nur ein Beweis von Phantasielosigkeit. »Ich will das gar nicht sehen«, wehrte er ab, wenn Mutter mit vollen Einkaufstüten nach Hause kam, aber dann riskierte er doch einen Blick, und schon dieser eine Blick deprimierte ihn. »Zwölf Dollar? *Zwölf Dollar?*« Er hielt Geldausgeben für eine Neigung, die nur allzu leicht ins Uferlose ausarten konnte, und war überzeugt, daß nur sein beharrlicher Widerstand Mutter davon abhielt, den ganzen Laden aufzukaufen. Begonnen hatte das alles mit Roosevelt, der das Land in Schulden stürzte, und nun war es endgültig vorbei mit der Sparsamkeit. Die Devise hieß: »Genieß das Heute und denk nicht an morgen.« Die Leute gaben Geld, das sie nicht hatten, für Dinge aus, die sie nicht brauchten, und Weihnachten war der beste Beweis dafür. Er ging in den Supermarkt, um sich ein Paar Arbeitssocken zu kaufen, und sah dort eine deutsche Spieldose, die sein Weltbild ins Wanken brachte. Acht Dollar für so ein Ramschzeug, das »Stille Nacht« spielte und bestenfalls fünfundsiebzig Cents wert war! Aber da kam auch schon Florian Krebsbach und kaufte das Ding, Florian, der einer ellenlangen Liste von Leuten Geld schuldete. Das also ist euer Weihnachten!

Dieser Doppelgefahr von Armenhaus und explodierendem Lichterbaum verdankten wir turbulente Weihnachten. Ich wußte zwar nicht, wo das Armenhaus war, aber ich stellte es mir als ein graues Steinhaus mit kalten, feuchten Mauern vor, in das man die Leute zur Strafe dafür steckte, daß sie das Leben zu sehr genossen. Leute, die einmal zwanzig Dollar da, einmal zwölf Dollar dort ausgaben und dachten, das könne ewig so weitergehen, mußten den Tatsachen plötzlich ins Auge sehen, ins Armenhaus übersiedeln und dort in Not und Armut leben. Vielleicht muß ich Daddy begleiten, dachte ich, falls ich nicht zu Verwandten gesteckt werde, beziehungsweise falls die Verwandten mich überhaupt haben wollen, was wahrscheinlich nicht der Fall sein wird; also werde ich in einer kleinen Zelle im Armenhaus leben und darüber nachdenken, wie oft ich Dad gebeten habe, mir irgendwas zu kaufen. Ich werde Rüben und rohe Kartoffel essen und überhaupt keine Spielsachen haben, wie Little Benny in *The Mysterious Gentleman* oder *The Christmas Gruel, die wahre Geschichte eines Waisenknaben in den Londoner Slums.* Nur war Little Benny geduldig, beklagte sich nie, verlangte niemals etwas für sich selbst und wurde schließlich von einem gütigen Wohltäter adoptiert, auf dessen Schloß er die märchenhafte Welt des Reichtums und des Luxus kennenlernte. Ich hingegen, ein anspruchsvolles und aufmüpfiges Kind, steuerte in die entgegengesetzte Richtung; mich erwartete eine graue, schmutzige Zelle, ein armseliger Lumpenhaufen als Lager und der rasselnde Husten meiner armen Eltern, die so hart arbeiten mußten, um all den Plunder bezahlen zu können, den ich verlangte, daß sei nun an Auszehrung zugrunde gingen.

Andererseits schien die Gefahr einer Weihnachtsbaumexplosion, bei der uns der Tod eines Nachts plötzlich alle im Schlaf überraschen könnte, eher für eine Genieß-das-Heute-Philosophie zu sprechen. Wir mußten deshalb ja nicht unbedingt gleich aufs Ganze gehen und den Monkey-Ward-Katalog leerkaufen, aber wir könnten doch wenigstens *ein paar* Rechnungen auflaufen lassen, wenn wir ohnehin damit rechnen mußten, eines schönen Morgens zwischen rauchenden Trümmern zu liegen, als verkohlte, wie überhitzter Speck zusammengeschrumpelte Leichen, die die Feuerwehr in kleinen Plastiksäcken abtransportieren würde. Allein die Gerechtigkeit verlangt doch, daß ein Mensch, der in zartem Alter eines plötzlichen, tragischen Todes stirbt, sich kurz der Katastrophe noch ein bißchen seines Lebens freuen darf. Wenn die Mutter einen angebrüllt hat und man danach niedergeschlagen aufs Rad steigt und von einem Lastwagen zermalmt wird, wäre das doch eine viel schlimmere Tragödie, als wenn man unmittelbar vorher Geburtstag gefeiert und nette Geschenke bekommen hätte, unter anderem auch das Fahrrad, und in allerbester Stimmung ums Leben gekommen wäre.

Dann öffnete ich eines Weihnachtsabends ein langes rotes Päckchen und fand darin einen Chemiebaukasten, genau das, was ich mir am sehnlichsten gewünscht hatte. Verblüfft saß ich da, starrte ihn an und wagte nicht hineinzusehen. Daß Mutter mir, bei ihrer Einstellung dazu, so was gekauft hatte, das war mehr als abenteuerlich, es grenzte schon an Tollkühnheit, fast als hätte sie mir eine Stange Pall Mall und eine Flasche Whiskey geschenkt. Im Jahr vorher hatte ich versucht, sie auf ein Wards-Deluxe-Brandmalerei-Set hinzulenken, indem ich ihr erklärte, daß ich mit der Anfertigung hübscher Bibelspruchplaketten sogar Geld verdienen könnte, aber sie meinte, das sei zu gefährlich. »Du wirst damit das ganze Haus in Schutt und Asche legen«, sagte sie. Und nun, ein Jahr später, bekam ich einen Chemiebaukasten, komplett mit Bunsenbrenner, Benzin, einem kleinen Tiegel mit der Aufschrift »Schwefel« und was weiß ich noch alles. Ich wagte nicht zu zeigen, wie sehr ich mich freute. »Danke«, sagte ich bescheiden, legte ihn zur Seite und versuchte, für die Geschenke der anderen Interesse zu zeigen, denn ich fürchtete, Mutter könnte sich die Sache näher ansehen wollen, wenn ich meiner Begeisterung für die Chemie allzu freien Lauf ließ.

Nachdem ich mich mit ausgesuchter Höflichkeit für die schönen Socken und die wunderbare Unterwäsche bedankt und das Puppenhaus meiner Schwester gebührend bewundert hatte, schlich ich in den Keller und baute auf einem Kartentisch neben den Waschbottichen mein Laboratorium auf. Die Gebrauchsanweisung enthielt Rezepte für die Herstellung von Seife und anderen nützlichen Dingen, die ich nicht brauchte, und ließ dafür Dinge vermissen, die mich brennend interessiert hätten, wie zum Beispiel Schießpulver und Aphrodisiaka. Also war ich ganz auf mich allein gestellt. Ich leerte eine Flüssigkeit in ein Erdnußbutterglas und schüttete ein weißes Pulver dazu – es begann zu brodeln. Versuchshalber goß ich ein paar Tropfen davon auf den Tisch – es zischte und fraß ein Loch in die Lederbespannung. Hätte ich es über mich gegossen, dachte ich, so hätte es mir die Hände wohl bis zu den Handgelenken aufgefressen. Ob es wohl auch das Glas zersetzen würde? Oder das Abflußrohr? Hatten die Hersteller des Kleinen Naturwissenschaftlers auch Chemikalien eingepackt, die so tödlich waren, daß sie ein Haus zerstören konnten? Oben spielten sie alle gerade vergnügt Tricktrack, ohne von der Gefahr etwas zu ahnen. Ich nahm ein Röhrchen mit dünnen Metallstäbchen heraus, die ich für Lötzinn hielt, und riß ein Streichholz an, denn ich wollte ein bißchen geschmolzenes Zinn auf einen Plastikcowboy träufeln, um ihm eine Ritterrüstung zu machen. Statt dessen schoß von dem Stäbchen aber eine gleißende Stichflamme in die Höhe – ich warf es auf den Boden und trampelte darauf herum. Mein Cowboy hatte kein Gesicht mehr, sein Kopf saß als verkohlter Klumpen auf dem Rumpf – genau das stand auch mir bevor, wenn ich so weitermachte. Ich packte den Chemiekasten wieder ein und versteckte ihn auf dem Regal hinter den eingelegten roten Beten. Acht Dollar zum Fenster hinausgeworfen. Mein armer Vater.

Little Benny verkaufte bei Hundewetter Streichhölzchen auf den Straßen Londons, um seinem armen kranken Vater Medizin zu besorgen, während ich mit dem Feuer spielte und die anderen in Lebensgefahr brachte. Aber arm war ich auch. Mein großes Geschenk war ein großer Reinfall. Was hatte Mutter dabei im Sinn gehabt?

Ich ging wieder hinauf und lungerte in der Diele herum, so daß sie mich sehen konnten. Aber keiner beachtete mich, sie waren zu vertieft in ihre fröhliche Unterhaltung. Also ging ich in mein Zimmer hinauf und lungerte dort herum, in der Hoffnung, daß vielleicht irgendwer heraufkommen und mich fragen würde, was denn los sei, aber die Zeit verging und niemand kam. Mutter rief von unten zu mir hinauf, um zu fragen, ob ich hungrig sei, aber als ich zurückrief: »Nein!«, kam sie nicht herauf, um nachzusehen, warum. Ich ging ein paar Stufen hinunter und wollte ihnen gerade zurufen, daß ich wahrscheinlich bald zu Bett gehen würde, als mein Blick in das Zimmer meiner Schwester fiel und ich durch die offene Tür das Puppenhaus sah.

Es war ein weißes zweigeschossiges Haus mit zwei Schlafzimmern im ersten Stock, Wohnzimmer, Eßzimmer und Küche. Ich hatte ihr geholfen, es in ihr Zimmer hinaufzutragen und es mit ihr neben dem Bett aufgebaut und eingerichtet. Jetzt saßen die Peabodys gerade beim Weihnachtsessen. Im Obergeschoß waren ihre Plastikbetten ein für allemal gemacht, im Erdgeschoß loderte ein ewiges Feuer im Kamin, und ihre zwei Tigerkatzen lagen zusammengerollt auf dem Boden.

Wenige Minuten später heulten die Motoren des großen, olivgrünen B-17 Jagdbombers auf, die Maschine hob vom Flugdeck ab und schoß durch den dunklen Korridor. Die arme hilflose Familie, Phoebe und Pete Peabody, der kleine Petey und seine Schwester Eloise saßen in ihrem eleganten Eßzimmer, die bewegbaren Arme wohlerzogen auf den Tisch gelegt und die lächelnden Gesichter auf den Truthahn gerichtet, während das Dröhnen des mörderischen Fliegers unaufhaltsam näher kam. Ihre mächtige Beschützerin war meilenweit entfernt, vertieft in eine Partie Tricktrack. Sie blieben in vornehmer Gelassenheit sitzen, als das Flugzeug über ihren Köpfen kreiste, schließlich die Bombardierung aufnahm und Tonnen tödlicher Bauklötze abwarf. Pete starb als letzter. Als echter Held saß er bis zuletzt aufrecht am Kopfende des Tisches, und dann war alles vorüber; Weihnachten lag in Trümmern, aus denen Rauchwolken zum Himmel stiegen, und der Bomber kehrte auf den Flugzeugträger zurück, wo seine Besatzung auf japanisch jubelte und lachte. Der kleine Petey war jedoch nicht tot! Mühsam krabbelte er unter den Möbeltrümmern hervor und verließ humpelnd das Haus. Er ist schwer verletzt und wird wohl eine Weile im Krankenhaus liegen müssen, bis seine Brandwunden verheilen, aber irgendwie wird er den entsetzlichen Verlust überwinden und zu einem normalen, glücklichen Mann heranwachsen.

Die Zeit nach Weihnachten verging im Schneckentempo; es gab nun nichts mehr, worauf man sich freuen konnte. Der Weihnachtsbaum vertrocknete, er wurde immer kahler und nackter, bis ich ihn schließlich verbrannte. Der Neujahrstag war eine Fälschung, ein Weihnachten ohne Geschenke, und der Jahreswechsel ging meistens unbemerkt an uns vorüber. Drei Jahre lang versuchten Mutter und ich vergeblich, uns mit Tricktrack wachzuhalten, bevor wir es endlich einmal schafften, bis Mitternacht aufzubleiben. Um dreiundzwanzig Uhr meldete sich im Radio Ben Grauer vom Times Square und schilderte die grandiose Lichtkugel, die zum Zeichen des New Yorker New Year auf die Stadt herabschwebt. Dann hörte man aus dem Waldorf Guy Lombardo und seine Royal Canadians, die einen phantastischen Anblick bieten mußten – der fesche Guy und seine Band, die in scharlachroten Uniformen hoch zu Roß Saxophon spielten, während ihre treuen Huskies still daneben lagen – und natürlich wäre das alles noch viel toller gewesen, wenn wir es im Fernsehen gesehen hätten, das wir aber nicht hatten. Um Mitternacht nach unserer Zeitrechnung war gar nichts los. Mutter und ich hoben ein Glas Kool-Aid. Ich sagte: »Pures Gift, wirst du sicher sagen«, kippte das Zeug runter, verzog das Gesicht und sagte: »Ha!« – »Wo hast du denn das her?« fragte sie. Aus dem Fernsehen, natürlich. Sie erinnerte mich daran, daß Fernsehen genauso schlimm sei wie Ins-Kino-Gehen. Am nächsten Tag ging sie zu unseren Nachbarn, den Holmbergs, hinüber, um Zucker zu borgen, blieb ein Weilchen bei ihnen sitzen und sah sich einen Teil der Neujahrs-Fernsehhow an.

Weihnachten, mehrere Jahre später. Ich bekam von Großmutter fünf Dollar, eine enorme Steigerung im Vergleich zu dem einen Dollar, den man als kleiner Junge von ihr bekam, und kaufte mir eine Flasche Jade East Eau de Cologne, Chip Ingqvists Marke, deren Name ich rausgekriegt hatte, indem ich ihn damit aufzog, er rieche nach faulen Äpfeln. »Das ist Jade East«, sagte er und lächelte sein überlegenes Ingqvist-Lächeln. »Das hat man eben an der Uni.« Mit Jade East-parfümiertem Nacken und im neuen Weihnachtspullover begab ich mich nach dem Abendessen auf den Eislaufplatz, überzeugt, zum Liebeshelden wie geschaffen zu sein. Ich war sechzehn, eins neunzig lang und ging mit recht eigenen, federnden Siebenmeilenschritten, die, wie ich bemerkte, wenn ich mich umwandte, ein kleiner Junge nachzuäffen versuchte. Aber derlei sollte der Jade East-Duft überspielen, und außerdem gab ich mir Mühe, gemächlich dahinzuschlendern.

Die Stadt versank in meterhohem Schnee. Im Zentrum war alles dunkel, nur vor dem Sidetrack Tap leuchtete in roten Neonlettern die Aufschrift: »BIE … BIE … BIE« auf. Die Lampe über dem Eingang erzeugte einen Lichtkegel, der die Treppe in eine Bühne verwandelte, auf die jeden Moment Mr. Berge heraustreten konnte, um hin und her schwankend zu deklamieren: »Ach, welch edler Geist ward hier zerstört«, doch es trat bloß Ronnie heraus. Er schlug den Mantelkragen hoch, zog die Zipfelmütze tief in die Stirn und entfernte sich in die andere Richtung. Es war so kalt, daß er sich beim Gehen zusammenkrümmte wie eine Schildkröte.

Wie still diese kalten Nächte sind. Ich hörte seine Stiefel auf dem Schnee knirschen, dann in weiter Ferne mehrere vergebliche Startversuche, dann das Zuknallen der Tür, als der Fahrer ausstieg, und den Faustschlag, den er der Motorhaube versetzte. Der Lautstärkeregler der Welt war ganz aufgedreht, so daß die Luftmoleküle einen tiefen Baßton summten. Wenn jetzt die Feuersirene losginge, würde das die Menschen in die Mitte der nächsten Woche katapultieren. Über dem zugefrorenen See ging der Mond auf; es war, als strahle der Schnee Licht aus. Begraben unter einem Meter Licht. Und Farben sprangen daraus hervor, Hunderte herrlichster Braun-, Grau- und Schwarztöne. Wenn jetzt eine Frau mit knallrotem Lippenstift vorbeikäme, würde es einen glatt umschmeißen.

In dieser kalten Nacht war der Eislaufplatz ein einziger

Karneval. Die Musik hatte ich schon gehört, als ich das Haus verließ, jetzt sah ich auch das große V aus bunten Lämpchen, das sich bis zur Wärmestube hinzog, deren Fenster hell erleuchtet waren. Zum »Blue Skirt Walzer« zogen Schlittschuhläuferpaare gegen den Uhrzeigersinn in einem großen Ringelreihen über das Eis, und um dieses langsam rotierende große Rad flitzten kleine Kinder umher. Ich hielt Ausschau nach meiner großen Liebe, die ich am Abend zuvor kennengelernt hatte.

Sie war schon älter, achtzehn oder neunzehn, hatte grellrot geschminkte Lippen und hatte sich in der Wärmestube neben mich gesetzt. Langsam schnürte sie ihre Lederstiefel auf, schlüpfte heraus und zog auch noch die Socken aus. Ich wurde rot. Im Zeitalter der Phantasie, dem Vorgänger des Zeitalters der totalen Enthüllung, war das Ausziehen jedes beliebigen Kleidungsstückes inspirierend. Das Mädchen war eine Cousine der Ingqvist, die für die Weihnachtsferien aus Minneapolis gekommen war, und hatte etwas an sich, das sie von allen anderen unterschied. Ihr Haar zum Beispiel war kohlrabenschwarz und kurzgeschnitten wie bei einem Mann. Sie trug einen kurzen Rock und Strumpfhosen, die nicht von langen Unterhosen ausgebeult waren wie die der anderen Mädchen, sondern hauteng saßen. Sie lehnte sich an mich und fragte: »Hast eine Zigarette?« Das hatte mich noch kein Mädchen gefragt, weil ich nicht rauchte, aber ihretwegen sagte ich: »Aber ja«, denn ich dachte, ich könnte vielleicht doch eine haben – auf jeden Fall lohnte es sich, mal nachzusehen, und wer würde in einer solchen Situation schon nein sagen? »Ach, mir fällt gerade ein, ich habe meine zu Hause liegengelassen«, sagte ich, und sie sagte: »Macht nichts. Ich glaub, ich hab noch zwei in meiner Tasche.« Sie bot mir eine davon an. Ich war Nichtraucher, noch jung und zurückgeblieben, aber es war höchste Zeit, mit solchen Sachen endlich anzufangen, also nahm ich dankend an. Sie reichte mir die Streichholzschachtel. Als ich das brennende Streichholz ihrem Gesicht näherte, hielt sie meine Hand fest, damit sie nicht so zitterte, und obwohl ich wußte, daß dadurch noch keine Babies entstehen, wenn zwei Hände gemeinsam ein Streichholz halten, hatte ich doch das Gefühl, es müßte etwas ganz Ähnliches sein. Wir bliesen dicke Rauchwolken aus, dann lehnte sie sich zurück und inhalierte noch einmal, und ich lehnte mich vor und legte den Kopf zwischen die Knie. Mir war nicht richtig schlecht, ich kostete nur alles intensiver aus als die meisten anderen Leute. Ich war sechzehn, und mir ging jede Erfahrung unter die Haut.

Auch an diesem Abend war sie wieder da. Sie saß auf der Bank neben meinem Freund Jim, der nicht rauchte, aber ihren Rauch einsog, so tief er nur konnte. »Dorene kommt aus Minneapolis«, erklärte er mir. Ich übersah ihn. »Ich muß dir was zeigen«, sagte ich zu ihr. »wenn du dann hier fertig bist.«

Als wir den Hügel zur Main Street hinaufgingen, überlegte ich verzweifelt, was ich ihr in Lake Wobegon wohl Interessantes zeigen könnte, und erfand schließlich eine Geschichte über eine Frau namens Lydia Farrell, die hier gelebt und zeitlebens ihrem ertrunkenen Geliebten die Treue gehalten hatte. Ich wählte Florian Krebsbachs Haus zum Schauplatz, an dem Lydia fünfzig einsame Jahre verbrachte und die Erinnerung an die wenigen kurzen Augenblicke hochhielt, die sie mit dem jungen Eddie verbracht hatte, bevor sein Boot in einem plötzlich aufkommenden Sturm kenterte. Die Moral von der Geschichte war, daß wir die wenigen glücklichen Augenblicke unseres Lebens beim Schopf packen und ausnutzen müssen.

Ich war überrascht, wie mühelos es mir gelang, damit ihre Aufmerksamkeit zu fesseln. Auf dem Weg zu den Ingqvists weideten wir uns beide an Lydias bittersüßem Schicksal, und dann fragte sie mich, ob ich Schi laufen könne. »Klar«, antwortete ich. Ich hatte es zwar noch nie getan, aber wie sollte ich wissen, ob ich es konnte, bevor ich es überhaupt versucht hatte? Also saß ich am nächsten Tag eng an sie gedrängt auf der Rückbank des Lincoln der Ingqvists, mit dem Chip uns alle acht Gott weiß wohin brachte.

Nicht zu fassen, daß ich tatsächlich in einem Auto mit Ingqvists und ihresgleichen saß, alle in todschicken Norwegerpullovern, die man bei uns nirgendwo zu kaufen bekam, nachdem sie mich bisher doch noch kein einziges Mal auch nur ins Haus gebeten hatten. Aber Dorene, die noch feiner war als sie, hatte an mir etwas gefunden. Sie kam aus Minneapolis, doch sie hatte Eigenschaften in mir entdeckt, die den anderen überhaupt nie aufgefallen waren, und ich war wild entschlossen, sie nicht zu enttäuschen. Ich malte mir aus, wie sie mir mit verschleiertem Großstadtblick das Gesicht zuwenden und sagen würde: »Küß mich!« Für den Fall des Falles hatte ich vor dem Spiegel schon Kußübungen gemacht, wobei ich meine Daumen und Zeigefinger als Übungslippen benutzte. Außerdem war ich in die Leihbibliothek gegangen und hatte ein Buch über das Schilaufen durchgeblättert. Auf beides fühlte ich mich also gut vorbereitet.

Während der langen Fahrt unterhielten sie sich alle über das College und wieviel schwerer es sei als die High-School. »Man muß täglich sechs bis sieben Stunden lernen«, sagte Chip. Ich meinte, gar so schlimm wär's wohl doch nicht. Da lachten sie: »Woher willst denn du das wissen?« Ich sagte, ich hätte schon eine Menge Collegebücher gelesen. »*Was* denn zum Beispiel?« – »Ach, alles mögliche«, antwortete ich. Dorene hielt mir die Hand. »Es fällt nicht allen gleich schwer«, sagte sie. »Manche plagen sich in der High-School und schaffen das College dann spielend.«

Ich war ihr dankbar dafür, aber je näher wir unserem Ziel kamen, desto mulmiger wurde mir. Es war schon finster. Am Ende des Parkplatzes stand zwischen zwei Fichten eine Schihütte, und dahinter liefen zwei Lichterketten einen Berg hinauf, der so steil war, wie man sich das in Minnesota gar nicht vorstellen konnte. (Doch vielleicht waren wir in Wisconsin.) Die anderen holten ihre Schi vom Schiträger herunter. Eigentlich wollte ich gerade sagen: »Geht ihr ruhig mal vor. Mir scheint, ich habe eine Grippe erwischt, ich warte drinnen im Haus auf euch. Keine Sorge, alles okay. Geht nur voraus«, aber da drückte sie mir schon Schi und Stöcke in die Hand und sagte: »Los, gehen wir.« Also ging ich mit.

Ich schnallte die Schi an, die sie vorsorglich nachkontrollierte, damit ich sie nicht verlor. Dann zeigte sie mir, wo ich mich hinstellen sollte, und stellte sich Hand in Hand mit mir daneben. Das große Rade im Lifthaus ächzte, und da war schon der Sessel hinter uns, riß uns mit und entschwebte mit uns in die Dunkelheit. »Ich kann gar nicht Schi laufen«, sagte ich. »Ich weiß«, sagte sie. Dann küßten wir uns. Oben angekommen stakste ich hinter ihr her bis zum Rand des Abgrunds, an dem Chip Ingqvist stand und seine Bindung nachstellte. Er grinste mich an und fuhr los. Sie erklärte mir, ich solle mich entspannen, ganz locker bleiben, die Knie beugen und mich einfach hinsetzen, wenn ich das Gleichgewicht verlor – dann sprang sie über die Kante. Ich sprang hinterher und folgte ihr in vielen kleinen Etappen. Fahren, hinsetzen, fahren, hinsetzen. In den Sitzpausen verlor ich den Schwung, so daß ich unten, auf dem flachen Zielhang, wo die anderen Schiläufer in schneller Gleitfahrt bis vor die Schihütte fuhren, zu Fuß gehen mußte. Als *ich* endlich dort ankam, war sie verschwunden. Ich saß eine Stunde neben Leuten aus Minneapolis, die im Februar nach Colorado fahren wollten, bis sie endlich humpelnd in der Schihütte auftauchte. Sie hatte sich beim Aussteigen aus dem Liftsessel den Knöchel verstaucht und die lange Abfahrt mit zusammengebissenen Zähnen überstanden. Ich untersuchte sie, als wäre ich ein Knöchelspezialist, ein Starknöchelchirurg aus Minneapolis. »Kannst du noch gehen?« fragte ich. Sie sagte: »Ich habe keine Lust, länger hier rumzusitzen und mich von allen bedauern zu lassen.« Also gingen wir zum Auto, sie ihren Arm um meine Schulter, ich meinen um ihre Taille gelegt. Wir saßen eine Weile im Auto. Nach einiger Zeit sagte ich: »Das hab ich auch noch nie gemacht«, aber das schien sie selbst schon gemerkt zu haben.

Douglas Coupland

WAS IST NORMAL?

Ein Tag vor fünfzehn Jahren wird mir wohl als der unmöglichste Tag meines Lebens in Erinnerung bleiben. Wir alle neun, meine gesamte Familie, suchten ein Fotostudio auf, um ein Gruppenporträt machen zu lassen. Als Resultat dieser heißen, endlosen Sitzung verbrachten wir alle neun die folgenden fünfzehn Jahre damit, den Anschein von maisgefüttertem Optimismus, fröhlichen Shampoowellen und durch elektrischen Zahnbürstenstrahl glänzenden Zähnen tapfer aufrechtzuerhalten, den das Foto bis auf den heutigen Tag vermittelt. Vielleicht sehen wir darauf altmodisch aus, aber in jedem Fall auch *perfekt.* Wir strahlen eifrig dem Anspruch auf das, was uns die Zukunft bringen soll, entgegen; in Wirklichkeit war es allerdings nur Mr. Leonard, der Fotograf, ein einsamer alter Witwer mit Haarimplantationen, der irgend etwas Geheimnisvolles in der linken Hand hielt und rief: *»Fromage!«*

Als uns das Foto nach Hause geschickt wurde, prangte es etwa eine Stunde lang glorreich oben auf dem Kamin, wohin mein Vater es arglos gestellt hatte. Aber kurz darauf wurde er durch aufbrausende, schrille Teenagerstimmen, die sich höhnisch darüber lustig machten, eingeschüchtert und sah sich verpflichtet, es *sofort* wieder wegzunehmen. Nachdem man es in der Folgezeit an immer neue Plätze gehängt hatte, wurde es schließlich fester Bestandteil der Wohnzimmerausstattung, wo es bis auf den heutigen Tag wie ein kleiner, vergessener, halbverhungerter Goldhamster vor sich hin kümmert. Wir suchen es – jeder für sich – selten, dann aber mit Bedacht auf, zwischen unseren Hochs und Tiefs im Leben; immer dann, wenn wir eine Dosis »Ach waren wir alle einst unschuldig« nötig haben, weil wir unseren Sorgen diesen entschieden literarisch-melodramatischen Ton geben wollen.

Wie gesagt, das war vor fünfzehn Jahren. In diesem Jahr jedenfalls haben endlich alle in der Familie den Versuch aufgegeben, zu diesem bescheuerten Foto und dem schimmernden, aber unwahren Versprechen, das es uns suggeriert, aufzublicken.

Es ist das Jahr, in dem wir uns in aller Normalität und entschlossen davon freisprechen und den Weg aller anderen Familien gehen, das Jahr, in dem jeder nur er selbst sein will, und Scheiß drauf. In diesem Jahr kommt keiner über Weihnachten nach Hause. Nur ich und Tyler, Mama und Papa.

»War das nicht ein wunderbares Jahr, Andy? Erinnerst du dich?« Es ist meine Schwester Deidre, am Telefon, die von dem Jahr spricht, in dem das Foto gemacht wurde. Deidre befindet sich zur Zeit mitten in einer »abscheulich greulichen« Scheidung von einem Bullen unten in Texas. (»Ich habe vier Jahre gebraucht, um festzustellen, daß er ein Pseudo-Vertrauter ist, Andy. Was für ein Schleimscheißer.«) Ihre Stimme hat den von trizyklischen Antidepressiva verursachten ängstlichen Unterton. Sie war die Bestaussehende und Beliebteste der Palmer-Mädchen; jetzt ruft sie um 2.30 Uhr morgens bei Freunden

> **Bradyism:** Sensibilität, die sich aus dem Aufwachsen in einer großen Familie ergibt. Eine Seltenheit unter den nach etwa 1965 Geborenen. Der Bradyism umfaßt Gewandtheit bei Denksport-Aufgaben, emotionalen Rückzug im Menschengedränge und ein ausgeprägtes Bedürfnis nach persönlichem Freiraum.

und Verwandten an und macht ihnen Angst mit albernem, nichtigem, leicht drogengeschwängertem Geschwätz: »Damals schien die Welt so sonnendurchflutet und neu, Andy; ich *weiß*, es klingt kitschig. Gott noch mal, ich war sonnengebräunt und hatte keine Angst vor Hautkrebs. Alles, was ich brauchte, um mich zum Platzen lebendig zu fühlen, war eine Fahrt in Bobby Viljoens offenem Jeep zu einer Party mit tausend unbekannten Leuten.«

Deidres Anrufe sind in vielerlei Hinsicht beängstigend, wobei nicht gerade die geringste die ist, daß in ihrem blöden Geplapper einiges Wahre steckt. Es liegt wirklich etwas Lautloses und Dumpfes darin, daß man seine Jugend verliert; wie Deidre sagt: Jugend ist wirklich ein trauriges, beschwörendes Parfum, zusammengesetzt aus vielen eigenständigen Düften. Das Parfum *meiner* Jugend? Die eindringliche Mischung aus neuen Basketbällen, geraspeltem Zamboni und durch allzu häufiges Abspielen von Supertramp-Alben überhitzten Stereoleitungen. Und natürlich das dampfende, halogenbestrahlte Gebräu im Whirlpool der Kempsey-Zwillinge am Freitag abend; eine heiße Brühe, garniert mit abgeschuppten Hautfetzen, Bierdosen aus Aluminium und unselig verirrten Insekten.

Ich habe drei Brüder und drei Schwestern, und wir waren nie das, was man eine heile, liebevoll einander umarmende Familie nennt. Ich kann mich tatsächlich nicht daran erinnern, auch nur einmal von einem Elternteil umarmt worden zu sein (offen gesagt ist mir diese Praxis auch verdächtig).

Ich denke, *psychischer* Schlagabtausch käme als Bezeichnung der Dynamik unserer Familie wahrscheinlich am nächsten. Ich war die Nummer fünf von sieben Kindern, das typische Mittelkind. Ich mußte mich härter balgen als die meisten Familienangehörigen, um in unserem Haushalt Aufmerksamkeit zu erlangen.

Wir sieben Palmer-Geschwister haben alle die handfesten, vernünftigen und nicht gerade zärtlichen Namen erhalten, die die Generation unserer Eltern bevorzugte: Andrew, Deidre, Kathleen, Susan, Dave und Evan. Tyler ist *un peu* exotisch, aber er ist ja auch *das Kind der Liebe.* Einmal sagte ich zu Tyler, ich würde meinen Namen gern gegen einen neuen, etwas hippiehaften wie Harmony oder Dust eintauschen. Er sah mich groß an: »Du *spinnst.* Andrew macht sich gut in einem Lebenslauf; was willst du mehr? Versponnene Namen wie Beehive oder Fiber Bar findet man im mittleren Management nie.«

Deidre wird dieses Jahr über Weihnachten in Port Arthur in Texas bleiben, weil sie wegen ihrer nicht sonderlich gut funktionierenden, zu früh im Leben geschlossenen Ehe deprimiert ist.

Dave, mein ältester Bruder, der eigentlich Wissenschaftler werden sollte, sich aber statt dessen einen Pferdeschwanz wachsen ließ und jetzt in einem alternativen Plattenladen in Seattle Schallplatten verkauft (er und seine Freundin Rain tragen ausschließlich Schwarz), ist über Weihnachten in London, um Ecstasy einzuwerfen und Nachtclubs aufzusuchen. Wenn er zurückkommt, wird er die nächsten sechs Monate nur mit britischem Akzent reden.

Black Holes: Eine Untergruppe der X-Generation, bekannt für den Besitz von fast ausschließlich schwarzer Garderobe.

Kathlee, die Zweitälteste, stellt sich aus ideologischen Gründen gegen Weihnachten; sie mißbilligt so gut wie jede bourgeoise Sentimentalität. Sie führt eine lukrative, feministische Molkerei, oben in der allergiefreien Zone im östlichen British Columbia, und behauptet, daß, wenn die »Invasion« eines schönen Tages stattfinden sollte, wir alle gerade unterwegs wären, um Glückwunschkarten zu kaufen, und daß wir alles, was uns widerfährt, auch verdient hätten.

> **Black Dens:** Behausungen von *Black Holes:* oftmals unbeheizte Fabriketagen mit Day-Glo-Spray-Malerei, verstümmelten Schaufensterpuppen, Elvis-Reliquien, Dutzenden von überquellenden Aschenbechern, angeschlagenen Spiegel-Skulpturen und Velvet-Underground-Musik im Hintergrund.

Susan, meine Lieblingsschwester, die witzigste von allen und die Schauspielerin der Familie, bekam es mit der Angst, als sie vor Jahren das College abschloß. Sie studierte Jura und heiratete diesen schrecklichen, klugscheißenden Yuppie-Anwalt namens Brian (eine Verbindung, die nur zu Kummer führen kann). Sie wurde über Nacht so unnatürlich ernst. Das kann passieren. Ich habe häufig beobachtet, wie so etwas passiert.

> **Strangelove Reproduction:** Sich Kinder anschaffen als Ausgleich für die Tatsache, daß man nicht mehr an die Zukunft glaubt.

Die beiden leben in Chicago. Am Weihnachtsmorgen wird Brian Polaroidaufnahmen von ihrem Baby, *Chelsea* (er hat den Namen ausgesucht), in der Krippe machen, in der, wie ich mir vorstellen kann, ein Krügerrand am Kopfende eingelassen ist. Wahrscheinlich werden sie den ganzen Tag über arbeiten, ohne Mittagspause.

Ich hoffe, Susan eines Tages aus ihrer fatalen Situation befreien zu können. Dave und ich wollten sogar schon einen Doktrin-Therapeuten anheuern und gingen so weit, das Theologieseminar der Universität anzurufen, um zu erfragen, wie wir einen finden könnten.

Squires: Die am meisten verbreitete Untergruppe der X-Generation und die einzige der Aufzucht ergebene. *Squires* leben fast ausschließlich in Paaren und sind zu erkennen an ihrem fieberhaften Eifer, in ihrem Alltag die Fülle der Eisenhower-Ära wiedererstehen zu lassen, ungeachtet der exorbitanten Wohnungsmieten und Doppeljobs, die zum Leben nötig sind. Squires neigen zu permanenter Erschöpfung durch ihre gierige Jagd nach Möbeln und Nippes.

Abgesehen von Tyler, über den ich schon berichtet habe, bleibt nur noch Evan in Eugene, Oregon. Die Nachbarn nennen ihn »das normale Palmer-Kind«. Aber da gibt es Dinge, von denen die Nachbarn nichts wissen: wie exzessiv er trinkt, daß er sein Gehalt für Koks verpulvert, daß er fast täglich immer schlechter aussieht und daß er Dave, Tyler und mir anvertraut, wie er seine Frau Lisa betrügt, mit der er vor allen Leuten spricht wie in einem Elmer-Fudd-Comic. Evan ißt auch kein Gemüse, und wir sind alle davon überzeugt, daß sein Herz eines Tages ganz einfach explodieren wird. Ich meine, es muß einfach in seiner Brust kapeister gehen. Ihm ist es Wurscht.

Oh, Mr. Leonard, wie ist es bloß zu diesem Durcheinander gekommen? Wir strengen uns an, diesen *Fromage*, den Sie uns gezeigt haben, zu finden, das tun wir wirklich, aber wir können ihn einfach nirgends mehr sehen. Geben Sie uns einen Hinweis, *bitte.*

Zwei Tage vor Weihnachten ist der Flughafen in Palm Springs gerammelt voll von preiselbeerhäutigen Touristen und skalpierten Marines, die alle nach Hause stürzen, hin zu ihrer jährlichen Dosis an zugeknallten Türen, rechtschaffen im Stich gelassenen Mahlzeiten und traditionellen Familiendramen. Claire raucht verdrießlich eine Zigarette nach der anderen, während sie auf ihren Flug nach New York wartet. Ich warte auf meinen Flug nach Portland. Dag gaukelt uns den zufriedenen Biedermann vor; er will uns nicht wissen lassen, wie einsam er in der Woche, die wir weg sind, sein wird. Sogar die MacArthurs hauen über die Feiertage nach Calgary ab.

Claires schlechte Laune ist reiner Verteidigungsmechanismus: »Ich *weiß*, ihr denkt, ich sei ein unterwürfiger Fußabstreifer, weil ich zu Tobias nach New York fahre. Hört gefälligst auf, mich so anzusehen.«

»Im Grunde lese ich nur die Zeitung, Claire«, sage ich.

»Aber du *willst* mich anstarren, das weiß ich.«

Warum soll ich mir die Mühe machen, ihr zu sagen, sie sei bloß paranoid? Seit dem Tag, an dem Tobias fortfuhr, hat Claire mit ihm lediglich einige höchst oberflächliche Telefongespräche geführt. Sie zwitscherte munter und machten alle möglichen Pläne. Tobias am anderen Ende hörte kaum zu, wie ein Restaurantbesitzer, den man ausführlich über die Tagesgerichte in Kenntnis setzt; Mahimahi, Flunder, Schwertfisch; all das, von dem er von Anfang an weiß, daß er es nicht will.

Da sitzen wir also in der Abflughalle und warten auf unsere geflügelten Busse. Mein Flieger startet als erster, und bevor ich hinüber zur Gangway gehen kann, legt mir Dag ans Herz, ich solle nicht versuchen, das Haus niederzubrennen.

Wie bereits erwähnt, haben meine Eltern, »Frank un' Louise«, das Haus in ein Museum von vor fünfzehn Jahren verwandelt; es war das letzte Jahr, in dem neue Möbel angeschafft wurden, und es war das des Familienfotos. Seit der Zeit haben sie den größten Teil ihrer Energie darauf verwandt, das eindeutige Verstreichen der Zeit abzuwehren.

Okay, ich gebe zu, ein paar kleinen Zeichen kulturellen Fortschreitens wurde der Einzug ins Haus gewährt; winzigen Zeichen wie Lebensmittelgroßeinkäufen oder häßlichen, kastenförmigen Erzeugnissen, die sich in der Küche stapeln. In all dem können sie aber nichts Peinliches entdecken. (»Ich weiß, es ist eine Geschmacksverirrung, Liebling, aber wir sparen dadurch so viel *Geld.*«)

Poverty Lurks: Finanzielle Paranoia, die Eltern aus Zeiten wirtschaftlicher Depression ihren Abkömmlingen einflößen.

Außerdem sind da auch ein paar neue technologische Anschaffungen ins Haus gekommen, hauptsächlich auf Tylers hartnäckiges Anraten hin: ein Mikrowellenofen, ein Videorecorder und ein automatischer Anrufbeantworter. Was den angeht, ist mir aufgefallen, daß meine Eltern, die beide eine Aversion gegen das Telefon hegen, mit der Zögerlichkeit einer Mr. Stuyvesant Fish, die eine Grammophonaufnahme für eine Zeitkapsel macht, auf das Band sprechen. »Mama, warum bist du mit Paps dieses Jahr nicht einfach nach Maui gefahren und hast Weihnachten aufgegeben? Tyler und ich sind schon jetzt deprimiert.«

»Vielleicht nächstes Jahr, mein Schatz, wenn dein Vater und ich ein bißchen flüssiger sind. Du weißt, was das alles kostet …«

»Das sagst du jedes Jahr. Ich wünschte, ihr würdet aufhören, Rabattmarken zu sammeln. Ihr tut immer so, als wäret ihr arm.«

»Sei nachsichtig mit uns, du Rübe. Wir *genießen* es, in Sack und Asche zu gehen.«

Wir verlassen den Flughafen von Portland und kommen in den vertrauten grünlichen Nieselregen. Bereits nach zehn Minuten ist *jeglicher* geistige oder psychische Fortschritt, den ich vielleicht in Abwesenheit meiner Familie gemacht haben mag, verschwunden oder zumindest entkräftet.

> **Pull-the Plug, Slice the Pie:** Eine Phantasie, nach der ein Abkömmling ganz im Sinne seiner Eltern verfährt.

»So schneidest du also jetzt dein Haar, Schatz?«

Ich muß daran denken, daß du, so sehr du dich auch anstrengst, im Zusammensein mit deinen Eltern nie älter als zwölf Jahre bist. Eltern versuchen nicht ernstlich, dich zur Weißglut zu treiben, aber ihre Bemerkungen sind einfach ohne Maßstab und gelten den merkwürdigsten Dingen. Dein Privatleben mit Eltern zu diskutieren ist, wie zerstreut in den Rückspiegel des Wagens zu sehen, einen Pickel zu entdecken und sofort, in Ermangelung von Vergleich und Zusammenhang, davon überzeugt zu sein, daß man vom Hitzeausschlag oder Hautkrebs befallen ist.

> **Underdogging:** Die Neigung, nahezu unerschütterlich Partei für Unterdrückte in einer gegebenen Situation zu ergreifen. Bei Konsumenten drückt sich dieser Charakterzug im Erwerb von weniger erfolgreichen, »traurigen«, oder mißlungenen Produkten aus: *»Ich weiß, diese Wiener Würstchen sind eine totale Mißgeburt, aber sie sahen so traurig aus neben all den Yuppie-Markenartikeln, daß ich sie einfach kaufen mußte.«*

»So«, sage ich, »dann sind in diesem Jahr also wirklich nur Tyler und ich zu Hause?«

»Scheint so. Aber ich denke, Dee kommt aus Port Arthur herauf. Sie wird wohl sowieso bald wieder ihr altes Zimmer beziehen. Ich sehe schon die ersten Anzeichen dafür.«

»Anzeichen?«

Mama setzt den Scheibenwischer in Gang und schaltet das Fahrlicht ein. Etwas beschäftigt sie.

»Ihr geht alle fort, kommt wieder, geht und kommt, so oft, daß ich meinen Freunden gar nicht erzählen kann, ihr seid alle aus dem Hause. Nicht daß dieses Thema etwa noch aufkommt. Alle meine Freunde haben Ähnliches mit ihren Kindern durchgemacht. Wenn ich heutzutage jemanden bei Safeway treffe, versteht es sich von selbst, daß wir einander nicht wir früher nach den Kindern fragen. Wir sind viel zu deprimiert. Oh, übrigens, erinnerst du dich an Allana du Bois?«

»Der Feger?«

»Sie hat sich den Kopf rasiert und ist einer Sekte beigetreten.«

»Nein!«

»Aber nicht, ohne zuvor den Schmuck ihrer Mutter verscherbelt zu haben, um den Beitrag für den Lotus Elite Guru entrichten zu können. Sie hat über das ganze Haus Zettelchen verteilt, auf denen steht: ›Ich bete für dich, Mama.‹ Mama warf sie schließlich hinaus. Jetzt pflanzt sie in Tennessee Rüben.«

Mäßige, destilliere, läutere, lehre

»Die Leute sind wirklich alle daneben. Keiner hat sich normal entwickelt. Hast du noch andere getroffen?«

»Alle möglichen. Aber ich kann mich nicht mehr an ihre Namen erinnern. Donny … Arnold … Ich erinnere mich nur an ihre Gesichter, aus der Zeit, als sie noch auf ein Eis am Stiel ins Haus herüberkamen. Aber jetzt sehen sie alle so geschlagen aus, so *alt*, so verfrüht *mittleren Alters.* Obwohl ich sagen muß, daß Tylers Freunde alle ziemlich flott sind. Sie sind ganz anders.«

»Tylers Freunde leben in einer Seifenblase.«

»Das ist weder wahr, noch ist es fair, Andy.«

Sie hat recht. Ich bin bloß neidisch darauf, wie unerschrocken Tylers Freunde sich der Zukunft stellen. Neidisch und erschrocken. »Okay, tut mir leid. Was für Anzeichen gibt es, daß Dee nach Hause kommen könnte? Du wolltest gerade sagen …«

Der Verkehr auf dem Sandy Boulevard fließt, als wir über die Stahlbrücken in Richtung Innenstadt fahren; Brücken, die die gleiche Farbe wie die Wolken haben und so breit und komplex sind, daß sie mich an Claires New York City erinnern. Ich frage mich, ob ihre Masse die Gravitationsgesetze verseuchen könnte.

»Na ja, also, in dem Moment, in dem einer von euch Kindern anruft und sentimental von der Vergangenheit spricht oder davon, wie erbärmlich der Job gerade ist, weiß ich, es ist Zeit, saubere Bettlaken hervorzuholen. Oder aber, wenn die Dinge allzugut laufen. Vor drei Monaten rief Dee an und sagte, Luke würde ihr eine eigene Konzession für Joghurt kaufen. Nie war sie so aufgeregt. Sofort danach habe ich zu deinem Vater gesagt: ›Frank, ich gebe ihr bis zum Frühling, dann ist sie wieder hier in ihrem Zimmer und schluchzt beim Anblick ihrer Schulbücher.‹ Sieht aus, als würde ich die Wette gewinnen.

Oder als Davie seinen einzigen halbwegs anständigen Job hatte, wo er als Artdirektor für diese Zeitschrift arbeitete und mir die ganze Zeit erzählte, wie gut es ihm gefiele. Mir war klar, daß es nur eine Frage von Minuten war, wann er anfangen würde, sich zu langweilen; und tatsächlich, *ding-dong*, klingelt es an der Tür, und David steht da mit seiner Freundin Rain. Sie sahen aus wie Flüchtlinge aus einem Arbeitslager für Kinder. Das Liebespaar lebte *sechs Monate* lang bei uns. Andy, du warst nicht hier; du warst in Japan oder so etwas. Du machst dir keine *Vorstellung* davon. Ich finde jetzt noch überall abgeschnittene Fußnägel. Dein armer Vater fand einen in der Tiefkühltruhe – mit schwarzem Nagellack; ein schreckliches Geschöpf.«

»Verstehst du dich jetzt besser mit Rain?«

»Kaum. Ich kann nicht gerade behaupten, ich sei unglücklich darüber, daß sie über Weihnachten in England ist.«

Der Regen ist jetzt ziemlich stark und verursacht eines meiner Lieblingsgeräusche: das Getrommel von Regen auf Autodächern.

Mama seufzt. »Ich hatte wirklich so große Hoffnungen für euch Kinder. Ich meine, wie kann man in eure kleinen Babygesichter schauen und keine haben? Aber ich mußte es ganz einfach aufgeben, mir um das, was ihr mit eurem Leben anfangt, Sorgen zu machen. Ich hoffe, du bist mir nicht böse, aber seitdem ist mein Leben *so viel* leichter geworden.«

2 + 2 = 5-ism: Vor einer auf einen selbst zielenden Marketing-Strategie kapitulieren, nachdem man ihr lange Zeit widerstanden hat.
»Okay, okay, ich kaufe deine blöde Cola, aber jetzt laß mich in Frieden.«

Als wir in die Auffahrt einbiegen, sehe ich Tyler zu seinem Wagen herausstürmen, wobei er seinen kunstvoll frisierten Kopf mit seiner roten Sporttasche vor dem Regen schützt. »Hallo, Andy!« ruft er und schlägt die Tür hinter sich zu, wohlbehalten in seiner eigenen warmen und trockenen Welt angelangt. Er schiebt seinen Kopf durch den Fensterschlitz und fügt hinzu: »Willkommen im Haus, das die Zeit vergessen hat!«

Option Paralysis: Die Neigung, sich bei unbegrenzter Auswahl für nichts zu entscheiden.

MUSIK-TV, KEINE FEUERWAFFEN

Heiligabend.

Ich kaufe eine Riesenmenge an Kerzen, sage aber nicht, warum. Weihkerzen, Geburtstagskerzen, Notkerzen, Dinnerkerzen, jüdische Kerzen, Weihnachtskerzen und Kerzen aus dem hinduistischen Buchladen mit Karikaturen von Heiligen. Sie sind mir alle recht; alle Flammen sind gleichwertig. Bei Durst Thriftee Mart auf der 21. Straße ist Tyler dermaßen peinlich berührt von meinem Kaufrausch, daß ihm die Worte fehlen; er hat einen tiefgefrorenen Butterball-Truthahn in meinen Einkaufswagen gelegt, um ihn etwas festlicher gestimmt und nicht ganz so anders aussehen zu lassen. »Was genau ist eigentlich eine Weihkerze?« fragt Tyler und verrät damit sowohl seine säkularisierte Erziehung als auch sein Schwindelgefühl, während er den überwältigenden, ekligen Geruch einer nach synthetischen Heidelbeeren duftenden Dinnerkerze inhaliert.

»Du steckst sie an, wenn du ein Gebet sprichst. Es gibt sie in allen Kirchen Europas.«

»Oh. Diese hier hast du vergessen.« Er reicht mir eine knollige, rote Tischkerze, die in einem fischnetzartigen

Strumpf steckt, in der Art, wie man sie in einem biederen, italienischen Mama-und-Papa-Restaurant findet.

»Die Leute gucken schon ganz komisch auf deinen Einkaufswagen. Wenn du mir bloß sagen würdest, was du mit all diesen Kerzen vorhast.«

»Das ist eine Weihnachtsüberraschung, Tyler. Stell dich nur hier an.« Wir bewegen uns in Richtung der durch die Feiertage äußerst geschäftigen Kasse und sehen überraschend normal aus in unserer halbverschlampten, aus meinen Punk-Tagen stammenden Kleidung aus dem Schrank in meinem alten Zimmer. Tyler steckt in einer alten Lederjacke, die ich mal in München gefunden habe, ich trage abgewetzte Hemden und Jeans.

Draußen regnet es natürlich.

Während wir in Tylers Wagen die Burnside Avenue zurück nach Hause fahren, versuche ich, ihm Dags Geschichte vom Ende der Welt im Vons Supermarkt zu erzählen. »Ich habe einen Freund da unten in Palm Springs. Er sagt, wenn die Luftschutzsirenen losgehen, würden die Leute zuallererst nach Kerzen greifen.«

»Ach ja?«

»Ich glaube, das ist der Grund, warum die Leute uns im Durst Thriftee Mart so seltsam angesehen haben. Sie haben überlegt, warum sie die Sirenen nicht gehört haben.«

»Hmmm. Auch nach Dosen«, erwidert er, völlig versunken in eine Ausgabe von *Vanity Fair.* »Meinst du, ich sollte mir mein Haar weiß bleichen lassen?«

»Du benutzt doch keine Aluminiumtöpfe und -pfannen mehr, nicht wahr, Andy?« fragt mein Vater, während er im Wohnzimmer steht und die Uhr von Großvater aufzieht. »Wirf sie sofort weg. Aluminium ist das Tor zur Alzheimer-Krankheit.«

Papa hatte vor zwei Jahren einen Schlaganfall. Es war nicht schwerwiegend, aber er konnte seine rechte Hand für eine Woche nicht benutzen und muß jetzt diese Medikamente nehmen, die seine Tränensekretion unterbinden; zum Heulen. Ich muß sagen, diese Erfahrung hat ihm einen Schrecken eingejagt, und er hat ein paar Dinge in seinem Leben geändert. Besonders seine Eßgewohnheiten. Vor seinem Anfall aß er wie ein Bauer, verschlang Riesenstücke roten Fleisches, voller Hormone und Antibiotika und weiß Gott was noch, begleitet von Bergen Kartoffelbrei und Fässern voll Scotch. Jetzt ißt er, sehr zur Erleichterung meiner Mutter, Huhn und Gemüse, ist Stammkunde in Bioläden und hat ein Arsenal an Vitaminen in der Küche aufgebaut, das den Gestank von Hippie-Vitamin B ausdünstet und den Raum wie eine Apotheke aussehen läßt.

Genau wie Mr. MacArthur hat Papa seinen Körper erst spät im Leben entdeckt. Er brauchte eine Begegnung mit dem Tod, um von den Diätvorstellungen herunterzukommen, die sich Eisenbahner, Viehzüchter sowie Petrochemie- und Pharmazeutikunternehmen im Laufe der Jahrhunderte ausgedacht haben. Aber, wie gesagt, besser spät als nie.

»Nein, Papa. Kein Aluminium.«

»Gut. Sehr gut.« Er dreht sich um, schaut quer durch

den Raum auf den Fernseher und schnauft verächtlich über den verärgerten Mob protestierender junger Männer, die irgendwo auf der Welt für Tumult sorgen. »Sieh dir bloß diese Kerle an. Hat denn keiner von ihnen was zu tun? Man sollte ihnen irgendeine Beschäftigung geben. Sendet ihnen über Satellit Tylers Rock-Videos, irgendwas, aber beschäftigt sie. Jesus im Himmel.« Papa, genau wie Dags Kollegin Margaret, glaubt nicht daran, daß der Mensch dafür gemacht ist, konstruktiv mit Freizeit umzugehen.

Personality Tithe: Der Preis, den man bezahlt, wenn man ein Paar wird; vormals lustige Menschen werden langweilig: *»Danke für die Einladung, aber Noreen und ich wollen heute abend Auslegwarekataloge durchgehen und uns anschließend den Shoppingkanal im Fernsehen ansehen.«*

Später am Abend flüchtet Tyler vom Tisch und läßt mich, Mama und Papa, die vier Nahrungsgruppen und eine voraussehbare Spannung zurück.

»Mama, ich möchte keine Geschenke zu Weihnachten. Ich möchte überhaupt keine *Dinge* im Leben.«

»Weihnachten ohne Geschenke? Du spinnst, Andy. Bestaunst du da unten immer die Sonne?«

Danach, in Abwesenheit seiner Kinderhorde, streicht mein rührseliger Vater behäbig durch die leeren Räume wie ein Tanker, der seinen Rumpf mit seinem eigenen Anker durchbohrt hat und nach einem

Jack-and-Jill-Party: Eine Squire-Tradition. Schwangerschaftsparty, zu der auch männliche und nicht nur weibliche Freunde eingeladen werden. die durch die zweigeschlechtliche Aufwartung verdoppelte Kaufkraft treibt den Wert der Geschenke auf das Niveau der Eisenhower-Ära.

Hafen sucht, nach einem Platz, wo er seine Wunde wieder zuschweißen kann. Schließlich entschließt er sich, die am Kamin aufgehängten Strümpfe zu füllen.

In Tylers Strumpf stopft er Leckereien, die zu kaufen ihm jedes Jahr großes Vergnügen bereitet: Minilimonadenfläschchen, japanische Orangen, Erdnußkaramel, Schraubenzieher und Lottoscheine. Als er zu meinem Strumpf kommt, bittet er mich, den Raum zu verlassen, obwohl ich weiß, daß er meine Gesellschaft gern hat. Schließlich bin *ich* es, der durch das Haus streift; ein viel zu großes Haus für zu wenige Leute. Nicht einmal der Weihnachtsbaum, der in diesem Jahr eher aus Gewohnheit als aus Liebe geschmückt ist, kann die Stimmung bessern.

Auch das Telefon ist kein Freund; Portland ist zur Zeit eine Totenstadt. Meine Freunde sind entweder alle verheiratet, langweilig und depressiv, unverheiratet, langweilig und depressiv, oder weggezogen, um Langeweile und Depression zu vermeiden. Einige von ihnen haben Häuser gekauft, was einem Todeskuß gleichkommt, zumindest was die Persönlichkeit angeht. Wenn dir Leute erzählen, sie hätten sich ein Haus gekauft, können sie dir ebensogut mitteilen, sie besäßen keine Persönlichkeit mehr. Du kannst daraus unmittelbar so viele Dinge schließen: daß sie in einen Job eingesperrt sind, den sie hassen; daß sie gebrochen sind; daß sie jeden Abend damit verbringen, Videos anzusehen; daß sie fünfzehn Pfund Übergewicht haben; daß sie keiner neuen Idee mehr zuhören. Es ist zutiefst deprimierend. Und das *Schlimmste* daran ist, daß die Leute das Haus, in dem sie leben, gar nicht einmal *mögen.* Die wenigen glücklichen Momente, die ihnen bleiben, sind eine Art Nachlese ihrer Träume vom sozialen *Aufstieg.*

Gott, warum bin ich bloß in so knurriger Laune?

Die Welt ist zu einem einzigen großen, schweigsamen Haus geworden, wie Deidres Haus in Texas. Das Leben *muß* doch nicht so sein.

Ich hatte früher am Abend den Fehler gemacht, mich darüber zu beschweren, daß es im Haus an Unterhaltung fehle, woraufhin mein Vater im Spaß sagte: »Hör auf, uns zu ärgern, oder wir ziehen in eine Eigentumswohnung ohne Gästezimmer und Bettlaken, genau wie die Eltern eurer Freunde.« Er glaubte wirklich, er hätte etwas ganz Ekelhaftes gesagt.

Natürlich.

Als ob sie je umziehen würden. Ich weiß, daß sie das niemals täten. Sie würden sich mit aller Gewalt einem Wechsel entgegenstellen; stellen Talismane dagegen her, Talismane wie die Fidibusse zum Entfachen des Kaminfeuers, die Mama aus Zeitungspapier rollt. Sie werden sich in diesem Haus zu schaffen machen, bis sich die Zukunft wie ein schreckenerregender, kranker Herumtreiber ihren Weg hinein bahnt und Grauenhaftes wie Tod, Krankheit, Feuer oder (und das ist, was sie *wirklich* befürchten) Konkurs über sie bringt. Der Besuch des Herumtreibers wird sie aus ihrer Selbstgefälligkeit reißen,

Down-nesting: Die Tendenz von Eltern, sich kleinere Behausungen ohne Gästezimmer zu suchen, nachdem die Kinder ausgezogen sind - um zu verhindern, daß die 20- bis 30jährigen Sprößlinge wie ein Bumerang zurück nach Hause geschnellt kommen.

Homeowner Envy: Eifersuchtsgefühle junger und unmündiger Leute, die sich angesichts der grausamen Wohnungslagestatistiken einstellen.

wird ihre Ängste bestätigen. Sie wissen, daß seine furchtbare Ankunft unausweichlich ist, erkennen seine grünen, eitrigen Wunden in der Farbe von Krankenhauswänden, seine wahllos zusammengesuchte Kleidung aus den Depotkästen des »Boys and Girls Glub of America« in Santa Monica, wo er auch seine Nächte verbringt. Und sie wissen, daß er kein Land besitzt, daß er weder über das Fernsehprogramm diskutiert, noch die Spatzen im Vogelhäuschen mit Isolierband einfängt.

Aber sie werden kein Wort über ihn verlieren.

Gegen elf liegen Mama und Papa im Bett, und Tyler ist auf einer Party. Ein kurzer Anruf von Dag bestätigt mir, daß das Leben irgendwoanders im Universum existiert. Die Sensationen des Tages waren der Brand des Aston Martin auf Seite sieben in der *Desert Sun* (über hunderttausend Dollar Schaden, wodurch es zu einem Kapitalverbrechen wird) und Skippers Besuch im Larry's, wo er eine Unmenge Drinks auffahren ließ und einfach hinausging, als Dag ihm die Rechnung brachte. Dag ließ es ihm dummerweise durchgehen. Ich glaube, wir haben noch einigen Ärger zu erwarten.

»O ja. Mein Bruder, der Werbetexter, hat mir einen alten Fallschirm geschickt, damit ich den Saab nachts abdecken kann. Tolles Geschenk, was?«

Etwas später stopfe ich eine Schachtel Schokoladenkekse in mich hinein, während ich mir das Kabelfernsehprogramm ansehe. Noch etwas später lungere ich in der Küche herum und stelle fest, daß ich mich zum Umfallen langweile. Es war keine gute Idee, über Weihnachten nach Hause zu kommen. Ich bin zu alt. Wenn ich vor Jahren aus der Schule oder von Reisen nach Hause kam, er-

Weniger ist auch eine Möglichkeit

wartete ich bei meiner Rückkehr immer so etwas wie eine neue Perspektive oder einen frischen Einblick in die Familie. Das passiert nicht mehr, die Tage der elterlichen Offenbarungen sind vorbei. Geblieben sind mir zwei nette Leute, und das ist immerhin mehr als die meisten Leute von sich sagen können. Aber es ist Zeit weiterzugehen. Ich glaube, das ist am besten für uns alle.

Gestalte

Weihnachtstag. Seit den frühen Morgenstunden bin ich im Wohnzimmer mit meinen Kerzen – es sind Hunderte, vielleicht sogar Tausende – sowie mit Rollen über Rollen wütend knatternder Alufolie und Stapeln von Papptellern zugange. Ich habe auf jedem freien Fleckchen ebener Oberfläche Kerzen aufgestellt, wobei die Folie nicht nur als Schutz gegen das heruntertröpfelnde Wachs dient, sondern auch dazu, die Flammen durch Reflexion zu verdoppeln.

Überall stehen Kerzen: auf dem Klavier, den Bücherregalen, dem Kaffeetisch, auf dem Kaminsims, im Kamin, auf dem Fensterbrett als Schutz gegen den wetteifernden, düsteren, nassen Glanz des Wetters. Allein auf der Eichenkonsole der Stereoanlage stehen mindestens fünfzig Kerzen, ein Esperanto-Familienporträt aller Größen. Comicfiguren stehen inmitten silberner Strudel, neben zitronen- und limonenfarbenen Spalieren. Es gibt himbeerfarbene Säulengänge mit weißen Lichtungen – ein buntgeschecktes Lichtermeer und anschauliches Sortiment für jemanden, der nie zuvor eine Kerze gesehen hat.

Über mir höre ich eilige Schritte, und mein Vater ruft herunter: »Andy, bist du da unten?«

»Fröhliche Weihnachten, Papa. Sind schon alle auf?«

»Ja, fast. Deine Mutter boxt gerade Tyler aus dem Bett. Was machst du da unten?«

»Eine Überraschung. Du mußt mir etwas versprechen. Versprich mir, daß ihr nicht früher als in einer Viertelstunde herunterkommt. Das ist alles, was ich brauche: fünfzehn Minuten.«

»Keine Angst. So lange wird Seine Hoheit mindestens brauchen, um sich zwischen Haargel und Schaum zu entscheiden.«

»Versprochen?«

»Fünfzehn Minuten. Die Zeit läuft.«

Hast du je versucht, Tausende von Kerzen anzustecken? Man braucht länger, als man denkt. Mit einer einfachen weißen Tischkerze als Anzünder und einem Teller darunter, um die Tropfen aufzufangen, stecke ich die Dochte meiner Babies an, mein weihevolles Spielfeld, meine »Yahrzeits«-Kompanie aus teilweise boshaften Kerzen. Ich zünde sie alle an und spüre, wie sich der Raum aufheizt. Ich muß ein Fenster öffnen, um Sauerstoff und kalte Winde hereinzulassen. Ich bin fertig. Gleich darauf versammeln sich die drei hier wohnhaften Palmer-Familienmitglieder oben auf der Treppe. »Alles klar, Andy? Wir kommen runter«, ruft mein Vater, begleitet von dem Trommelwirbel, den Tylers Füße auf der Treppe schlagen, als er heruntertrampelt, und von seinem Geschrei: *»Neue Skier, neue Skier, neue Skier, neue Skier …«* Mama merkt an, daß es nach Wachs riecht, aber ihre Stimme verebbt schnell. Ich sehe, wie sie um die Ecke biegen, spüre, wie der Druck der buttergelben Flammen aus der Wohnzimmertür hinaustanzt. Da kommen sie um die Ecke. »O mein …«, sagt Mama, als die drei den Raum betreten. Sprachlos drehen sie sich langsam um sich selbst, sehen den normalerweise langweiligen Raum von einem schmelzenden, lebendigen Zuckerguß aus weißem Feuer bedeckt, alles hell in Flammen; ein schwindelerregendes, vergängliches Reich aus traumhaftem Licht. Augenblicklich sind wir alle von der Vulgarität irdischer Last losgelöst, sind in ein Reich eingetaucht, in dem sich jeder Körper akrobatisch bewegen kann wie ein Astronaut im All, zum Leben erweckt von fiebrig flackernden Schatten.

»Das ist wie Paris ...«, sagt Papa und meint sicher die Notre-Dame-Kathedrale. Er atmet die heiße, versengte Luft tief ein; so ungefähr muß es riechen, nachdem, sagen wir, ein UFO den versengten Kreis in einem Weizenfeld wieder verlassen hat.

Auch ich betrachte das Ergebnis meiner Arbeit, versuche, mir im Geiste den in chromgelben Flammen stehenden Raum in seiner Ursprünglichkeit vor Augen zu führen. Der Effekt übertrifft selbst meine Erwartungen: Dieses Licht brennt mir schmerzlos und ohne Haß Azetylenlöcher in die Stirn und entreißt mich meinem Körper. Es läßt die Augen meiner Familie leuchten, wenn auch nur für diesen Moment, so doch mit den Existenzmöglichkeiten unserer Zeit.

»Oh, Andy«, sagt meine Mutter und setzt sich. »Weißt du, wie das ist? Es ist wie der Traum, den jeder manchmal hat: Wenn man träumt, man sei zu Hause und entdeckte plötzlich einen neuen Raum, von dem man nie wußte. Wenn man den Raum aber einmal gesehen hat, sagt man sich: ›*Oh, na klar, natürlich gibt es diesen Raum. Er war schon immer da.*‹«

Tyler und Papa setzen sich mit der glücklichen Unbeholfenheit von Lottogewinnern. »Das ist ein Video, Andy«, sagt Tyler, »ein totales *Video.*«

Aber etwas stimmt nicht.

Später kehrt das Leben in seine gewohnten Bahnen zurück. Die Kerzen brennen langsam von selbst aus, und der normale Morgenrhythmus wird aufgenommen. Mama holt eine Kanne Kaffee; Papa setzt den Kern des Rauchdetektors außer Kraft, um einem Alarmdesaster vorzubeugen; Tyler plündert seinen Strumpf und zerrt seine Geschenke heraus. (»Neue Skier! Jetzt kann ich beruhigt sterben!«)

Aber ich habe ein merkwürdiges Gefühl…

Ich habe das Gefühl, daß unsere Emotionen, noch während sie ganz wunderbar sind, in ein Vakuum abziehen, und ich glaube, es liegt daran, daß wir Kleinbürger sind.

Wenn du Kleinbürger bist, mußt du mit dem Faktum leben, daß dich die Geschichte nicht zur Kenntnis nimmt. Du mußt mit der Tatsache leben, daß die Geschichte niemals dein Anliegen verficht und daß die Geschichte kein Mitleid mit dir hat. Das ist der Preis für alltägliche Bequemlichkeit und Schweigen. Und aufgrund dieses Preises ist alles Glücklichsein steril, alles Traurigsein bleibt ohne Mitleid.

Und jeder kleine Moment von intensiver, aufflammender Schönheit, wie dieser Morgen, wird in absolute Vergessenheit geraten, von der Zeit aufgelöst wie ein im Regen liegengelassener Super-8-Film; geräuschlos, rasch ersetzt durch Tausende lautlos wachsender Bäume.

WILLKOMMEN DAHEIM AUS VIETNAM, MEIN SOHN

Es ist Zeit zu flüchten. Ich möchte wieder mein wirkliches Leben führen, mit all seinen witzigen Gerüchen, Stunden voller Einsamkeit und langen, klaren Autofahrten. Ich vermisse Hitze und Trockenheit und Licht.

»Es geht dir doch *gut* da unten in Palm Springs, nicht wahr?« fragte Tyler zwei Tage später, als wir die Berge hinaufbrummen, um auf dem Weg zum Flughafen das Vietnam-Denkmal zu besichtigen.

»Okay, Tyler, spuck's aus. Was haben Mama und Papa gesagt?«

»Nichts. Sie seufzen bloß häufig. Aber sie seufzen nicht *annähernd* soviel über dich wie über Dee und Davie.«

»Oh, ja?«

»Was machst du da unten überhaupt? Du hast keinen Fernseher, du hast keine Freunde …«

»Ich habe *wohl* Freunde, Tyler.«

»Okay, du hast also Freunde. Aber ich mache mir Sorgen um dich. Das ist alles. Es scheint, als ob du über die Oberfläche des Lebens dahingleitest wie eine Wasserspinne, als hättest du ein Geheimnis, das dich davon abhält, in die irdische, alltägliche Welt einzutauchen. *Es ist okay;* aber es beunruhigt mich. Wenn du verschwinden würdest oder so was, wüßte ich nicht, ob ich darüber hinwegkäme.«

»Himmel, Tyler. Ich gehe nirgendwohin. Ich verspreche es. Reg dich ab, okay? Park da vorn …«

»Versprichst du, mir eine kleine Vorwarnung zu geben? Ich meine, bevor du weggehst oder dich verwandelst oder was immer auch zu tun du im Sinn hast …«

»Hör schon auf mit deinen gräßlichen Geschichten. Ja, na klar, ich verspreche es.«

»*Laß mich bloß nicht hier zurück.* Das ist alles. Ich weiß, es sieht aus, als würde ich genießen, was so in meinem Leben vorgeht und so weiter, aber ich sage dir, mein Herz ist nur halb dabei. Du trittst mir und meinen Freunden dauernd in den Hintern, dabei würde ich *alles* in einer

Sekunde aufgeben, wenn jemand auch nur eine im entferntesten plausible Alternative für mich hätte.«

»Tyler, hör auf.«

»Ich habe es *satt,* auf alles neidisch zu sein, Andy ...« Der Junge ist einfach nicht zu bremsen. »... und es ängstigt mich, daß ich keine Zukunft sehe. Und ich verstehe meinen Reflex, bei allem so ein Klugscheißer zu sein, selbst nicht. Es macht mir *wirklich* Angst. Ich mache vielleicht nicht den Eindruck, daß ich mich für irgend etwas interessiere, Andy, aber das tue ich. Ich kann es mir nur nicht erlauben, das auch zu zeigen. Und ich weiß nicht, warum.«

> **Green Division:** Den Unterschied zwischen Neid und Eifersucht zu kennen.

Während ich den Hügel hinauf zum Eingang der Gedenkstätte gehe, überlege ich, was *das* alles sollte. Ich nehme an, ich werde (wie Claire sagt) »ein Fitzelchen vergnügter über die Dinge« sein müssen. Aber das ist hart.

In Brookings hat man 800 000 Pfund Fisch über die Docks an Land gezogen, und in Klamath Falls fand ein Schönheitswettbewerb von Aberdeen-Angus-Rindern statt. Und Oregon war tatsächlich ein Land, wo Honig floß; der Staat vergab 1964 2000 Bienenzüchterlizenzen.

> **Knee-Jerk Irony:** Die Neigung zu schnippischen, ironischen Bemerkungen als selbstverständliche Erwiderungen im Alltagsgespräch.

Die Vietnam-Gedenkstätte wird »Garten des Trostes« genannt. Es ist ein dem Guggenheim-Museum ähnliches Schneckenhaus, mit einer Brücke hinüber zum

Berghang, der aussieht wie ein mit Gemüsesud besprühter Wall aus Smaragden. Die Besucher gehen einen gewundenen Weg hinauf und lesen in eine Serie von Steinblöcken eingravierte Texte über die eskalierten Geschehnisse des Vietnamkrieges im Gegensatz zum Alltagsleben daheim in Oregon. Unterhalb dieser erzählerischen Gegenüberstellungen sind die Namen der Jungs mit Bürstenschnitt eingraviert, die in der Ferne im Dreck starben. Der Bau ist zugleich ein bemerkenswertes Dokument und ein bezaubernder Ort. Rund ums Jahr trifft man auf Fremde und Trauernde aller Altergruppen und auf Erscheinungen in verschiedenen Stadien psychischer Auflösung, Rückbesinnung und Wiedereingliederung, die ihre Totenwache halten und kleine Blumensträuße, Briefe, Zeichnungen, meistens zittriges Kindergekritzel, und natürlich Tränen hinterlassen.

Derision Preemption: Eine Lifestyle-Taktik; die Verweigerung, sich gefühlsmäßig allzuweit vorzuwagen, um zu vermeiden, daß sich andere lustig machen. *Derision Preemption* ist das Hauptziel von *Knee-Jerk Irony.*

Tyler beweist immerhin ein Quentchen Respekt bei diesem Besuch; mit anderen Worten, er fängt nicht sofort spontan an zu singen und zu tanzen, was er wohl täte, wären wir im Clackamas County Einkaufszentrum. Sein morgendlicher Ausbruch ist beendet und, ich habe da vollstes Vertrauen, wird nie wieder erwähnt werden.

Fame Induced Apathy: Die Ansicht, daß es nicht lohnt, einer Tätigkeit nachzugehen, es sei denn, man wird durch sie berühmt. *Fame-Induced-Apathy* erweckt den Anschein von Faulheit, aber ihre Wurzeln liegen viel tiefer.

»Andy, eines begreife ich nicht. Ich meine, dies hier ist cool und alles, aber warum solltest du dich für Vietnam interessieren? Es war vorbei, noch bevor du in die Pubertät kamst.«

»Ich bin kaum ein Experte auf dem Gebiet, Tyler, aber ich erinnere mich *doch* ein bißchen daran; Schwarzweißfilme im Fernsehen. Während ich aufwuchs, war Vietnam wie eine Hintergrundfarbe im Leben, Rot, Blau oder Gold; alles war von ihr gefärbt. Und dann plötzlich, eines Tages, war alles verschwunden. Stell dir vor, du wachst eines Tages auf, und die Farbe Grün hat sich in Luft aufgelöst. Ich komme hierher, um eine Farbe zu sehen, die ich nirgendwo sonst mehr sehen kann.«

»Also, *ich* kann mich an nichts davon erinnern.«

»Das würdest du auch gar nicht wollen. Es waren häßliche Zeiten ...«

Ich würge Tylers Fragerei ab.

Okay, ja klar, denke ich im stillen, es *waren* häßliche Zeiten. Aber es waren auch die einzigen Zeiten, die ich jemals gehabt haben werde; echte Momente in *der Geschichte*, ehe Geschichte nur noch für eine wildgewordene Presse, für Marketing-Strategien und als Werkzeug zynischer Kampagnen existierte. Damit will ich keinesfalls sagen, daß ich viel wirkliche Geschichte mitbekommen hätte; ich kam, um in der Arena der Geschichte ein Konzert anzuhören, gerade als der letzte Satz verklungen war. Aber ich habe genug gesehen; und heute brauche ich, zumal seltsamerweise unserer Zeit Richtlinien fehlen, eine Verbindung zu einer Vergangenheit von einiger Bedeutung, wie fahl diese Verbindung auch sein mag.

Nostalgie ist eine Waffe

Ich muß blinzeln, als erwachte ich aus einer Trance.

»He, Tyler, alles klar, bringst du mich zum Flughafen? Flug 1313 nach Verblödungsstadt muß bald abheben.«

Der Flug nach Phoenix, und ein paar Stunden später bin ich zurück in der Wüste und nehme mir ein Taxi vom Flughafen nach Hause, da Dag arbeitet und Claire noch in New York ist.

Der Himmel scheint aus traumhaftem, tropischem, schwarzem Samt zu sein. Verträumte Palmwedel neigen sich zur Seite, um dem Vollmond einen dreckigen Farmerstochter-Witz zu erzählen. Die trockene Luft quietscht vor schwatzhafter Pollenpromiskuität, und ein vor kurzem beschnittener Ponderosa-Zitronenbaum verbreitet einen reineren Duft als alles, was ich je zuvor gerochen habe. Mir zieht sich alles zusammen. Der Abwesenheit der Hunde entnehme ich, daß Dag sie herausgelassen hat, damit sie umherstreifen können.

Ich lasse mein Gepäck vor dem kleinen schmiedeeisernen Gartentor zu dem Hof, der alle unsere Bungalows miteinander verbindet, stehen und gehe hinein. Wie ein Showmaster, der einen neuen Kandidaten begrüßt, rufe ich den Haustüren von Claires und Dags Bungalows zu: *»Hallo Türen!«* Dann gehe ich zu meiner eigenen hinüber, hinter der ich unmittelbar mein Telefon klingeln höre. Aber das kann mich nicht davon abhalten, ihr noch schnell einen kleinen Kuß aufzudrücken. Ich meine, würdest *du* das nicht tun?

Bogumil Goltz

Eine Weihnachtsreise ins altpreussische Land

Da es in meiner Erinnerung Winter ist, so kommen mir Bilder von einer Winterreise, die ich vielleicht in meinem sechsten oder siebten Jahre mit meinen Eltern zu den Großeltern mütterlicher Seite nach Altpreußen gemacht habe.

Es waren wohlstehende, aber schlichte Bürgersleute, die ihre alten Tage mit einer unverheiratet gebliebenen Tochter in einem Landstädtchen verlebten. Man muß so ein ostpreußisches Städtchen im Winter gesehen haben und an einem trüben Abende, nach weiter Reise durch eingeschneite Felder, Wälder und über gefrorene Seen; man muß da in eine Herberge hineingefahren und über Nacht geblieben sein, um in der Seele zu begreifen, was es mit dem nordischen Kleinbürgerleben und mit der winterlichen Symbolik bereits in Ostpreußen so gut wie in Grönland zu bedeuten hat.

Von den Zurüstungen der Reise hab' ich nichts weiter behalten, als daß ich in eine altes Umschlagetuch der Mutter vom Kopf bis zu den Beinen und bis zum Ersticken festgewickelt worden bin.

Um mich her in der Stube stehen Kisten und Kasten; da nimmt mich eine polnische Magd in die Arme, um mich in den Schlitten zu tragen. Jählings abgerufen, wirft sie mich aber mitsamt meiner Emballage wieder zu dem übrigen Gepäck, so daß ich umfalle und mir bei der Arbeit des Aufrichtens das über den Kopf gezogene dicke Tuch auch über das Gesicht herabschlägt. Da mir nun beide Arme wie einem Wickelkinde geschnürt sind, so daß ich mir schlechterdings nicht helfen und nicht mal ein helles Geschrei ausstoßen kann, so ist es mir fast

Matthäi am letzten, als meine liebe Mama erscheint und mich befreit.

Unterwegs finde ich mich im Rücken der Eltern, unter einem fabelhaften Verdeck und zwar mehr liegend als sitzend verpackt. Die liebe Mutter sagt dann von Zeit zu Zeit zum Vater: »Wenn der arme Junge nur gut Luft holen kann«, und dann fragt sie mich laut und ängstlich: »Jungchen, lebst du auch noch, mein Kind?« »Ja, liebe Mutter.« »Friert dich auch nicht?« »J nein, nur ein bißchen.« »Na, wickle dich nur recht fest ein und rühr dich nicht viel, mein Kind.«

Dann sagt wieder der Vater: »Na, na, ängstige dich nur nicht, liebe Frau, der ist ein knorriger Bengel und ein Unkraut obendrein; so eins verdirbt sobald nicht; wenn dir das Maul zugefroren ist, Junge, dann meld es der Mama.«

Dann wieder fahren wir bei einbrechendem Abende über einen großen gefrorenen See. Der Kutscher und der Vater gehen neben dem Schlitten her, und mich hat die Mama von hinten fort und auf den Schoß hervorgeholt, um mich, falls der Schlitten einbrechen möchte, gleich weit aufs feste Eis zu werfen; so denk' ich es mir jetzt, und so hab' ich's wohl damals gefühlt.

Es geht alles ganz glücklich bis zum Ufer; da ist das Eis mürber, die Pferde brechen ein, der Schlitten sinkt einen Augenblick ins Wasser, aber wir kommen doch mit vielem Geschrei und Antreiben aufs Land und gleich darauf in einen »Krug« (Herberge). Die Mama und ich selbst, wir sind trocken; der Kutscher aber und der arme alte Papa sind pfützennaß und die liebe Mama so erschrocken, daß sie dem Vater mit Tränen um den Hals fällt, der sie lachend beruhigt und mit lauter Stimme eine ganze Kasserolle voll Warmbier kommandiert.

Dann muß der Wirt dem Vater die nassen Stiefel abziehen, und da dies nicht auf die gewöhnliche Weise gehen will, so hat der Mann sich mit dem Gesicht vom Vater abgekehrt und dieser ihm einen Fuß gegen den Rücken festgestemmt, der Wirt aber den einen Stiefel fest in den Händen gehalten, bis er ihn richtig mit Gelächter herunterkriegt.

Am anderen Tage fahren wir bei ganz gelindem Wetter und indem der Schnee wie in ganzen Lämmervliesen herunterflockt, durch einen unermeßlichen Föhrenwald, der in Ostpreußen eine Heide genannt ist. Ich sitze, da weiter keine Gefahr mit Erfrieren vorhanden, ganz wohlgemut und munter zwischen den lieben Eltern.

Zwischen den Schneemassen blickt überall das herzerfrischende Weihnachtsgrün der Kiefern und Fichten hervor, die wie große heilige Christbäume zu Hauf' stehen.

Ich empfinde und denke nichts weiter als die gleichmäßige stille und schnelle Bewegung des Schlittens; mir ist so reinlich, so säuberlich und dann wieder so mystisch, so verwandlungsvoll, so feierlich und weihnachtlich bis in die innerste Seele hinein, daß ich lauter Weihnachtsstimmung, also gar nicht bei ordinärem Menschenverstande bin. Mir ist vielmehr so märchenhaft, wie wenn die ganze Welt zu lauter Schnee und Weihnachten werden will; als wenn ich selbst ein warmes und leibhaftiges Schneewetter und Weihnachtswunder bin, in dessen heilige Stille das Schlittengeläute feierlich und wundersam hineintönt wie die Glocken des heiligen Christes, der die großen Menschenkinder im eingeschneiten Walddome zur Weihnachtsbescherung ruft. Damit sie nun nichts anderes hören, sehen und empfinden, so wird mit der jungfräulichen Unschuld der Mutter Maria und des Christuskindes die schwarze, harte Menschensünde so zugedeckt, verwandelt, gereinigt und verträumt, wie der schwarze, hartgefrorene, von jedem Tritt widerhallende Erdboden weich und weiß mit Schnee überdeckt wird.

Und in solcher dicken Weihnachtsstimmung kommen wir zu dem Städtchen der Großeltern und durch das betürmte, in Ritterzeiten gebaute Tor.

Aber wenn das auch nicht gewesen wäre, so mußten wir doch alle von mancherlei Gefühlen bestürmt sein. Meiner Mutter Heimat und ihre Geburtsstätte umfingen uns hier. Der Vater hatte hier um seine Lebensgefährtin gefreit; er hatte in diesem Städtchen viele Jahre in Garnison gestanden und hier seine Jugendzeit verlebt; ich selbst aber fuhr zum erstenmal mit vollem Bewußtsein in die Stadt.

Wir schwiegen also alle mitsammen stille, aber die Eltern hielten sich bei den Händen, die Mutter brachte das Taschentuch an die Augen, und ich hatte nicht Augen und Sinne genug, um das zu bewältigen, was jeden Augenblick an Wundern zum Vorschein kommen oder vielmehr auf uns losstürmen mußte. So stand's mit uns.

Mein Vater suchte wohl seine Rührung hinter den Versen eines alten Soldatenliedes zu verbergen, von denen ich nur zwei Strophen behalten habe, die er allemal rezitiert hat, wenn ihm so recht behaglich oder wundersam zu Mute war. Mit tremolierender Stimme und halblaut sang der alte Herr vor sich hin:

»O wunderbares Glück,
kehr noch einmal zurück!«

Aber ich habe die Ankunft und den Empfang im großelterlichen Hause vergessen. Ich war wohl zu schläfrig, oder von der Ofenwärme, wie von den großelterlichen

Liebkosungen zu benommen, um heute noch was Rechtes davon zu wissen.

Man hatte mich in ein Oberstübchen zu Bette gebracht, und es geschah zum erstenmal, daß ich unter dem frommen Gesange des Nachtwächters entschlief, dessen zehnmaliges Pfeifen mir noch viel mehr zu schaffen gemacht hätte, wenn ich nicht so todmüde gewesen wäre.

Am anderen Morgen aber weckte mich die Reveille des Trompeters auf, den ich schon im Traume gehört. Es waren mir entzückende und unbegreifliche Töne, wie eines ungeheuern messingenen Hahns, und als sie unter dem Fenster erschallten, war es mir durchaus so, als kämen sie geradewegs zur Stube herein und als schmetterten und krähten sie mir das Weihnachtswunder in den Kopf.

Nachdem es wieder still geworden war, fühlte ich mich einen Augenblick wie berauscht und verwirrt.

Als ich mich aber ein wenig in meinen Bewußthaftigkeiten examiniert und zur süßen Gewohnheit des Daseins orientiert hatte, brachte ich zu meiner dreifachen Wonne ordentlich heraus: daß heute der erste heilige Christfeiertag, daß ich bei den Großeltern einlogiert und in einer wirklichen Stadt angelangt sei.

Als ich nun so mit urdeutscher Gründlichkeit inne geworden war, wo ich denn eigentlich befindlich und was mir alles in die nächste Aussicht gestellt sei, da zappelte mir mein armes Herzlein wie ein Lämmerschwänzlein in der Brust.

Die obwaltenden Finsternisse disharmonierten allzu dusterlich mit den hellen Lichtern in meiner Weihnacht feiernden Seele. Ich mußte notwendig auch von draußen Licht haben, um die altpreußische Wunderstadt oder doch die großelterliche Schlafgelegenheit zu besehen.

Ich mußte mit der goldenen, herzigen Mama vom Trompeter plaudern und in der Geschwindigkeit so ein paar Dutzend Fragezeichen und Wunder vom Herzen loskriegen, bevor vielleicht der Papa und die halbe Welt dazwischen kam; denn lange ließ mich mein Erzeuger mit der allzu gütigen und zärtlichen Mama nie allein. Und doch wollte ich die liebe, gewiß auch müde gemachte Mutter nicht aus ihrem süßen Schlummer aufstören, darum hüstelte und rabastelte ich nur ein ganz klein wenig mit meinem weichen Lagerchen, bis denn doch die wankelmütigen Bettpfosten so laut ächzten und meine redelüsternen Lippen so vernehmlich wisperten, daß die liebe Mama und ihrer so sanften, zum Herzen schleichenden Stimme respondierte: »Na, mein Jungchen, du kannst wohl schon vor Freuden nicht länger schlafen.«

Die Großeltern hielten einen Gewürz- und Kramladen von den Trümmern eines bedeutenden Geschäfts, das von Hause aus in Königsberg betrieben worden war. Aus jener goldenen oder silbernen Zeit hingen da noch im Laden einige Raritäten: eine Kokosnuß, ein Straußenei, vor allen Dingen aber ein Seeschiff und, was mir für das fabelhafteste galt, ein Krokodil. Die Mutter hatte an langen Herbstabenden von diesen Wundern in ihrer Eltern Laden mit derselben Miene wie von Märchenabenteuern erzählt, und jetzt stand ich auf einmal mitten unter diesen Herrlichkeiten, das heißt mitten im Kram. Denn als wir zum Frühstück die Treppe herabkamen, wurden eben aus dem verschlossen gehaltenen Laden Rosinen und Mandeln und was sonst noch geholt. Sodann sah ich mit stieren Augen und mit allen meinen Sinnen in Wirklichkeit, was bis dahin nur in der Einbildungskraft gelebt.

Die Mutter wie der Ladenbursche vergnügten sich wohl an meiner Verwunderung und beleuchteten zunächst auf mein leises Befragen das vielbesprochene Krokodil. Es hing schauerlich-schön überfirnist und bestäubt von der Decke herab. Der halbgeöffnete Rachen zeigte die furchtbaren Zähne, und so fehlte es mir keineswegs an dem heiligen Respekt, mit welchem man Altertümer und Ungeheuer in Augenschein nehmen soll. Es waren, genau gezählt, nur die vier Raritäten; meine Sinne aber waren so berauscht und Wunder gebärend, daß ich in allen Schiebladen nichts als Krokodileier, Straußeneier, Kokosnüsse und kleine Seeschiffe sah.

Aus dem Wunderladen ging es nun zu den Großeltern in die große Putzstube mit einem kolossalen Fenster auf das Gehöfte hinaus.

Auf dem großen Eichentische mit gewundenen Füßen stand nicht nur Kuchen und Kaffee bereit, sondern in einer blaugemusterten hohen Porzellankanne duftete eine Schokolade, von der die Mama noch aus dem Vaterhaus her eine große Liebhaberin war. Mein Sinn und Geschmack aber schwamm in lauter Weihnachten und blieb demnach auf die Türe des letzten Hinterstübchens gerichtet, wo die liebe Großmama unter dem Beistande der alten Ladenjungfer mit Beschickung des heiligen Christes beschäftigt war.

Weihnachten hatte damals für alle Christenmenschen, gläubige wie ungläubige, in der Seele denselben Klang und Sang, denselben Schimmer und heiligen Schein. Kinderweihnachten zu beschreiben ist so unmöglich und so überflüssig, wie wenn einer seine Seele und sein Christentum oder sein Eingeweide wie einen Handschuh herauswenden wollte. Ich mag also nur sagen, was eben die altpreußische Weihnacht Absonderliches mit sich geführt hat, und das war hauptsächlich ein Tannenbaum mitten aus der Heide, in eine große Bütte mit nassem Sande gepflanzt, so daß der goldene Apfel auf der Spitze beinahe die Zimmerdecke anstieß. Dann ein neuer Zinnteller, so gleißend wie eitel Silber, auf dem die Thorner Pfefferkuchen, die Marzipanstücke, die Nüsse, die Rosinen und Mandeln und die roten Stettiner Äpfel lagen, und endlich eine Schachtel mit gedrechselten »Heiligenbeiler Spielsachen« von Wacholder, welches ein Geäder wie Zedernholz hat und dessen starker und eigentümlicher Geruch mich heute noch, wo ich auf ihn treffe, ganz tiefsinnig und schwermütig macht.

Während nun Eltern und Großeltern zu ihrem Herrn und Heiland in der Kirche beteten und Buße taten, habe ich traum- und glückselig mit meiner Christbescherung gespielt. Und so geschah und geschieht es von Schrift wegen; denn der Heiland ist der älteste und echteste Kinderfreund, und da die Kinder nach seinem Ausspruche vom Christentume lebendig beseelt sind, so soll ihnen der Ernst und die Arbeit des Christentums noch ein Spiel und eine Glückseligkeit, ein Weihnachtshimmel auf dieser Erde sein.

Theodor Fontane

Weihnachten auf Hohen-Vietz

Es war Weihnachten 1812, Heiliger Abend. Einzelne Schneeflocken fielen und legten sich auf die weiße Decke, die schon seit Tagen in den Straßen der Hauptstadt lag. Die Laternen, die an langausgespannten Ketten hingen, gaben nur spärliches Licht, in den Häusern aber wurde es von Minute zu Minute heller, und der »Heilige Christ«, der hier und dort schon einzuziehen begann, warf seinen Glanz auch in das draußen liegende Dunkel.

So war es auch in der Klosterstraße. Die »Singuhr« der Parochialkirche setzte eben ein, um die ersten Takte ihres Liedes zu spielen, als ein Schlitten aus dem Gasthof »Zum grünen Baum« herausfuhr und gleich darauf schräg gegenüber vor einem zweistöckigen Hause hielt, dessen hohes Dach noch eine Mansardenwohnung trug. Der Kutscher des Schlittens, in einem abgetragenen, aber mit drei Kragen ausstaffierten Mantel, beugte sich vor und sah nach den obersten Fenstern hinauf; als er jedoch wahrnahm, daß alles ruhig blieb, stieg er von seinem Sitz, strängte die Pferde ab und schritt auf das Haus zu, um durch die halb offenstehende Tür in dem dunklen Flur desselben zu verschwinden. Wer ihm dahin gefolgt wäre, hätte notwendig das stufenweise Stapfen und Stoßen hören müssen, mit dem er sich, vorsichtig und ungeschickt, die drei Treppen hinauffühlte.

Der Schlitten, eine einfache Schleife, auf der ein mit einem sogenannten »Plan« überspannter Korbwagen befestigt war, stand all die Zeit über ruhig auf dem Fahrdamm, hart an der Öffnung einer hier aufgeschütteten Schneemauer. Der Korbwagen selbst, mutmaßlich um mehr Wärme und Bequemlichkeit zu geben, war nach hinten zu, bis an die Plandecke hinauf, mit Stroh gefüllt; vorn lag ein Häckselsack, gerade breit genug, um zwei Personen Platz zu gönnen. Alles so primitiv wie möglich. Auch die Pferde waren unscheinbar genug, kleine Ponys, die gerade jetzt in ihrem winterlich rauhen Haar ungeputzt und dadurch ziemlich vernachlässigt aussahen. Aber wie immer auch, die russischen Sielen, dazu das Schellengeläut, das auf roteingefaßten, breiten Ledergurten über den Rücken der Pferde hing, ließen keinen Zweifel darüber, daß das Fuhrwerk aus einem guten Hause sei.

So waren fünf Minuten vergangen oder mehr; als es auf dem Flur hell wurde. Eine Alte in einer weißen Nachthaube, das Licht mit der Hand schützend, streckte den Kopf neugierig in die Straße hinaus; dann kam der Kutscher mit Mantelsack und Pappkarton; hinter diesem, den Schluß bildend, ein hochaufgeschossener, junger Mann von leichter, vornehmer Haltung. Er trug eine Jagdmütze, kurzen Rock und war in seiner ganzen Oberhälfte unwinterlich gekleidet. Nur seine Füße steckten in hohen Filzstiefeln. »Frohe Feiertage, Frau Hulen«, damit reichte er der Alten die Hand, stieg auf die Deichsel und nahm Platz neben dem Kutscher. »Nun vorwärts, Krist; Mitternacht sind wir in *Hohen-Vietz.* Das ist recht, daß Papa die Ponys geschickt hat.«

Die Pferde zogen an und versuchten es, ihrer Natur nach, in einen leichten Trab zu fallen; aber erst als sie die Königsstraße mit ihrem Weihnachtsgedränge und Waldteufelgebrumm im Rücken hatten, ging es in immer rascherem Tempo die Landsberger Straße entlang und endlich unter immer munterer werdendem Schellengeläut zum Frankfurter Tore hinaus.

Draußen umfing sie Nacht und Stille; der Himmel klärte sich, und die ersten Sterne traten hervor. Ein leiser, aber scharfer Ostwind fuhr über das Schneefeld, und der Held unserer Geschichte, *Lewin von Vitzewitz*, der seinem väterlichen Gute *Hohen-Vietz* zufuhr, um die Weihnachtsfeiertage daselbst zu verbringen, wandte sich jetzt, mit einem Anflug von märkischem Dialekt, an den neben ihm sitzenden Gefährten. »Nun, Krist, wie wär' es? Wir müssen wohl einheizen.« Dabei legte er Daumen und Zeigefinger ans Kinn und paffte mit den Lippen. Dies »wir« war nur eine Vertraulichkeitswendung; Lewin selbst rauchte nicht. Krist aber, der von dem Augenblick an, wo sie die Stadt im Rücken hatten, diese Aufforderung erwartet haben mochte, legte ohne weiteres die Leinen in die Hand seines jungen Herrn und fuhr in die Manteltasche, erst um eine kurze Pfeife mit bleiernem Abguß, dann um ein neues Paket Tabak daraus hervorzuholen. Er nahm beides zwischen die Knie, öffnete das mit braunem Lack gesiegelte Paket, stopfte und begann dann mit derselben langsamen Sorglichkeit nach Stahl und Schwamm zu suchen. Endlich brannte es; er tat, indem er wieder die Leinen nahm, die ersten Züge, und während jetzt kleine Funken aus dem Drahtdeckel hervorsprühten, ging es auf Friedrichsfelde zu, dessen Lichter ihnen über das weiße Feld her entgegenschienen.

Das Dorf lag bald hinter ihnen. Lewin, der sich's inzwischen bequem gemacht und durch festeren Aufbau einiger Strohbündel eine Rückenlehne hergerichtet hatte, schien jetzt in der Stimmung, eine Unterhaltung aufzunehmen. Ehe des Kutschers Pfeife brannte, wär' es ohnehin nicht rätlich gewesen.

»Nichts Neues, Krist?« begann Lewin, indem er sich fester in die Strohpolster drückte. »Was macht Willem, mein Päth?«

»Dank schön, junger Herr, he is ja nu wedder bi Weg.«

»Was war ihm denn?«

»He hett sich verfiert. Un noch dato an sinen Geborts-dag. Et is nu en Wochner drei; ja, up'n Dag hüt, drei Wochen. Oll Doktor Leist von Lebus hett'em aber wedder torecht bracht.«

»Er hat sich verfiert?«

»Ja, junger Herr, so glöwen wi all. Et wihr wol so um de fiefte Stunn, as mine Fru seggen däd: Willem geih un hol uns en paar Äppels, awers von de Renetten up'n Stroh, dicht bi de Bohnenstakens. Un uns' Lütt-Willem ging ooch, un ick hürt' em noch flüten un singen un dat Klapsen von sine Pantinen ümmer den Floor lang. Awer dunn hürt ick nix mihr, un as he nu an de olle wackel'sche Döör käm un in den groten Saal rinnwull, wo uns' Äppels liggen un wo de Lüt seggen, dat de oll' Matthias spöken deiht, da möt em wat passiert sinn. He käm nich un käm nich; un as ick nu nahjung un sehn wull, wo he bliwen däd, da läg he, glieks achter de Schwell, as dod up de Fliesen.«

»Das arme Kind! Und Eure Frau …«

»De käm ooch, un wi drögen em nu torügg in unse Stuv' un rewen em in. Mine Fru hätt ümmer en beten Miren-Spiritus to Huus. As he nu wedder to sich käm, biwwerte em de janze lütte Liew, un he seggte man ümmer: ›Ick hebb em sehn.‹«

Lewin hatte sich zurechtgerückt. »Es geht also wieder besser«, warf er hin, und wie um loszukommen von allerhand Bildern und Gedanken, die des Kutschers Erzählung in ihm angeregt hatte, fuhr er hin und her in Erkundigungen, worauf Krist mit so viel Ausführlichkeit antwortete, wie ihm die Raschheit der Fragen gestattete. Dem Schulzen Kniehase war einer von seinen Braunen gefallen; bei Hoppenmarieken hatte der Schornstein gebrannt; bei Witwe Gräbschen hatte Nachtwächter Pachaly einen mittelgroßen Sarg, mit einem Myrtenkranz darauf, vor der Haustür stehen sehn, »un wihl et man en *mittelscher* Sarg west wihr, so hedden se all an de Jüngscht, an Hanne Gräbschen 'dacht. De is man kleen und piept all lang.«

Die Sterne traten immer zahlreicher hervor. Lewin lupfte die Kappe, um sich die Stirn von der frischen Winterluft anwehen zu lassen, und sah staunend und andächtig in den funkelnden Himmel hinauf. Es war ihm, als fielen alle dunklen Geschicke, das Erbteil seines Hauses, von ihm ab und als zöge es lichter und heller von oben her in seine Seele. Er atmete auf. Zwei, drei Schlitten flogen vorüber, grüßten und sangen, sichtlich Gäste, die im Nebendorf die Bescherung nicht versäumen wollten; dann, ehe fünf Minuten um waren, glitt das Gefährt unserer zwei Freunde unter den Giebelvorbau des Bohlsdorfer Kruges.

Bohlsdorf war drittel Weg. Niemand kam. An den Fenstern zeigte sich kein Licht; die Krügersleute mußten in den Hinterstuben sein und das Vorfahren des Schlittens, trotz seines Schellengeläutes, überhört haben. Krist nahm wenig Notiz davon. Er stieg ab, holte eine der Stehkrippen heran, die beschneit an dem Hofzaun entlang standen, und schüttete den Pferden ihren Hafer ein.

Auch Lewin war abgestiegen. Er stampfte ein paarmal in den Schnee, wie um das Blut wieder in Umlauf zu bringen, und trat dann in die Gaststube, um sich zu wärmen und einen Imbiß zu nehmen. Drinnen war alles leer und dunkel; hinter dem Schenktisch aber, wo drei Stufen zu einem höher gelegenen Alkoven führten, blitzte der Christbaum von Lichtern und goldenen Ketten. In diesem Weihnachtsbilde, das der enge Türrahmen einfaßte, stand die Krügersfrau in Mieder und rotem Friesrock und hatte einen Blondkopf auf dem Arm, der nach den Lichtern des Baumes langte. Der Krüger selbst stand neben ihr und sah auf das Glück, das ihm das Leben und dieser Tag beschert hatte.

Lewin war ergriffen von dem Bilde, das fast wie eine Erscheinung auf ihn wirkte. Leiser, als er eingetreten war, zog er sich wieder zurück und trat auf die Dorfstraße. Gegenüber dem Kruge, von einer Feldsteinmauer eingefaßt, lag die Bohlsdorfer Kirche, ein alter Zisterzienserbau aus den Tagen der ersten Kolonisation. Es klang deutlich von drüben her, als würde die Orgel gespielt, und Lewin, während er noch aufhorchte, bemerkte zugleich, daß eins der kleinen, in halber Wandhöhe hinlaufenden Rundbogenfenster matt erleuchtet war. Neugierig, ob er sich täuschte oder nicht, stieg er über die niedrige Steinmauer fort und schritt zwischen den Gräbern hin auf die Längswand der Kirche zu. Ziemlich inmitten dieser Wand bemerkte er eine Pforte, die nur eingeklinkt, aber nicht geschlossen war. Er öffnete leise und trat ein. Es war, wie er vermutet hatte. Ein alter Mann, mit Samtkäpsel und spärlichem weißen Haar, saß vor der Orgel, während ein Lichtstümpfchen neben ihm eine kümmerliche Beleuchtung gab. In sein Orgelspiel vertieft, bemerkte er nicht, daß jemand eingetreten war, und feierlich, aber gedämpften Tones klangen die Weihnachtsmelodien nach wie vor durch die Kirche hin.

Übte sich der Alte für den kommenden Tag, oder feierte er hier sein Christfest allein für sich mit Psalmen und Choral? Lewin hatte sich die Frage kaum gestellt, als er, der Orgel gegenüber, einen zweiten Lichtschimmer wahrnahm; auf der untersten Stufe des Altars stand eine kleine Hauslaterne. Als er näher trat, sah er, daß Frauenhände hier eben noch beschäftigt gewesen sein mußten. Ein Handfeger lag da, daneben eine kurze Stehleiter, die beiden Seitenhölzer oben mit Tüchern umwunden. Das Licht der Laterne fiel auf zwei Grabsteine, die vor dem Altar in die Fliesen eingelegt waren; der eine zur Linken enthielt nur Namen und Datum, der andere zur Rechten aber zeigte Bild und Spruch. Zwei Lindenbäume neigten ihre Wipfel einander zu, und darunter standen Verse, zehn oder zwölf Zeilen. Nur die Zeilen der zweiten Strophe waren noch deutlich erkennbar und lauteten:

Sie sieht nun tausend Lichter;
Der Engel Angesichter
Ihr treu zu Diensten stehn;
Sie schwingt die Siegesfahne
Auf güldnem Himmelsplane
Und kann auf Sternen gehn.

Lewin las zwei-, dreimal, bis er die Strophe auswendig wußte; die letzte Zeile namentlich hatte einen tiefen Eindruck auf ihn gemacht, von dem er sich keine Rechenschaft geben konnte. Dann sah er sich noch einmal in der seltsam erleuchteten Kirche um, deren Pfeiler und Chorstühle ihn schattenhaft umstanden, und kehrte, die Türe leise wieder anlehnend, erst auf den Kirchhof, dann, mit raschem Sprung über die Mauer, auf die Dorfstraße zurück.

Der Krug hatte indessen ein verändertes Ansehen gewonnen. In der Gaststube war Licht; Krist stand am Schenktisch im eifrigen Gespräch mit dem Krüger, während die Frau, aus der Küche kommend, ein Glas Kirschpunsch auf den Tisch stellte. Sie plauderten noch eine

Weile auch über den alten Küster drüben, der, seitdem er Witmann geworden, seinen Heiligen Abend mit Orgelspiel zu feiern pflegte; dann, unter Händeschütteln und Wünschen für ein frohes Fest, wurde Abschied genommen, und an den stillen Dorfhütten vorbei ging es weiter in die Nacht hinein.

Lewin sprach von den Krügersleuten; Krist war ihres Lobes voll. Weniger wollt' er vom Bohlsdorfer Amtmann wissen, am wenigsten vom Petershagener Müller, an dessen abgebrannter Bockmühle sie eben vorüberfuhren. Aus allem ging hervor, daß Krist, der allwöchentlich dieses Weges kam, den Klatsch der Bierbänke zwischen Berlin und Hohen-Vietz in treuem Gedächtnis trug. Er wußte alles und schwieg erst, als Lewin immer stiller zu werden begann. Nur kurze Ansprachen an die Ponys belebten noch den Weg. Die regelmäßige Wiederkehr dieser Anrufe, das monotone Schellenläuten, das alsbald wie von weit her zu klingen schien, legte sich mehr und mehr mit einschläfernder Gewalt um die Sinne unseres Helden. Allerhand Gestalten zogen an seinem halbgeschlossenen Auge vorüber; aber eine dieser Gestalten, die glänzendste, nahm er mit in seinen Traum. Er saß vor ihr auf einem niedrigen Tabouret; sie lachte ihn an und schlug ihn leise mit dem Fächer, als er nach ihrer Hand haschte, um sie zu küssen. Hundert Lichter, die sich in schmalen Spiegeln spiegelten, brannten um sie her, und vor ihnen lag ein großer Teppich, auf dem Göttin Venus in ihrem Taubengespann durch die Lüfte zog. Dann war es plötzlich, als löschten alle diese Lichter aus; nur zwei Stümpfchen brannten noch; es war wie eine schattendurchhuschte Kirche, und an der Stelle, wo der Teppich gelegen hatte, lag ein Grabstein, auf dem die Worte standen:

Sie schwingt die Siegesfahne
Auf güldnem Himmelsplane
Und kann auf Sternen gehn.

Süß und schmerzlich, wie kurz vorher bei wachen Sinnen ihn diese Worte berührt hatten, berührten sie ihn jetzt im Traum. Er wachte auf.

»Noch eine halbe Meile, junger Herr«, sagte Krist.

»Dann sind wir in Dolgelin?«

»Nein, in Hohen-Vietz.«

»Da hab' ich fest geschlafen.«

»Dritthalb Stunn.«

Das erste, was Lewin wahrnahm, war die Sorglichkeit, mit der sich der alte Kutscher mittlerweile um ihn bemüht hatte. Der Futtersack war ihm unter die Füße geschoben, die beiden Pferdedecken lagen ausgebreitet über seinen Knien.

Nicht lange, und der Hohen-Vietzer Kirchturm wurde sichtbar. An oberster Stelle eines Höhenzuges, der nach Osten hin die Landschaft schloß, stand die graue Masse schattenhaft im funkelnden Nachthimmel.

Dem Sohne des Hauses schlug das Herz immer höher, sooft er dieses Wahrzeichens seiner Heimat ansichtig wurde. Aber er hatte heute nicht lange Zeit, sich der Eigentümlichkeit des Bildes zu freuen. Die beschneiten Parkbäume traten zwischen ihn und die Kirche, und einige Minuten später schlugen die Hunde an, und zwischen zwei Torpfeilern hindurch beschrieb der Schlitten eine Kurve und hielt vor der portalartigen Glastüre, zu der zwei breite Sandsteinstufen hinaufführten.

Lewin, der sich schon vorher erhoben hatte, sprang hinaus und schritt auf die Stufen zu. »Guten Abend, junger Herr«, empfing ihn ein alter Diener in Gamaschen und Frackrock, an dem nur die großen blanken Knöpfe verrieten, daß es eine Livree sein sollte.

»Guten Abend, Jeetze; wie geht es?«

Aber über diesen Gruß kam Lewin nicht hinaus, denn im selben Augenblick richtete sich ein prächtiger Neufundländer vor ihm auf und überfiel ihn, die Vorderpfoten auf seine Schultern legend, mit den allerstürmischsten Liebkosungen.

»Hektor, laß gut sein, du bringst mich um.« Damit trat unser Held in die Halle seines väterlichen Hauses. Ein paar Scheite, die im Kamin verglühten, warfen ihr Licht auf die alten Bilder an der Wand gegenüber. Lewin sah sich um, nicht ohne einen Anflug freudigen Stolzes, auf der Scholle seiner Väter zu stehen.

Dann leuchtete ihm der alte Diener die schwere doppelarmige Treppe hinauf, während Hektor folgte.

Weihnachtsmorgen

An Lewins Seele waren inzwischen unruhige Träume vorübergegangen. Die Fahrt im Ostwind hatte ihn fiebrig gemacht, und erst gegen Morgen verfiel er in einen festen Schlaf. Eine Stunde später begann es bereits im Hause lebendig zu werden; auf dem langen Korridor, an dessen Nordostecke Lewins Zimmer gelegen war, hallten Schritte auf und ab, schwere Holzkörbe wurden vor die Feuerstellen gesetzt und große Scheite von außen her in den Ofen geschoben. Bald darauf öffnete sich die Tür, und der alte Diener, der am Abend zuvor seinen jungen Herrn empfangen hatte, trat ein, einen Blaker in der Hand. Hektor blieb liegen, reckte sich auf dem Rehfell und wedelte nur, als ob er rapportieren wollte: Alles in

Ordnung. Jeetze setzte das Licht, dessen Flamme er bis dahin mit seiner Rechten sorglich gehütet hatte, hinter einen Schirm und begann alles, was an Garderobestücken umherlag, über seinen linken Arm zu packen. Er selbst war noch im Morgenkostüm; zu den Samthosen und Gamaschen, ohne die er nicht wohl zu denken war, trug er einen Arbeitsrock von doppeltem Zwillich. Als er alles beisammen hatte, trat er, leise wie er gekommen war, seinen Rückzug an, dabei nach Art alter Leute unverständliche Worte vor sich hermurmelnd. An dem zustimmenden Nicken seines Kopfes aber ließ sich erkennen, daß er zufrieden und guter Laune war.

Die Türe blieb halb offen, und das erwachende Leben des Hauses drang in immer mahnenderen, aber auch in immer anheimelnderen Klängen in das wieder still gewordene Zimmer. Die großen Scheite Fichtenholz sprangen mit lautem Krach auseinander, von Zeit zu Zeit zischte das Wasser, das aus den naßgewordenen Stücken in kleinen Rinnen ins Feuer lief, und von der Korridornische her hörte man den sichern und regelrechten Strich, mit dem Jeetzes Bürste der Hacheln und Härchen, die nicht loslassen wollten, Herr zu werden suchte.

Alles das war hörbar genug, nur Lewin hörte es nicht. Endlich beschloß Hektor, der Ungeduld Jeetzes und seiner eigenen ein Ende zu machen, richtete sich auf, legte beide Vorderpfoten aufs Deckbett und fuhr mit seiner Zunge über die Stirn des Schlafenden hin, ohne weitere Sorge, ob seine Liebkosungen willkommen seien oder nicht. Lewin wachte auf; die erste Verwirrung wich einem heiteren Lachen. »Kusch dich, Hektor«, damit sprang er aus dem Bett. Der Morgenschlaf hatte ihn frisch gemacht; in wenig Minuten war er angekleidet, ein Vorteil halb soldatischer Erziehung. Er durchschritt ein paarmal das Zimmer, betrachtete lächelnd einen mit vier Nadeln an die Tischdecke festgesteckten Bogen Papier, auf dem in großen Buchstaben stand: »Willkommen in Hohen-Vietz«, ließ seine Augen über ein paar Silhouettenbilder gleiten, die er von Jugend auf kannte und doch immer wieder mit derselben Freudigkeit begrüßte, und trat dann an eines der zugefrorenen Eckfenster. Sein Hauch taute die Eisblumen fort, ein Fleckchen, nicht größer wie eine Glaslinse, wurde frei, und sein erster Blick fiel jetzt auf die eben aufgehende Weihnachtssonne, deren roter Ball hinter dem Turmkopf der Hohen-Vietzer Kirche stand. Zwischen ihm und dieser Kirche erhoben sich die Bäume des hügelansteigenden Parkes, phantastisch bereift, auf einzelnen ein paar Raben, die in die Sonne sahen und mit Gekreisch den Tag begrüßten.

Lewin freute sich noch des Bildes, als es an die Tür klopfte.

»Nur herein!«

Eine schlanke Mädchengestalt trat ein, und mit herzlichem Kuß schlossen sich die Geschwister in die Arme. Daß es Geschwister waren, zeigte der erste Blick: gleiche Figur und Haltung, dieselben ovalen Köpfe, vor allem dieselben Augen, aus denen Phantasie, Klugheit und Treue sprachen.

»Wie freue ich mich, dich wieder hier zu haben. Du bleibst doch über das Fest? Und wie gut du aussiehst, Lewin! Sie sagen, wir ähnelten uns; es wird mich noch eitel machen.«

Die Schwester, die bis dahin wie musternd vor dem Bruder gestanden hatte, legte jetzt ihren Arm in den seinen und fuhr dann, während beide auf der breiten Strohmatte des Zimmers auf- und abpromenierten, in ihrem Geplauder fort.

»Du glaubst nicht, Lewin, wie öde Tage wir jetzt haben. Seit einer Woche flog uns nichts wie Schneeflocken ins Haus.«

»Aber du hast doch den Papa …«

»Ja und nein. Ich hab' ihn und hab' ihn nicht; jedenfalls ist er nicht mehr, wie er war. Seine kleinen Aufmerksamkeiten bleiben aus; er hat kein Ohr mehr für mich, und wenn er es hat, so zwingt er sich und lächelt. Und an dem allen sind die Zeitungen schuld, die ich freilich auch nicht missen möchte. Kaum daß Hoppenmarieken in den Flur tritt und das Postpaket aus ihrem Kattuntuch wickelt, so ist es mit seiner Ruhe hin. Er geht an mir vorbei, ohne mich zu sehen. Briefe werden geschrieben; die Pferde kommen kaum noch aus dem Geschirr; zu Wagen und zu Schlitten geht es hierhin und dorthin. Oft sind wir tagelang allein. Ein Glück, daß ich Tante Schorlemmer habe, ich ängstigte mich sonst zu Tode.«

»Tante Schorlemmer! So findet alles seine Zeit.«

»Oh, sie braucht nicht erst ihre Zeit zu finden, sie hat immer ihre Zeit, das weiß niemand besser als du und ich. Aber freilich, eines ist meiner guten Schorlemmer nicht gegeben, einen öden Tag minder öde zu machen. Möchtest du, eingeschneit, einen Winter lang mit ihr und ihren Sprüchen am Spinnrad sitzen?«

»Nicht um die Welt. Aber wo bleibt der Pastor? Und wo bleibt Marie? Ist denn alles zerstoben und verflogen?«

»Nein, nein, sie sind da, und sie kommen auch und sind die alten noch; lieb und gut wie immer. Aber unsere Hohen-Vietzer Tage sind so lang und am längsten, wenn im Kalender die kürzesten stehen. Marie kommt übrigens heute abend; sie hat eben anfragen lassen.«

»Und wie geht es unserm Liebling?«

»In den drei Monaten, die du nicht hier warst, ist sie

voll herangewachsen. Sie ist wie ein Märchen. Wenn morgen eine goldene Kutsche bei Kniehases vorgefahren käme, um sie aus dem Schulzenhause mit zwei schleppentragenden Pagen abzuholen, ich würde mich nicht wundern. Und doch ängstigt sie mich. Aber je mehr ich mich um sie sorge, desto mehr liebe ich sie.«

Soweit waren die Geschwister in ihren Plaudereien gekommen, als Jeetze – nunmehr in voller Livree – in der Türe erschien, um seinen jungen Herrschaften anzukündigen, daß es Zeit sei.

»Wo ist Papa?«

»Er baut auf. Krist und ich haben zutragen müssen.«

»Und Tante Schorlemmer?«

»Ist im Flur. Die Singekinder sind eben gekommen.«

Lewin und Renate nickten einander zu und traten dann heiteren Gesichts und leichten Ganges, ein jeder stolz auf den andern, in den Korridor hinaus. In demselben Augenblick, wo sie an dem Treppenkopf angelangt waren, klang es weihnachtlich von hellen Kinderstimmen zu ihnen herauf. Und doch war es kein eigentliches Weihnachtslied. Es war das alte »Nun danket alle Gott«, das den märkischen Kehlen am geläufigsten ist und am freiesten aus ihrer Seele kommt. »Wie schön«, sagte Lewin und horchte, bis die erste Strophe zu Ende war.

Als die Geschwister im Niedersteigen den untersten Treppenabsatz erreicht hatten, hielten sie abermals und überblickten nun das Bild zu ihren Füßen. Die gewölbte Flurhalle, groß und geräumig, trotz der Eichenschränke, die umherstanden, war mit Menschen, jungen und alten, gefüllt; einige Mütterchen hockten auf der Treppe, deren unterste Stufen bis weit in den Flur hinein vorsprangen. Links, nach der Park- und Gartentür zu, standen die Kinder, einige sonntäglich geputzt, die anderen notdürftig gekleidet, hinter ihnen die Armen des Dorfes, auch Sieche und Krüppel; nach rechts hin aber hatte alles, was zum Hause gehörte, seine Aufstellung genommen: der Jäger, der Inspektor, der Maier, Krist und Jeetze, dazu die Mägde, der Mehrzahl nach jung und hübsch und alle gekleidet in die malerische Tracht dieser Gegenden, den roten Friesrock, das schwarzseidene Kopftuch und den geblümten Manchester-Spenzer. In Front dieser bunten Mädchengruppe gewahrte man eine ältliche Dame über fünfzig, graugekleidet mit weißem Tuch und kleiner Tüllhaube, die Hände gefaltet, den Kopf vorgebeugt, wie um dem Gesange der Kinder mit mehr Andacht folgen zu können. Es war Tante Schorlemmer. Nur als die Geschwister auf dem Treppenabsatz erschienen, unterbrach sie ihre Haltung und erwiderte Lewins Gruß mit einem freundlichen Nicken.

Nun war auch der zweite Vers gesungen, und die Weihnachtsbescherung an die Armen und Kinder des Dorfes, wie sie in diesem Hause seit alten Zeiten Sitte war, nahm ihren Anfang. Niemand drängte vor; jeder wußte, daß ihm das Seine werden würde. Die Kranken erhielten eine Suppe, die Krüppel ein Almosen, alle einen Festkuchen, an die Kinder aber traten die Mägde heran und schütteten ihnen Äpfel und Nüsse in die mitgebrachten Säcke und Taschen.

Das Gabenspenden war kaum zu Ende, als die große, vom Flur aus in die Halle führende Flügeltüre von innen her sich öffnete und ein heller Lichtschein in den bis dahin nur halb erleuchteten Flur drang. Damit war das Zeichen gegeben, daß nun dem Hause selber beschert werden solle. Der alte Vitzewitz trat zwischen Türe und Weihnachtsbaum, und Lewins ansichtig werdend, der am Arm der Schwester dem Festzug voraufschritt, rief er ihm zu:

»Willkommen, Lewin, in Hohen-Vietz.« Vater und Sohn begrüßten sich herzlich; dann setzten die Geschwister ihren Umgang um die Tafel fort, während draußen im Flur die Kinder wieder anstimmten:

Lob, Ehr' und Preis sei Gott
Dem Vater und dem Sohne,
Und auch dem Heil'gen Geist
Im hohen Himmelsthrone.

Der Zug löste sich nun auf, und jeder trat an seinen Platz und seine Geschenke. Alles gefiel und erfreute, die Schals, die Westen, die seidenen Tücher. Da lagerte kein Unmut, keine Enttäuschung auf den Stirnen; jeder wußte, daß schwere Zeiten waren, und daß der viel heimgesuchte Herr von Hohen-Vietz sich mancher Entbehrung unterziehen mußte, um die gute Sitte des Hauses auch in bösen Tagen aufrechtzuerhalten.

Zu beiden Seiten des Kamins, über dessen breiter Marmorkonsole das überlebensgroße Bild des alten Matthias aufragte, waren auf kleinen Tischen die Gaben ausgebreitet, die der Vater für Lewin und Renaten gewählt hatte. Lieblingswünsche hatten ihre Erfüllung gefunden, sonst waren sie nicht reichlich. An Lewins Platz lag eine gezogene Doppelbüchse, Suhler Arbeit, sauber, leicht, fest, eine Freude für den Kenner.

»Das ist für dich, Lewin. Wir leben in wunderbaren Tagen. Und nun komm und laß uns plaudern.«

Beide traten in das nebenan gelegene Zimmer, während in der Halle die Weihnachtslichter niederbrannten.

In der Kirche

Das Summen der Glocken war noch in der Luft, als Berndt von Vitzewitz, Renaten am Arm, aus einem in den Schnee gefegten Fußsteig in die große Nußbaumallee einbog, die, leise ansteigend, von der Einfahrt des Herrenhauses her in gerader Linie zur Hügelkirche hinaufführte. Dem voraufschreitenden Paare folgten Lewin und Tante Schorlemmer. Alle waren winterlich gekleidet; die Hände der Damen steckten in schneeweißen Grönlandsmuffen; nur Lewin, alles Pelzwerk verschmähend, trug einen hellgrauen Mantel mit weitem Überfallkragen.

Die mehrgenannte Hügelkirche, der sie zuschritten, war ein alter Feldsteinbau aus der ersten christlichen Zeit, aus den Kolonisationstagen der Zisterzienser her; dafür sprachen die sauber behauenen Steine, die Chornische und vor allem die kleinen hochgelegenen Rundbogenfenster, die dieser Kirche, wie allen vorgotischen Gotteshäusern der Mark, den Charakter einer Burg gaben. Wenig hatten die Jahrhunderte daran geändert. Einige Fenster waren verbreitert, ein paar Seiteneingänge für den Geistlichen und die Gutsherrschaft hergerichtet worden; sonst, mit Ausnahme des Turmes und eines neuen Gruftanbaues der nördlichen Langwand, stand alles, wie es zu den Mönchszeiten gestanden hatte.

War nun aber das Äußere der Kirche so gut wie unverändert geblieben, so hatte das Innere derselben alle Wandlungen eines halben Jahrtausends durchgemacht. Von den Tagen an, wo die Askanier hier ihre regelmäßig wiederkehrenden Fehden mit den Pommerherzögen ausfochten, bis auf die Tage herab, wo der Große König an ebendieser Stelle, bei Zorndorf und Kunersdorf, seine blutigsten Schlachten schlug, war an der Hohen-Vietzer

Kirche kein Jahrhundert vorübergegangen, das ihr nicht in ihrer inneren Erscheinung Abbruch oder Vorschub geleistet, ihr nicht das eine oder andere gegeben oder genommen hätte.

Als die Bewohner des Herrenhauses die Kirche betraten, begann eben der Gesang der Gemeinde. Eine schmale Treppe, an einem der kleinen Seiteneingänge ausmündend, führte zu dem herrschaftlichen Stuhle hinauf. Dieser, ein auf Pfeilern ruhender, sehr einfacher Holzbau, war ursprünglich durch hohe Schiebefenster geschlossen gewesen, längst aber waren diese beseitigt, und nur noch zwei schmale Bretter, die von der Brüstung bis zur vollen Höhe der Decke aufstiegen, teilten den Raum in drei große Rahmen ab. Vorn an der Wandung war das Vitzewitzsche Wappen angebracht, ein Andreaskreuz, weiß auf rotem Grunde.

In Front dieses herrschaftlichen Stuhles, hart an der Brüstung hin, nahmen die Eintretenden geräuschlos Platz: erst Berndt von Vitzewitz, links neben ihm Renate, dann Tante Schorlemmer. Lewin stellte seinen Stuhl in die zweite Reihe. So vernachlässigt alles war, so war es doch nicht ohne einen gewissen Reiz. Gleich zur Rechten Altar und Kanzel; in Front des Altars das Taufbecken, eine silberne, mit allegorischen Figuren und unentzifferbaren Inschriften reich ausgeschmückte Schüssel, die nur mit großer Mühe vor den Händen des Feindes gerettet worden war. An der Wand gegenüber das Marmordenkmal des alten Matthias und seiner Gemahlin. Das beste aber, was dieser unscheinbaren Stelle eigen war, war doch das große, fast einen Halbkreis bildende Fenster, das einen Blick auf den Kirchhof und weiter hügelabwärts auf einzelne zerstreute, wie Vorposten ausgestellte Hütten und Häuser des Dorfes gestattete. Neben diesem Fenster, hart an der Kirchwand, stand ein Eibenbaum, der von der Seite her die längsten seiner Zweige vorschob und regelmäßig an die Scheiben klopfte, wenn Pastor Seidentopf seine dreigeteilte Predigt den Hohen-Vietzern ans Herz legte. Lewin setzte sich immer so, daß er einen Blick auf das Fenster frei hatte. Er stand wohl fest auf dem Catechismo Lutheri, wie alle Vitzewitze, seitdem die gereinigte Lehre ins Land gekommen war, aber da war doch ein anderes in ihm, das ihn von Zeit zu Zeit trieb, mehr auf den Eibenbaum draußen als auf die Stimme von der Kanzel her zu achten, wäre diese Stimme auch mächtiger gewesen, als die seines alten Lehrers und Freundes, dem die sonntägliche Erbauung oblag.

Die Sonne schien hell, und ein einfallendes Streiflicht erleuchtete in plötzlichem Glanz die halbe Nordwand, vor allem das große Grabdenkmal dem herrschaftlichen Chorstuhl gegenüber. Die lebensgroßen Figuren waren wie von rosigem Leben angehaucht. Lewin hatte die Schönheit dieses Bildwerkes nie so voll empfunden; er las die langen Inschriften, wie er sich gestand, zum erstenmal.

Der Gesang schwieg; schon während des letzten Verses war Prediger Seidentopf auf die Kanzel getreten, ein Sechziger, mit spärlichem weißen Haar, von würdiger Haltung und mild im Ausdruck seiner Züge. Lewin hing an der wohltuenden Erscheinung, senkte dann den Blick und folgte in andächtiger Betrachtung dem stillen Gebet. Die Gemeinde tat ein Gleiches, neigte sich und schaute voll herrlichem Verlangen zu ihrem Geistlichen auf, als dieser sein Gebet beendet und sein Haupt wiederum erhoben hatte. Denn die Gemüter waren damals offen für Trost und Zuspruch von der Kanzel her und rechneten nicht nach, ob die Worte lutherisch oder kalvinistisch klangen, so sie nur aus einem *preußischen* Herzen kamen. Das wußte Seidentopf, der in gewöhnlichen Zeiten manche Widersacher unter den strenggläubigen Konventiklern seines Dorfes zu bekämpfen hatte, und ein heller Glanz, wie ihn ihm die innere Freude gab, umleuchtete seine Stirn, als er nach Lesung des Evangeliums die Texteswort zu erklären begann. Er sprach von dem Engel des Herrn, der den Hirten erschien, um ihnen die Geburt eines neuen Heiles zu verkünden. Solche Engel, so fuhr er fort, sende Gott zu allen Zeiten, vor allem dann, wenn die Nacht der Trübsal auf den Völkern läge. Und eine Nacht der Trübsal sei auch über dem Vaterlande; aber ehe wir es dächten, würde inmitten unseres Bangens der Engel erscheinen und uns zurufen: »Fürchtet euch nicht, siehe, ich verkündige euch große Freude.« Denn das Gericht des Herrn habe unsere Feinde getroffen, und wie damals die Wasser zusammenschlugen und »bedeckten Wagen und Reiter und alle Macht des Pharao, daß nicht einer aus ihnen übrigblieb«, so sei es wiederum geschehen.

An dieser Stelle, auf das Weihnachtsevangelium kurz zurückgreifend, hätte Pastor Seidentopf schließen sollen; aber unter der Wucht der Vorstellung, daß eine richtige Predigt auch eine richtige Länge haben müsse, begann er jetzt, den Vergleich zwischen dem alten und dem neuen Pharao bis in die kleinsten Züge hinein durchzuführen. Und dieser Aufgabe war er nicht gewachsen. Dazu gebrach es ihm an Schwung der Phantasie, an Kraft des Ausdrucks und Charakters. Schemenhaft zogen die Ägypterscharen vorüber. Die Aufmerksamkeit der Gemeinde wich einem toten Horchen, und Lewin, der bis dahin kein Wort verloren hatte, sah von der Kanzel fort und begann seine Aufmerksamkeit dem Fenster zuzuwenden, vor dem jetzt ein Rotkehlchen auf der beschneiten Eibe saß und in leichtem Schaukeln den Zweig des Baumes bewegte.

Nur Berndt folgte in Frische und Freudigkeit der Rede seines Pastors. Seine eigene Energie half nach; wo die Konturen nicht ausreichten, zog er seine scharfen Linien in die unsicher schwankenden hinein. Was als Schatten kam, wurde zu Leben und Gestalt. Er sah die Ägypter. Bataillone mit goldenen Adlern, Reitergeschwader, über deren weiße Mäntel die schwarzen Roßschweife fielen, so stiegen sie in endlos langem Zuge vor ihm auf, und über all ihrer Herrlichkeit schlossen sich die Wellen des Meeres. Nur über *einem* schlossen sie sich *nicht;* er gewann das Ufer, ein nördliches Eisgestade, und siehe da, über glitzernde Felder hin flog jetzt ein Schlitten, und zwei dunkle, tiefliegende Augen starrten in den aufstäubenden Schnee. Pastor Seidentopf hatte keinen besseren Zuhörer als den Patron seiner Kirche, der – und nicht heute bloß – die freundlich schöne Kunst des Ergänzens zu üben verstand. Aus der Skizze schuf er ein Bild und glaubte doch, dies Bild von außen her, aus der Hand seines Freundes, empfangen zu haben.

Nun war der Sand durch die Uhr gelaufen, die Predigt selbst geschlossen. Da trat der Pastor noch einmal an den Rand der Kanzel, und mit eindringlicher Stimme, der sofort alle Herzen wieder zufielen, hob er an: »Mit Christi Geburt, die wir heute feiern, beginnt das christliche neue Jahr. Ein neues Jahr; was wird es uns bringen? Es wissen zu wollen, wäre Torheit; aber zu hoffen ist unserem Herzen erlaubt. Gott hat ein Zeichen gegeben; mögen wir es zum Rechten deuten, wenn wir es deuten: er will uns wieder aufrichten, unsere Buße ist angenommen, unsere Gebete sind erhört. Die Geißel, die nach seinem Willen sechs lange Jahre über uns war, er hat sie zerbrochen; er hat sich unserer Knechtschaft erbarmt, und die Weihnachtssonne, die uns umscheint, sie will uns verkündigen, daß wieder hellere Tage unserer harren. Ob sie kommen werden mit Palmen, oder ob sie kommen werden mit Schwerterklang, wer sagt es? Wohl mischt sich ein Bangen in unsere Hoffnung, daß der Sieg nicht einziehen wird ohne letzte Opfer an Gut und Blut. Und so laßt uns denn beten, meine Freunde, und die Gnade des Herrn noch einmal anrufen, daß er uns die rechte Kraft leihen möge in der Stunde der Entscheidung. Das Wort des Judas Makkabäus sei unser Wort: ›Das sei ferne, daß wir fliehen sollten. Ist unsere Zeit kommen, so wollen wir ritterlich sterben um unserer Brüder willen und unsere Ehre nicht lassen zuschanden werden.‹ Gott will *kein* Weltenvolk, Gott will keinen Babelturm, der in den Himmel ragt, und wir stehen ein für seine ewigen Ordnungen, wenn wir einstehen *für uns selbst.* Unser Herd, unser Land sind Heiligtümer nach dem Willen Gottes. Und seine Treue wird uns nicht lassen, wenn *wir* getreu sind bis in den Tod. Handeln wir, wenn die Stunde da ist, aber bis dahin harren wir in Geduld.«

Er neigte sich jetzt, um in Stille das Vaterunser zu sprechen; die Orgel fiel mit feierlichen Klängen ein; die Gemeinde, sichtlich erbaut durch die Schlußworte, verließ langsam die Kirche. Auf den verschiedenen Schlängelwegen, die von der Kirche ins Dorf herniederführten, schritten die Bauern und Halbbauern ihren halbverschneiten Höfen zu. Die Frauen und Mädchen folgten. Wer von der Dorfstraße aus diesem Herabsteigen zusah, dem erschloß sich ein anmutiges Bild: der Schnee, die wendischen Trachten und die funkelnde Sonne darüber.

Die Gutsherrschaft nahm wieder ihren Weg durch die

Nußbaumallee. Als sie, einbiegend, an die Hoftür kamen, stand Krist an der untersten Steinstufe und zog seinen Hut. Die silberne Borte daran war längst schwarz, die Kokarde verbogen. Berndt, als er seines Kutschers ansichtig wurde, trat an ihn heran und sagte kurz:

»Fünf Uhr vorfahren! Den kleinen Wagen.«

»Die Braunen, gnädiger Herr?«

»Nein, die Ponys.«

»Zu Befehl!« Mit diesen Worten traten unsere Freunde ins Haus zurück.

Theodor Storm

Abseits

Die Wintersonne lag über der Heide; sie spiegelte sich in den Fensterscheiben eines neuen strohgedeckten Hauses, das in dieser Einsamkeit wie hingestellt war auf die braune, unabsehliche Decke des Heidekrautes. Nur seitwärts dahinter lag noch eine mäßig große Scheuer, und neben derselben, dem Tor des Hauses gegenüber, ragte die lange Stange eines Brunnens in die Luft. Ein paar Schritte weiter ein niedriger Wall aus Sand und Steinen, der sich auch nach vorn um das Haus herumzog; und dann wieder nichts als der leere Himmel und die braune, gleichmäßige Ebene.

Das Gehöft lag in dem nördlichsten deutschen Lande, das nach blutigem Kampfe jetzt mehr als jemals in der Gewalt des fremden Nachbarvolkes war. Erbaut war es vor wenigen Jahren von einem wohlhabenden Kaufmann der kleinen Seestadt, deren Turmspitze man aus den Fenstern der Vorderstube am Horizont erblickte. – Bald nach Beendigung des unglücklichen Krieges hatte er von mehreren Gemeinden, deren Feldmark hier zusammenstieß, die nicht unbeträchtlichen Bodenstrecken käuflich erworben.

Die Lage war für die Entstehung eines ländlichen Heimwesens günstig; denn einen Büchsenschuß nördlich von dem jetzt dort mit der Fronte gegen Abend schauenden Hause drängt sich ein mäßig breiter, fischreicher Strom durch die Heide, abwärts einem Landsee zu, der sein ovales Becken bis fast an die Stadt erstreckt.

Aber noch ein anderes mochte der einsichtige Mann bei Abschluß seines Kaufes in Rechnung genommen haben. Die drunten vor der Stadt am Ufer des Sees gelegene herrschaftliche Wassermühle erforderte, nachdem das Getriebe bei einer Pachtveränderung erweitert war, eine größere Wassermasse, als der an Untiefen leidende See herzugeben vermochte. Die Anlegung eines Kanals durch denselben konnte nicht ausbleiben. Und als bald darauf unten im See die Arbeiter den ersten Spatenstich taten, ließ auch der Herr Senator jenseit desselben die Gebäude auf seiner Heide bauen; denn nun hatte er die Gewißheit, das sumpfige Stromufer in grasreiche Wiesen verwandeln zu können. Noch im Herbste desselben Jahres standen das Wohnhaus mit der kleinen Tenne und dem Milchkeller und hinter demselben die Scheuer mit den Stallräumen fertig da. Im Frühjahr darauf zogen die Kolonisten ein; in das Haus ein alter Knecht, eine kleine Magd und eine ältliche »Mamsell«, ein altes Inventarienstück der Familie; der Stallraum in der Scheuer wurde von zwei Ponys und einer Kuh bezogen; den Wassertümpel, der zwischen dieser und dem Wohnhaus lag, wußte Mamsell in kurzem mit einer schnatternden Entenschar zu bevölkern, und auf dem Dunghaufen, der sich allmählich daneben erhob, scharrte ein goldfarbiger Hahn mit einem halben Dutzend eierlegender Hennen. Zur Vervollständigung der Wirtschaft und sich zur Gesellschaft hatte außerdem der alte Marten noch einen kleinen Dachshund aufgezogen. – Mit diesen Kräften begann die allmähliche Urbarmachung des neuen Besitzes; und schon glänzten drunten gegen den Strom hin überall die sorgfältig gezogenen Abzugsgräben; und das zum erstenmal in dieser Jahreszeit nicht überschwemmte Wiesenland versprach auf den Sommer eine reiche Heuernte.

Im Wohnhause selbst war hinter dem nach vorn hinaus liegenden Stübchen der Haushälterin ein großes Zimmer für die Herrschaft eingerichtet und nicht allein mit Tisch und Stühlen, sondern sogar mit einem stattlichen Sofa versehen, das freilich für gewöhnlich von Mamsell sorgsam mit einem weißen Überzuge verhüllt gehalten wurde.

So konnte der Senator mit den Seinen in der Sommerzeit aus der unheimlich gewordenen Heimatstadt mitunter doch in eine Stille entfliehen, wo er sicher war, weder die ihm verhaßte Sprache zu hören noch die übermütigen Fremden als Herren in die alten Häuser seiner vertriebenen Freunde aus und ein gehen zu sehen; aber wo im Glanz der Junisonne die blühende Heide lag, wo singend aus dem träumerischen Duft die Lerche emporstieg und drunten über dem Strom die weißen Möwen schwebten.

Jetzt war es Winter, ein weicher, nasser Tag ohne Frost und Schnee; obgleich es der Nachmittag des Weihnachtsabends war.

Droben das Haus stand leer, bis auf die Hühner, die in der matten Wintersonne sich vor der Tür im Sande streckten; die ganze kleine Menschenbesatzung schwamm drunten auf dem Strom in einem Flachboot, das eben in eine kleine schilfreiche Bucht hinabglitt. Auf dem Boden des Fahrzeugs kauerte die Magd neben einem Kübel, der schon mit Hecht und Karpfen fast gefüllt war; dahinter stand ein ältliches Frauenzimmer in einem dunkeln Wollenkleide. Sie schirmte die Augen mit der Hand, denn vor ihnen lag die Sonne blendend auf dem Wasserspiegel. »Sind Seine Reusen noch nicht alle, Marten?« fragte sie.

»Kann bald werden, Mamsell«, sagte der alte Knecht, indem er die Ruderstange gemächlich auf den Grund stieß.

Seitwärts im Schilf wurde das Gekläff eines kleinen arbeitenden Hundes hörbar. Marten, indem er selbstzufrieden nickte, zog die Stange ein und faßte rasch nach einer Flinte, die neben ihm im Boote lehnte. In demselben Augenblick brauste dicht vor ihnen eine schwere Ente aus dem Schilf; der Knecht wandte sich, und während die beiden Frauen einen Schrei ausstießen, knallte auch schon der Schuß über ihre Köpfe hin. Als sie sich umblickten, sahen sie den großen gelbbraunen Vogel unweit des Bootes scheinbar unverletzt auf dem Wasser schwimmen, das blanke, schwarze Auge unverwandt auf sie gerichtet. Als aber Marten Miene machte, mit dem Boot in seine Nähe zu kommen, tauchte er dicht am Schilfe unter und verschwand. »Das beißt sich in den Grund«, sagte der Alte verdrießlich und ließ die Arme hängen, »das sind boshafte Kreaturen, Mamsell.«

Die Haushälterin sah mit einem Blick des Mitleids auf den Punkt, wo das Tier verschwunden war. »Wenn Er nur Seine alte Donnerbüchse zu Hause lassen wollte«, sagte sie.

»Ei ja, Mamsell, der gebratene Entvogel hätte morgen doch geschmeckt!« Dann wies er mit der Hand nach dem jenseitigen Ufer auf einen Strich verkrüppelten Buschwerks, das sich weit hinaus in die Heide dehnte, nur mitunter durch kleine Wassertümpel unterbrochen. »Dort liegen auch Bekassinen«, fuhr er fort, »das gäb einmal ein Herrengut, wenn wir den Eichenbusch noch dazuhätten!«

»Wem gehört's denn, Marten?«

»Dem Bauervogt unten im Dorf; er will hoch damit hinaus; aber der Herr sollt es nicht fahrenlassen; denn da steckt auch der Mergel und – den müssen wir haben.« Mit diesen Worten hatte er die letzte Reuse aus dem Wasser gezogen und, da nur allerlei kleines Zeug darin zappelte, nach Befreiung der Gefangenen wieder hinabgelassen. Zugleich war auch der Hund aus dem Schilf ins Boot gesprungen und sah, sich schüttelnd und prustend, zu seinem Herrn empor. »Auf ein andermal, Täckel«, sagte Marten, seinen Liebling auf das nasse Fell klopfend, »unsere Beine waren für dieses Mal zu kurz.« Er hatte das Boot gewandt und schob es wieder stromaufwärts. Unterhalb des Hauses stiegen sie ans Land, zuerst auf einzelnen Feldsteinen über die Wiesen gehend, dann eine Strecke noch durch hohes Heidekraut bis zu dem niederen Wall, der das Gehöft von der umgebenden Ebene trennte.

Bald darauf hantierte die Magd mit dem Kaffeekessel in der Küche, während Marten die gefangenen Fische zwischen Graslagen in einen Korb verpackte, um sie der Herrschaft zur Abendtafel in die Stadt zu bringen.

Die Haushälterin trat in ihre Stube; gegenüber auf der alten Standuhr schlug es eben zwei. – Nachdem sie sich einen Augenblick die verklommenen Finger an dem Kachelofen gewärmt hatte, trat sie an eine messingbeschlagene Kommode und nahm aus verschiedenen Schubladen derselben ein neues schwarzes Wollenkleid, eine schneeweiße Haube und ein seidenes Tuch. ›Es ist doch Heiligabend!‹ sagte sie für sich. – Auch erwartete sie ja noch Besuch; nicht nur die Weihnachtsbriefe von ihrem Bruder, einem wohlstehenden Kaufmann in einem deutschen Nachbarlande, und dessen einzigem Sohne, der seit einigen Jahren auf einem größeren Gute die Landwirtschaft erlernte, sondern auch den alten Lehrer drunten aus dem Dorf, wohin der Fußsteig hier vorbei über die Heide führte. Sie hatte ihn, da er am Vormittag in die Stadt ging, gebeten, die Briefe für sie von der Post mitzubringen.

Nun mußte er bald zurück sein; und er hatte ja auch im vorigen Jahr sich zu einem Schälchen Kaffee Zeit gelassen. – Nachdem sie dann noch eine frische Serviette über das unter dem Fenster stehende Tischchen gebreitet, ging sie mit ihren Festkleidern in das nebenan liegende Schlafkämmerchen, um sich anzukleiden.

Es war eine halbe Stunde später. Marten und Täckel waren mit den Fischen in die Stadt gegangen, nachdem ersterer noch das Fell einer kürzlich erlegten Fischotter über den Rücken gehangen hatte, das er bei dieser Gelegenheit zu verwerten dachte. In dem Stübchen drinnen stand auf der weißen Serviette ein sauberes Kaffeegeschirr; die vergoldeten Tassen und die Bunzlauer Kaffeekanne blinkten in den schrägfallenden Sonnenstrahlen.

Vor dem Tische in dem großen Ohrenlehnstuhl saß der Schullehrer, ein ältlicher Mann mit ernstem Antlitz und trotz der ausgeprägten Gesichtsformen mit jenem weichen Leidenszuge um die grauen Augen, der sich nicht selten unter den Friesen findet. Die Eigentümerin des Stübchens, in ihrem Festanzuge, der weißen Haube und dem lila Seidentüchlein, präsentierte eben ihrem Gaste die braunen Pfeffernüsse, die sie zuvor unter dem Ofen aus dem grünen Blechkästchen genommen hatte. »Die Frau Senatorin hat sie mir herausgeschickt«, sagte sie lächelnd, »sie backt sie alle Jahr zu Weihnachtabend.«

Der alte Mann nahm etwas von dem Backwerk; aber seine Augen hafteten mit einem Ausdruck von Verlegenheit an der andern Hand seiner Gastfreundin, die schon längere Zeit auf einem noch immer versiegelten Briefe geruht hatte. »Wollten Sie nicht lesen, liebe Mamsell?« fragte er endlich.

»Hernach, Herr Lehrer; das ist meine Gesellschaft auf

den Abend.« Und sie strich mit leisem Finger über das Kuvert.

»Aber der Herr Senator hat Sie doch gewiß zum Christbaum eingeladen?«

Der Ausdruck ruhiger Güte verschwand für einen Augenblick aus dem etwas blassen Antlitz des alten Mädchens. »Es ist heute ein Tag des Friedens«, sagte sie, und ihre sonst so milde Stimme klang scharf; »ich mag nicht in die Stadt.« Der alte Mann sah mit großen teilnehmenden Augen zu ihr hinüber.

»Ich bin zuletzt im Juni dort gewesen, seitdem nicht wieder«, fuhr sie fort; »wir hatten hier keine Blumen; aber in den Gärten der Stadt und auch am Hause unseres alten Bürgermeisters blühten sie. Der gute Mann hat in die Fremde gehen müssen; aber die Rosen, die er selber pflanzte, hatten schon die ganze Fronte seines großen Hauses überzogen. Jetzt wohnt der neue Bürgermeister darin. Als ich im Vorübergehen die geputzten Kinder mit ihrem lauten fremden Geplapper die schönen dunkelroten Rosen vom Spalier herabreißen sah – mir war's, als müßte Blut herausfließen.«

Ihr Gast schwieg noch immer; aber um seine Lippen zuckte es, als stiege ein Schmerz auf, den er vergebens zu bekämpfen suche.

»Wir sind mit dem Senator aufgewachsen«, begann sie wieder, »mein Bruder und ich; wir waren Nachbarskinder.« – Und mit diesen Worten trat ein Lächeln in ihr Antlitz, als blickte sie unter sich in eine sonnige Landschaft. »Es waren arge Buben damals, die beiden«, sagte sie, »sie haben mich was Ehrliches geplagt.«

Mamsell hatte die Hände in ihrem Schoß gefaltet und blickte durchs Fenster auf die Heide hinaus. Das feuchte Kraut der Eriken glitzerte in dem Schein der untergehenden Sonne; und wie schwimmend in Duft gehüllt stand fern am Horizont der spitze Turm der Stadt. Auch das alte Mädchen saß da, vom blassen Abendschein umflossen. Es war ein Antlitz voll stillen Friedens, in dem freilich der Zug des Entsagens auch nicht fehlte; aber er war nicht herbe, es mochte wohl nur ein bescheidenes Glück sein, das hier vergeblich erhofft worden war. »Nach unseres Vaters Tode«, sagte sie leise, »war der Senator mir ein hülfreicher Freund, ich habe lange in seinem Hause gelebt, und später hat er mir dann auf meine Bitten diesen Posten hier gegeben. Es ist jetzt der rechte Platz für einen einsamen, alten Menschen.«

»Aber«, sagte der Lehrer und legte den Teelöffel sorgfältig über die geleerte Tasse, »hieß es nicht vor Jahren einmal, liebe Mamsell, daß Sie den ledigen Stand hätten verrücken wollen?«

Sie schlug die Augen nieder und strich mit der flachen Hand ein paarmal über das Damasttuch. »Ja«, sagte sie dann, indem sie auf ein getuschtes Profilbildchen blickte, das in einem Strohblumenkranze über der Kommode hing. »Vor Jahren, Herr Lehrer; aber es kam anders, als wir gedacht hatten.«

Der Lehrer war aufgestanden und besichtigte das Bild. »Ja, ja«, sagte er, »der alte Ehrenfried, wie er leibte und lebte; der Herr Senator haben bis zu seinem Tode große Stücke auf ihn gehalten; ich habe manches Päckchen Schnupftabak von ihm zugewogen bekommen.«

Die Haushälterin nickte. »Ich mag es Ihnen wohl erzählen«, fuhr sie fort, »Sie haben auch Ihre Lebensfreude, Ihren einzigen Sohn, in unserm Kriege dahingegeben und haben ihm den schönen Spruch aufs Grab setzen lassen.«

Der Alte beugte sich vornüber und legte seine Hand wie beschwichtigend auf den Arm seiner Freundin. »Das ist nun vorbei«, sagte er, und seine Stimme zitterte. »Er starb für seine Heimat, für welche wir bald nicht mehr leben dürfen; denn auch in meiner Schule soll nächstens, wie es heißt, die deutsche Sprache abgeschafft werden. Mein Wirken ist dann zu Ende.« – Der alte Mann seufzte. »Doch«, fuhr er fort, »Sie wollten ja erzählen!«

Sie stand auf und füllte erst noch einmal die Tasse des Gastes und präsentierte ihm die Schüssel mit den Weihnachtskuchen. – »Mein Vater«, begann sie nach einer Weile, »hatte einen kleinen Posten bei der Stadt und nur ein notdürftiges Einkommen, aber er saß nachts an seinem Pult und schrieb Noten für die Klavierschüler des Organisten, oder er fertigte die Rechnungen für die Armen- oder Klostervorsteher, die mit der Feder selbst nicht umzugehen wußten. Er war ein schwächlicher Mann und hat mit den vielen Nachtwachen sein Leben wohl verkürzt. Doch als er starb, fand sich für meinen Bruder und mich, die wir beide noch kaum erwachsen waren, ein kleines, sauer verdientes Kapital. Es mochte für jeden wohl ein paar tausend Mark betragen.« Sie schwieg einen Augenblick. »Über dieses Kapital«, sagte sie dann, »das ich besaß, da Ehrenfried und ich unsern Verspruch taten, konnte ich späterhin nicht mehr verfügen.«

»Nein, nein«, setzte sie hinzu, da sie bemerkte, daß ihr Gast einen Blick des Vorwurfs auf das Bildchen an der Wand warf, »denken Sie nichts Unrechtes von dem Seligen, er hat nichts gegen mich verschuldet.«

Der Schullehrer ließ sich diese Versicherung gefallen; denn auch das treuherzige Männergesicht, das dort so ruhig aus dem hohen Rockkragen herausschaute, schien gegen jeden derartigen Verdacht einen stummen Protest einzulegen.

»Wir beide«, fuhr die Erzählerin fort, »waren bald nach dem Tode des alten seligen Herrn in das Haus des Senators gekommen. Die Mutter lebte noch, und der junge Herr freite damals um seine jetzige Frau; die Haushaltung ging wie zu den Zeiten des Vaters ihren ruhigen Gang; und es war eine regelrechte Haushaltung, Herr Lehrer, alles wie nach dem Glockenschlag der Amsterdamer Wanduhr, die unten auf der großen Hausdiele steht; das blieb auch so, als die junge Frau ins Haus kam. Der Ehrenfried schien ganz hineinzupassen; des Tages bediente er seine Kunden, des Abends saß er in dem kleinen Laden und klebte seine Düten oder brachte seine Bücher in Ordnung. Ich war meistens für die alte Frau da oder half auch wohl mit in der Haushaltung. So lebten wir nebeneinander hin, und die Jahre vergingen. Ehrenfried hatte wohl einmal den Wunsch geäußert, einen eigenen Kram zu beginnen; aber er sprach das nur so hin, als sei es für Leute seines Schlages doch nicht zu erschwingen; denn er war fast ohne Mittel. Die Zinsen seines kleinen Vermögens und ein gut Teil seines Verdienstes gab er einer älteren kränklichen Schwester. Das habe ich aber erst späterhin von ihm erfahren. – Ich hatte schon einige dreißig Jahre hinter mir, und Ehrenfried mochte nah an die vierzig sein, da starb die Schwester, und er begann nun wohl mit Ernst auch an sich selbst zu denken.«

Die Alte warf einen liebevollen Blick auf das Bildchen in dem Immortellenkranz. »Sie wissen, Herr Lehrer«, sagte sie dann, »der Herr Senator hat einen Speicher in der kleinen Straße, die nach der Marsch hinuntergeht; dahinter ist ein großer Gemüsegarten, woraus für Winter und Sommer das ganze Haus versorgt wird. Eines Vormittags hatte die Frau Senatorin mich hingeschickt, um etwas Kraut zur Suppe zu schneiden. Es war just am heiligen Pfingsttage – so etwas vergißt sich nicht, Herr Lehrer –, man konnte über die niedrigen Stachelbeerzäune weithin auf die Nachbargärten sehen, wo die Leute in ihrem Sonntagszeug zwischen den Beeten umhergingen, denn es lag alles im klarsten Sonnenschein. Der blaue Flieder duftete, der überall an den Steigen wuchs, und drunten von der Marsch herauf hörte man die Lerchen singen. Ich hatte am Morgen einen liebreichen Brief von meinem Bruder erhalten, der seit Jahren mit Hülfe des Herrn Senators im Hannöverschen ein Kommissionsgeschäft errichtet hatte; es ging ihm wohl; er hatte Frau und Kind; aber er vergaß auch seine Schwester nicht. Die blaue Frühlingsluft war nicht heiterer als mein Gemüt dazumalen. So in Gedanken ging ich den breiten Steig hinab; als ich aber bei dem großen Holunderbusch um die Ecke biege – denn der Garten liegt hier im Winkel –, sehe ich Ehrenfried im braunen Sonntagsrock und mit der langen Pfeife zwischen den Spargelbeeten stehen. Er pflegte an Sonn- und Festtagen wohl ein wenig in der Gärtnerei zu hantieren. ›Es gibt nicht viel, Mamsell Meta‹, rief er mir zu, ›die Beete sind zu alt. – Ja, ja, das Alter!‹ setzte er, wie mit sich selber redend, hinzu; dann legte er die Hand mit der Pfeife auf den Rücken und begann wieder mit seinem Messer die Oberfläche des Beetes zu untersuchen. Da ich ebenfalls ein Messer in der Hand hatte, so trat ich an die andere Seite des Beetes. ›Ich will Ihnen helfen, Herr Ehrenfried‹, sagte ich, ›vier Augen sehen mehr als zwei‹, und zugleich hatte ich schon einen schönen weißen Spargel auf seiner Seite bloßgelegt. Ehrenfried sah eine Weile zu mir hinüber. ›Das ist richtig, Mamsell Meta!‹ sagte er dann, indem er sorgfältig den Spargel aus der Erde hob. Wir gingen suchend an diesem und noch zwei andern Beeten auf und ab, aber die Ernte war nur spärlich.

Als ich ihm mein Teil hinüberreichte, sagte er: ›Für eine Person sind das zu viele und für zwei zu wenig.‹ Und er hatte dabei so einen eigenen Ton, Herr Lehrer, daß mir schon war, als spreche er das nur so sinnbildlich. ›Freilich‹, erwiderte ich, ›Herr Ehrenfried; aber wir haben schon die von gestern, und morgen gibt es wieder welche, und wenn wir dann übermorgen noch etliche bekommen, so reicht es für die ganze Familie.‹ Er tat einen tiefen Zug aus seiner Pfeife und stieß ein paar blaue Ringe in die Luft. ›Ja‹, sagte er dann, ›mit den Dingen, die unser Herrgott wachsen läßt, da macht sich das von selbst, aber …‹ – ›Wie meinen Sie denn: aber, Herr Ehrenfried?‹ – ›Ich meine, mit den Kapitalien‹, sagte er, ›die der Mensch sich sauer verdienen muß; da könnte das bißchen Leben leicht zu kurz werden.‹ Und ich verstand noch immer nicht, Herr Lehrer, wo das hinaus sollte. ›Kann ich Ihnen in etwas dienlich sein, Herr Ehrenfried?‹ fragte ich. – ›Sie wissen vielleicht, Mamsell Meta‹, fuhr er fort, ohne meine Frage zu beachten, ›ich habe ein kleines Vermögen, ein sehr kleines, wovon meine Schwester bislang die Zinsen genossen hat. – Sie bedarf deren nun nicht mehr.‹ Und er schwieg einige Augenblicke und dampfte heftig aus seiner Pfeife. ›Dieses kleine Vermögen‹, begann er dann wieder, ›ist für mich allein zu viel, denn was ich bedarf, erhalte ich von unserm Herrn Prinzipal; aber es ist wiederum zu wenig, um ein eigenes Geschäft zu beginnen.‹ Und zögernd setzte er hinzu: ›Sie besitzen auch von Vaters wegen eine Kleinigkeit, Mamsell Meta; was meinen Sie, wenn wir zusammenlegten? Ich denke fast – es würde reichen.‹ – Und sehen Sie, Herr Lehrer, so legte ich denn meine Hand in die seine, die er mir über das Gartenbeet hinüberreichte. Es war kein Übermut dabei, aber es war beiderseits doch treu gemeint. – Wir gingen noch eine Weile in dem großen Steige auf und ab und besprachen uns, daß wir die Sache noch geheimhalten und beide noch ein paar Jahre in unserer Kondition bleiben wollten, damit wir die Ausstattung davon zurücklegen könnten. Mitunter standen wir still und hörten, wie noch immer drunten aus der Marsch die Lerchen sangen.

So gingen ein paar Jahre hin, und wir gewannen ein rechtes Vertrauen zueinander. Oft in der Morgenfrühe, wenn noch die Häuserschatten über der Gasse lagen, trafen wir uns draußen vor der Haustür. Wenn Ehrenfried hinausging, um die Eisenwaren auf dem Beischlag auszustellen, war ich schon draußen und putzte an der Tür den großen Messingklopfer. ›Nun, Meta‹, sagte er dann wohl, ›ich denke, wir werden unser Glück doch nicht verschlafen!‹ – Er stand schon in Handel um ein kleines Haus, und wir begannen es in Gedanken miteinander einzurichten; wir kannten schon jedes Stück Gerät in unsern Stuben und jeden Topf, der auf unserm Herde kochen sollte. Oft sprachen wir so in der Morgenstille miteinander, bis dann die ersten Bauernwagen die lange Straße herabklapperten und sich auf dem Markte aufstellten.

Es kam anders, Herr Lehrer. Der Krieg brach aus, und niemand hatte Zeit, noch an sich selbst zu denken. Eines Mittags, da zuerst die Freischaren mit ihren Schlapphüten und Pistolen in die Stadt kamen, steht ein großer bärtiger Mann vor mir und reicht mir seinen Quartierzettel. Es schoß mir in die Knie, da ich ihm ins Gesicht blickte. Es war mein Bruder. ›Christian‹, rief ich, ›was in Gottes Namen willst du jetzt hier?‹ – ›Meta‹, sagte er, ›das Herz ist immer noch zu Haus; es hat mir keine Ruh gelassen!‹ – Und so hatte er das Geschäft einem Kompagnon anvertraut und Frau und Kind bei seinen Schwiegereltern untergebracht. Ehrenfried schüttelte den Kopf. ›Was soll das nützen‹, sagte er, ›wir haben junges Volk genug, die Älteren werden schon später darankommen, sobald es nötig ist.‹ Und als Christian ihn an den Schultern faßte: ›Sei nicht so griesgrämig, Ehrenfried, und mach mir das Herz nicht schwer; es hilft doch nichts, ich muß schon jetzt mit dreinschlagen‹, da blieb er doch bei seinem Stück: ›Es muß alles in der Ordnung sein.‹ Er hatte nun einmal so das Temperament nicht, Herr Lehrer. Aber auch der Herr Senator sah oft nachdenklich drein, wenn späterhin der Christian uns seine Kriegsberichte schickte. Endlich, wir müssen wohl sagen, leider Gottes, wurde es Frieden.«

Der Lehrer nickte, aber er unterbrach seine Freundin nicht.

»Unsere guten Leute wurden in die Fremde getrieben, und die Fremden kamen und setzten sich im Lande fest. Mein Bruder saß wieder drüben in seinem Geschäft und bei seinen Büchern. Ich will keinem unrecht tun; aber er mochte es doch wohl nicht in den rechten Händen gelassen haben; denn es war mir nicht entgangen, daß zwischen ihm und unserm Herrn plötzlich ein eiliges Schreiben hin und wider lief; und als ich gelegentlich anfragte, drückte der Herr mir die Hand und sagte: ›Sorge nur nicht zu sehr, Meta; in dem Kampf um die alte Heimat ist er mit einer Schmarre davongekommen; er muß nun hinterher noch um die neue kämpfen; aber du weißt, dein Bruder ist ein tüchtiger Mann; und nun laß uns sorgen, und geh du in deine Küche!‹ Ich sorgte aber doch; denn von Ehrenfried hatte ich gehört, daß auch unsern Herrn Senator schwere Verluste getroffen hatten.

Mittlerweile wurde es wieder einmal Frühling, und es war mir fast, als wenn es von der Sonne käme, die nun so hell in den dunkeln Laden schien, daß Ehrenfried eines Morgens wieder von einem Hauskauf zu reden anfing und daß wir uns dann endlich das Wort gaben, auf den Herbst unsere Sache in Ordnung zu bringen. Wir hatten es schon auf den nächsten Sonntag festgesetzt, daß wir der Herrschaft unsere Heimlichkeit offenbaren wollten; da, am Freitagnachmittag – wir sollten auf den Abend eine kleine Gesellschaft haben, und ich war eben auf meine Kammer gegangen, um mich ein wenig anzukleiden – bringt mir der Ladenbursche einen Brief von meinem Bruder. Und da stand es denn geschrieben: er war am Bankrott. Aber mein Kapital, was ich von unserm Vater hatte, das – so schrieb er – konnte ihn noch retten. Ich verschloß den Unglücksbrief in meine Schatulle; dann entsann ich mich, daß noch Radieschen zum Nachtisch aus dem Garten geholt werden sollten. Ich nahm ein Körbchen und schlich die Treppe hinab, um unbemerkt aus dem Hause zu kommen; denn ich hätte um alles jetzt dem Ehrenfried nicht begegnen mögen. Ich weiß nicht, wie ich hinten aus dem Hause und die kleine Straße hinab nach dem Garten gekommen bin. Vorn an der Pforte hätte ich fast den Herrn Senator umgerannt. ›Ei, Meta‹, rief er und hob lachend den Finger gegen mich, ›mit der Küchenschürze über die Straße!‹ Aber so alteriert war ich, Herr Lehrer; das war mir all mein Lebtag noch nicht passiert.

Es wurde schon Abend, und es gemahnte mich recht wie damals; denn der Flieder duftete, und von unten aus der Marsch kam auch wieder wie dazumal ein sanfter Vogelgesang.

Aber ich ging mit dem leeren Körbchen in dem großen

Steige auf und ab und zerriß mir unachtlich die Kleider an den Stachelbeerzäunen. Meine Gedanken verloren sich in die alte Zeit, in das Kämmerchen, wo mein armer Bruder und ich als Kinder in unsern schmalen Bettchen schliefen. Mir war wieder, als höre ich nebenan im Wohnzimmer die Schwarzwälder Uhr zehn schlagen; und nach dem letzten Schlage wird drinnen das Schreibpult abgeschlossen, und mein Vater öffnet leise die Kammertür. Wie oft, wenn ich noch wachend lag, hatte ich heimlich durch die Augenlider geblinzelt, wenn er sich über seinen Liebling beugte und sorgsam das Deckbett über ihm zurechtlegte, damit nur keine Zugluft die nackten Gliederchen berührte; bis dann des Vaters Hand sich auch auf mein Haupt legte und ich von seinen Lippen einen Laut vernahm, den ich nicht verstehen konnte, aber den ich doch in meinem Leben nicht vergessen habe. – Die hülfreiche Hand unseres Vaters lag längst im Grabe; aber was sie mit saurem, ehrlichem Fleiß erworben, das war noch da; ich hatte es, und es reichte noch, um die Blöße seines Lieblings zuzudecken. – Und doch, was sollte aus Ehrenfried und mir nun werden? Aber wir lebten ja geborgen, wir gaben nur einen Herzenswunsch daran; der arme Christian hatte sich nicht bedacht, da er alles hinter sich ließ, um seiner Heimat in ihrer Bedrängnis beizustehen.

So hatte ich in schweren Gedanken meinen Korb mit Radieschen gefüllt und trat nun aus dem Garten, dem kleinen Hause gegenüber, was dazumal dem Steinmetzen gehörte. Die Sonne spiegelte sich in den Fensterscheiben, und ich stand eine Weile und betrachtete es mir; denn es war dasselbe, um welches Ehrenfried im Handel stand. Da fielen meine Augen auf die goldene Inschrift eines neuen Grabsteins, der neben der Haustür an der

Mauer lehnte; und, Herr Lehrer, ich las die Worte: ›Niemand hat größere Liebe denn die, daß er sein Leben lässet für seine Freunde.‹«

»Evangelium Johannes, Vers dreizehn im funfzehnten Kapitel«, sagte leise der alte Mann im Lehnstuhl.

»Es war der Denkstein, den Sie für Ihren gefallenen Sohn bestellt hatten« – und die Erzählerin reichte ihrem Gaste die Hand, der sie schweigend drückte; »ich habe den Spruch seitdem nicht mehr vergessen. Es stand nun fest in mir, daß ich das Geld geben mußte. – Aber als ich dann aus dem hellen Sonnenschein in unser großes dunkles Haus trat, fiel es mir doch wieder schwer aufs Herz, so daß ich's nicht von mir bringen konnte bis auf den Abend. Als die Herren in der Oberstube an ihrem L'hombre saßen, ging ich hinab in den Laden. Ehrenfried stand an der Bank und zählte Nägel in Pakete, was sonst der Lehrling zu tun hatte, aber der war zu seinen Eltern über Land. Ich erschrak fast, da ich seine Stimme hörte. ›Nun, Meta‹, sagte er, ›wo hast du denn gesteckt! Der Steinmetz ist bei mir gewesen von wegen dem Hause, und morgen – wird alles in Richtigkeit kommen.‹ – Es schoß mir in die Knie, und ich zitterte; denn er sah so seelenvergnügt dabei aus. Ich vermochte nur stumm den Kopf zu schütteln. ›Was fehlt dir, Meta?‹ fragte er. ›Nichts fehlt mir, Ehrenfried; aber wir dürfen das Haus nicht kaufen.‹ Und als er mich erstaunt ansah, erzählte ich ihm alles, und was ich zu tun entschlossen war. Aber währenddessen wurde sein Gesicht immer strenger und strenger; und als ich zufällig niederblickte, sah ich, daß er sich mit dem Eisenstift, den er in der Hand hielt, den Daumen blutig gerissen hatte. ›Und du willst das Geld geben?‹ fragte er, und seine Stimme klang so gleichgültig, als gehe das ihn selber gar nicht an. ›Ja, Ehrenfried, ich kann nicht anders.‹ – ›Nun freilich, Meta, dann reicht's nicht mehr.‹ – Er schwieg und begann wieder seine Nägel einzuzählen. ›Ehrenfried‹, sagte ich, ›sprich doch zu mir; wir hatten's für uns beide bestimmt; du mußt dein Wort mit dazugeben!‹ Aber ich bat umsonst; er sah nicht auf. ›Wenn dir dein Bruder näher ist‹, sagte er und begann seine Pakete einzuschlagen und wegzupacken. Indem wurde ich nach oben gerufen, und als ich nach einer Stunde wieder in den Laden hinabging, war Ehrenfried in seine Kammer gegangen. – Nur der Allmächtige weiß, was ich die Nacht mit mir gerungen habe; eine Stunde um die andere hörte ich unten vom Flur herauf die Wanduhr schlagen.

Ich konnte mein Leben nicht für meine Freunde hingeben, aber das bißchen Silber, Herr Lehrer, das konnte ich doch. Es war ja auch nicht um mich; ich sah wie eine Waage vor mir: auf der einen Schale war der Name ›Ehrenfried‹ und auf der andern der meines Bruders; ich sann und sann, bis mir das Hirn brannte; aber es wurde nichts anders, wenn die eine Schale sank, so stieg die andere. – Ich mag wohl endlich eingeschlafen sein; denn als ich die Augen aufschlug, kam schon die Morgendämmerung durch die kleinen Scheiben; und als ich mich ermunterte, hörte ich draußen vor der Kammer auf dem Gange einen Schritt. Mitunter blieb es eine Weile an der Tür; dann ging es wieder vorsichtig auf und ab. Ich stieg aus dem Bett und kleidete mich an, und indem glaubte ich auch den Schritt zu kennen. Als ich bald darauf aus der Tür trat, stand Ehrenfried vor mir. Sein Gesicht war blaß, aber freundlich. Er streckte mir schweigend seine Hand entgegen und hustete ein paarmal, als ob er sprechen wollte. ›Es hat nicht sein sollen, Meta‹, sagte er endlich; ›wir wollen's dem lieben Gott anheimstellen.‹

Dann drückte er mir noch einmal die Hand, nickte mir zu und ging die Treppe hinab an sein Geschäft. Noch an demselben Tage schrieb ich meinem Bruder. – Zwischen mir und Ehrenfried ist dann von diesen Dingen nicht mehr die Rede gewesen; wir lebten wieder still nebeneinander fort, und allmählich war es zwischen uns fast, wie es sonst gewesen; auch das ›Du‹ gebrauchten wir nicht mehr, wenn wir, was selten geschah, einmal zusammen sprachen. Aber in den Garten hinter dem Speicher bin ich seitdem nicht gern gegangen, und wir haben uns auch niemals wieder dort getroffen. – Die Jahre vergingen, wir wurden alt, und die Stadt um uns wurde immer fremder.«

Die Erzählerin schwieg. »Ich dächte«, hob der Lehrer an, indem er fast mit einer ehrfürchtigen Scheu auf seine Freundin blickte, »Ihr Herr Bruder sei ein Mann in auskömmlichen Verhältnissen; so ist er wenigstens in der Leute Mund.«

»Er ist es geworden, Herr Lehrer – später, und er hat mir das Darlehn auch bei Heller und Pfennig und mit allen Zinsen zurückbezahlt; aber es war kurz vor Ehrenfrieds Tode und schon in seiner letzten Krankheit. – Ja, was ich sagen wollte, ein paar Tage vor seinem Ende, des Ehrenfried, mein ich, war viel Besuch in seiner Kammer; die Gerichtspersonen waren dort gewesen, und auch unsern Nachbarn, den Goldschmied, hatte ich am Morgen herauskommen sehen. Als ich nachmittags die Mixtur hineinbrachte, bat Ehrenfried, mich neben seinem Bette niederzusetzen. ›Meta‹, sagte er, denn ich hatte ihm das vorhin erzählt, ‹das Geld wäre nun wohl wieder beisammen, aber das Leben ist indessen alle geworden. – Da hab ich nun, als ich so dagelegen, bei mir gedacht, es müßte doch schön sein, wenn einer, wo es just die rechte

Zeit wäre, so einmal aus dem vollen leben könnte und ohne Kümmernis. Uns ist es so gut nicht geworden und unsern Eltern auch nicht; mir ist, als hätten wir alle nur ein Stückwerk vom Leben gehabt. Und weiter hab ich mir gedacht, wenn unser Kapital zusammenkäme!‹ – Und als ich das abwehren wollte, richtete er sich ungeduldig in seinen Kissen auf. ›Nein, nein, Mamsell Meta‹, sagte er, ›reden Sie mir nicht dazwischen!‹ – Und dann duzte er mich wieder und legte seine magere Hand auf meinen Arm. ›Es ist ja nicht um dich, Meta, aber dein Bruder Christian hat einen Sohn; ich weiß, er hat ihn tüchtig angehalten, und er wird einmal dein Erbe sein. Vielleicht, um was sich viele gemüht haben, daß es nun einmal einem zu einem ganzen Menschenleben helfen mag. Darum habe ich in meinem Testament meine verlobte Braut, die Jungfrau Hansen, zu meiner Universalerbin eingesetzt. Du wirst mir das nicht übelnehmen, Meta; wir haben es doch mal so im Sinn gehabt.‹ Und als meine Tränen auf seine Hände fielen, nahm er einen goldenen Ring aus einem Kästchen und steckte mir ihn an. ›Der ist für dich allein‹, sagte er, ›es schickt sich besser vor den Leuten, und‹, setzte er leis hinzu, ›trag ihn auch zu meinem Gedächtnis!‹

Die alte Jungfrau schwieg und faßte wie liebkosend den schmalen Reif, den sie am Goldfinger trug. – – Es war jetzt fast dunkel in dem kleinen Zimmer; nur ein schwacher Abendschein drang durch die beschlagenen Fensterscheiben.

Der alte Lehrer war aufgestanden. »Wenn ich den Spruch auf meines armen Knaben Stein gelesen«, sagte er, »so habe ich bisher nur seiner dabei gedacht; aber«, setzte er hinzu, und seine Stimme zitterte, »Gottes Wort ist überall lebendig.«

Er bückte sich, um seinen Korb mit den Festtagseinkäufen aufzunehmen, der hinter ihm in der Ecke stand. Mamsell Meta nötigte ihn, noch ein Weilchen zu verziehen, der Mond werde ja aufgehen. Er dankte; »die Meinen warten«, sagte er, »es ist noch eine Stunde Weges bis nach Hause.« Da sie den Gast nicht halten konnte, zündete sie ein Licht an den glimmenden Kohlen im Ofen an und packte noch eine große Düte mit den Weihnachtspfeffernüssen der Frau Senatorin, die sie alles Widerstrebens ungeachtet zu den andern Dingen in den Korb legte; sie erkundigte sich auch – wie hatte sie es nur vergessen können! – nach dem zehnjährigen Töchterchen, dem Nesthäkchen ihres alten Gastes, und er schüttelte ihr die Hand und sagte nicht ohne eine kleine Feierlichkeit: »Ich danke für die Nachfrage, werteste Mamsell, sie wächst zu unserer Freude heran.«

Dann ging die Tür auf, und die Magd trat herein; in vollem Anzug, den Hut auf dem Kopf. »Ich bin fertig, Mamsell«, sagte sie; »wenn sonst nichts zu besorgen ist, so möchte ich nun zu meiner Mutter gehen.«

»Du kannst gehen, Wieb; sei aber morgen zeitig wieder da«, bescheid Mamsell Meta. »Nimm auch dem Herrn Lehrer seinen Korb, du hast ja denselben Weg.«

Der alte Mann ließ sich das gefallen. »Sie ist ja mein Schulkind gewesen«, sagte er freundlich nickend.

»Und zeig dem Herrn Lehrer den Weg oberhalb über den neuen Steg«, fuhr Mamsell fort, »das spart ein Viertelstündchen.«

Wieb schüttelte den Kopf. »Das geht nicht«, sagte sie, indem sie den Korb des Lehrers nahm; »der neue Weg ist unter Wasser; wir müssen unterhalb über den alten Steg und dann den Fußweg durch den Eichenbusch.«

Der Lehrer nickte. »Der Eichenbusch soll verkauft

sein«, bemerkte er beiläufig; »so hörte ich heute in der Stadt.«

»Verkauft?« fragte Mamsell Meta; denn es fiel ihr ein, daß bei ihrer Kahnfahrt Marten grade mit diesem Grundstück den Heidehof hatte vervollständigen wollen. »An wen denn verkauft, Herr Lehrer?«

»An einen Fremden; den Namen habe ich nicht gehört.«

›Hm‹, dachte Mamsell Meta, ›da ist also der Herr Senator diesmal doch zu spät gekommen.‹

Dann geleitete sie ihren Gast vor die Haustür. – Es war kalt, die Sterne standen schon am Himmel, nur ein schwacher Schein am Horizont zeigte, wo die Sonne verschwunden war. »Wie unruhig die Sterne sind«, sagte der Alte noch, »wir haben Frostwetter, Mamsell Meta.«

Meta stand in der Haustür und sah den beiden nach, wie sie gegen Westen den Fußsteig nach dem Bach hinabgingen. Das Dunkel der Heide hatte sie bald ihren Blicken entzogen; nach einer Weile aber wurden sie noch einmal in der Ferne sichtbar, auf dem Hügel drüben; fast übernatürlich groß erschienen ihr die Gestalten, wie sie sich schattenhaft gegen den schwachen Schein des Abendhimmels abhoben. Endlich waren sie ganz verschwunden. Dann hörte sie noch unten vom Bach her das Geräusch der Fußtritte auf dem Stege, und dann war alles still. Sie war allein. Nur im Stall in der Scheune waren die kleinen Ponys und die Kuh, und daneben in dem Verschlag saß schlafend das Federvieh auf seinen Leitern; hinter ihr im Hause strichen ein paar scheue Katzen durch die dunkeln Räume.

Leise drückte sie die Haustür zu und ging in ihre Stube.

Mit trockenem Heidereis und Torf brachte sie das Ofenfeuer wieder zum Brennen, daß es gesellig zu prasseln begann; dann, nachdem sie den Tisch abgeräumt und das Licht geputzt hatte, setzte sie sich in den Lehnstuhl und brach das Siegel ihres Weihnachtsbriefes. Sie las langsam und mit ganzer Andacht, und als sie an das Ende des Briefes kam, flog ein glückliches Lächeln über ihr Gesicht, und die Hand, welche ihn hielt, sank auf den Tisch. »Er kommt endlich, nach zehn langen Jahren!« rief sie vor sich hin. Sie las die Stelle noch einmal, sie hätte nun auch Tag und Stunde wissen mögen; doch es hieß nur: »In nächster Zeit.« Sie mußte sich begnügen. – »Aber warum hat denn der Junge, der Friedrich, nicht geschrieben? – Und auch das Bild, das mir versprochen wurde, ist nicht dabei!« Die gute Tante wäre fast verdrießlich geworden. Aber sie besann sich; sie stand auf und ging mit dem Licht nebenan in die herrschaftliche Stube. Rasch öffnete sie das Schubfach einer Kommode, denn es war kalt hier, und die Möbel mit ihren Überzügen standen unwirtlich in dem großen leeren Raume; dann, nachdem sie ein Päckchen alter Briefe herausgenommen, ging sie eilig damit in ihr heimliches Stübchen zurück. Bald saß sie wieder in ihrem Lehnstuhl und begann die Briefe sorgfältig durchzusehen. Endlich kam sie an den rechten Jahrgang; ein kleines Lichtbild lag dazwischen, das sie mit zärtlichem Wohlgefallen betrachtete. Es war das Porträt eines kräftigen, etwa vierzehnjährigen Knaben, dessen treuherzige Augen nicht ohne einigen Trotz unter dem buschigen Haar herausschauten. »Aber das war vor sechs Jahren«, sagte sie, »er muß ja jetzt ein ganzer Kerl sein.« Und dann entfaltete sie den Brief ihres Bruders, der das Bild begleitet hatte. »Du wirst den Jungen nicht verkennen«, schrieb er, »auch über seiner Stirn erhebt sich jener widerspenstige Haarwirbel, den der selige Subrektor seinem Vater als eine Opposition gegen die Autorität der Schule auslegte und den er in der Numa-Pompilius-Stunde mir ebenso unermüdet als vergeblich niederzustreichen bemüht war.« Sie lächelte; die kräftige Knabengestalt ihres Bruders stand vor ihren Augen. Sie sah ihn im Streit mit dem rotnasigen Stadtsdiener, der keine Rutschschlitten auf dem abschüssigen Markte dulden wollte, und dann wieder zusammen mit seinem Freunde, dem jetzigen Senator, wie sie draußen im Sonnenschein am Deich lagen und ihre Drachen steigen ließen. ›Und wenn ich sie zu Mittag rufen mußte‹, dachte sie weiter, ›und sie mit ihrem Drachen dann wieder ein Stück weiter auf den Deich hinausrückten, und immer weiter, je mehr ich hinter ihnen herlief, bis sie mich denn am Ende richtig zum Weinen gebracht hatten.‹ Und kopfschüttelnd setzte sie hinzu: ›Das waren ein Paar Gäste, sie kamen nie zu rechter Zeit nach Haus!‹ – Immer hingebender blickte sie in die Perspektive der Vergangenheit, wo eine Aussicht immer tiefer als die andere sich eröffnete. Die damals so traulichen Straßen ihrer Vaterstadt sah sie belebt von frischen rotwangigen Kindergestalten; sie gingen paarweise mit dem Schulsack überm Arm in eifrigem Geplauder durch die Straßen; oder der Sommerabend war herabgekommen, und sie rannten, Knaben und Mädchen, auf ihren Spielplatz unter den Linden vor der Kirche; sie selbst überall dabei und derzeit, so dachte die alte Jungfrau, keineswegs die Stillste. ›Nein, nein! eine wahre Hummel, ein Dreiviertelsjunge, wie der alte Senator immer gesagt hatte.‹

Sie schüttelte lächelnd den Kopf; dann, wie müde von all der munteren Gesellschaft der Vergangenheit, lehnte sie sich zurück und faltete die Hände.

Aber die Ruhe war ihre Sache nicht. Bald saß sie wieder aufrecht, und nachdem sie durchs Fenster einen Blick in die Nacht hinaus getan hatte, stand sie auf und verließ die Stube. Sie mußte einmal horchen, ob in den Ställen alles ruhig sei.

Sie ging über die Tenne auf den Hof hinaus. Draußen an den schweren Torflügel gelehnt, blieb sie stehen. Die Sterne blitzten über ihr; aber auf der Erde, hier gegen Osten, war es gänzlich finster: die Morgenstunde, wo dort am Horizont die Sonne aufgestiegen, war längst vorüber; nicht der leiseste Tagesschimmer war hier auf der Erde zurückgeblieben. Sie beugte sich vor und lauschte. Links vom Hause, ein wenig tiefer hinter dem kleinen Wassertümpel, lag die Scheuer mit den Ställen; aber es war alles ruhig, nur das Rupfen der Kuh an der Krippe war zu hören und mitunter ein Stampfen der kleinen Ponys. Fast unwillkürlich warf sie einen Blick in die Ferne, ob sie drunten im Moor die alte Eiche erkennen möchte, den einzigen Baum, der über Tag von hier aus zu entdecken war. Aber sie sah nur die Brunnenstange vor sich in die Nachtluft ragen; wenige Schritte dahinter begann der dunkle Zug der Heide und streckte sich von allen Seiten schwarz und undurchdringlich in die Nacht hinaus. Ein Luftzug regte sich; leise, langsam durch das rauschende Heidekraut hörte sie es auf sich zukommen. So war es da und zog vorüber, bis sich das Rauschen wieder in die Ferne hinter ihr verlor.

Da plötzlich unten vom Moor herauf schlug ein Tierschrei an ihr Ohr, heiser und gewaltsam. Die Alte schauerte, sie legte die Hand auf den Griff des offenstehenden Tores; ihr war, als habe aus der ungeheueren leblosen Natur selbst dieser Laut sich losgerungen, als habe ihn die Heide ausgestoßen, die so schwarz und wild zu ihren Füßen lag. Und dann! Einige tausend Schritt in das Dunkel hinaus, sie wußte das wohl, stand noch der Pfahl und wurde von der Gemeinde des nächsten Dorfes noch unterhalten, zum Gedenken, daß hier ein Bauernkind von Wölfen zerrissen worden war. Freilich, das sollte über hundert Jahre her sein; es gab längst keine Wölfe mehr im Lande, die mit heiserem Geheul durch die Finsternis trabten. – Aber konnten die Nebel der Heide sich nicht wieder zu diesen unheimlichen Tiergestalten zusammenballen, damit auch das Entsetzen, das nachts auf diesen Mooren lagerte, seine Stimme wiederbekäme?

Die Alte schüttelte sich ein wenig; denn die dunkeln Vorstellungen des Volksglaubens, welche die Einsamkeit dieser Küstengegend ausgebrütet, lagen auch in ihrer Seele. Aber sie wußte sich zu fassen. Sie räusperte sich ein paarmal herzhaft und laut, damit sie nur wieder einen Ton der Menschenstimme vernehme; und gleich darauf bedachte sie es, daß ja dort unten, von wo der Schrei gekommen, der Bach durch das Bruchland gehe; es mochten zwei Ottern gewesen sein, die sich um einen Fisch oder um einen erhaschten Vogel gerauft. Ja, das war es gewesen, weiter nichts.

Wenn nur die Magd die Enten alle in den Stall getrieben hatte! Die eine mit der grünen Tolle pflegte da hinab an den Strom zu gehen und auch wohl einmal draußen zu bleiben. – Das Wässerchen, worauf sie am Tage ihr Wesen zu treiben pflegten, lag schwarz und glitzernd zu ihren Füßen. Sie ging vorsichtig an dem Rand der Pfütze zur Scheuer hinab und öffnete die Tür des Hühnerstalles, aber die Dunkelheit ließ nichts erkennen; nur hinten von der Leiter herab kam ein kurzes unwilliges Gekräh des großen Hahnes.

Mamsell Meta kehrte ins Haus zurück. Noch einmal, als sie den Torflügel hinter sich anzog, schlug aus der Ferne der Tierschrei an ihr Ohr. Hastig legte sie den großen

Holzriegel vor; dann aber ging sie über die Tenne, an ihrer Stube vorbei, und trat dann aus dem vorderen Tor wiederum ins Freie. Das Licht in ihrem Stübchen warf durch die Fenster einen geselligen Schein hinaus, auch war hier gegen Westen der Himmel lichter, und drüben, wohin ihre Augen blickten, lag die Stadt und das Haus ihrer Freunde. Ein heimliches Gefühl als wie von Menschennähe überkam sie. Aber die Stadt war nicht zu sehen, nicht einmal die Kirchturmspitze, die sie am Tage aus ihrem Stubenfenster sah, und ihre Augen hoben sich unwillkürlich zu der großen blitzenden Himmelsglocke, die in feierlicher Ruhe auf dem dunkeln Erdenrunde stand. Es war so still, daß sie droben das leise Brennen der Sterne zu vernehmen meinte. Und immer neue, immer fernere drangen, je länger, je mehr, einer hinter dem andern aus dem blauen Abgrund über ihr. Und immer weiter folgte ihr Blick; ihr war, als flöge ihre Seele mit von Stern zu Stern, als sei sie droben mit in der Unendlichkeit. »Du großer, liebreicher Gott«, flüsterte sie, »wie still regierst du deine Welt!« Ein roter Schein flog über den Himmel, es mochte der Strahl eines beginnenden Nordlichts sein; da gedachte sie des Weihnachtsabends und sagte: »Christkindlein fliegt!« Die Strahlen breiteten sich aus und schossen bis zum Horizont hinab, und als ihre Augen folgten, gewahrte sie unten auf der Erde, dort, wo die Stadt lag, den Schimmer eines Lichtes. Sie nickte und dachte: ›Nun zünden sie die Weihnachtsbäume an.‹ – Aber es fiel ihr ein, sie hatte abends nie die Lichter der Stadt gewahren können, denn eine Erhöhung des Bodens lag dazwischen, auch wenn es doch nicht gar zu fern gewesen wäre. Und jenes Licht vor ihr, es blieb auch nicht an einer Stelle, es wanderte und strahlte seitdem schon weiter rechts, oben wo die große

Straße entlangführte. Auch war es offenbar viel näher, als es ihr zuerst geschienen, und jetzt hörte sie drüben auf dem Steindamm der Chaussee einen Wagen rasseln, und der Schall und das Licht kamen immer näher und waren endlich fast in gleicher Richtung mit dem Hause. Plötzlich hörte das Getöse der Räder auf, aber der Schein brannte fort; es war kein Zweifel, der Wagen mußte von der Chaussee auf den Feldweg gefahren sein, der von dort fast in grader Richtung auf das kleine Gehöft führte. Und nun hörte sie auch das Schnauben der Pferde und das dumpfe Rumpeln der Räder auf dem unebenen Heideboden. Dann noch ein Peitschenknall, und eine kleine Halbchaise, an welcher vorn zwei Laternen brannten, rollte durch die Lücke des Walles und hielt in dem hellen Schein, der aus den Fenstern brach. In demselben Augenblick vernahm sie auch das Gekläff ihres kleinen Täckels, und schon arbeitete er freudewinselnd mit beiden Vorderpfoten an ihr empor.

»Da wären wir, junger Herr!« rief Martens bekannte Stimme, der nun vom Kutscherstuhl über das Rad hinabkletterte und dann das Deckleder vor der Chaise zurückschlug. »Guten Abend, Mamsell!«

Mamsell nickte nur schweigend; sie wußte nicht, was das bedeuten solle. Aber schon wurde sie von einem stattlichen jungen Mann begrüßt, den sie erstaunt und knicksend in die Stube nötigte. Ein paarmal, während sie eilig die Briefe auf dem Tisch zusammenräumte, wanderte ihr Blick stutzig und forschend zwischen seinem Antlitz und dem noch vor ihr liegenden Lichtbildchen hin und wider. Als er aber nach Ablegung seiner schweren Wildschur mit der Hand über das buschige braune Haar strich und der eigensinnige Wirbel sofort wieder emporschnellte, da flog ein Lächeln glücklicher Gewißheit über ihr Gesicht. Sie streckte beide Arme nach ihm aus; und: »Meine liebe Tante Meta!« rief der junge Mann. Und das alte Mädchen, das noch eben so allein gewesen, hielt plötzlich einen ihres Blutes in den Armen; und ein stattlicher Junge war's.

»Aber wo ist dein Vater?« begann sie nach einer Weile, während der Neffe fast verlegen geworden wäre unter dem langen, zärtlichen Blick der Tante. »Er wollte ja doch selber kommen?«

»In der Stadt, Tante Meta; und ich bin hergeschickt, um dich zu holen.«

Sie wurde unruhig, zitternd in großer Erregung ging sie in der Stube umher; planlos griffen ihre Hände nach dem und jenem und legten es wieder fort. »Aber ich habe die Magd ja fortgeschickt!« sagte sie.

»Aber, Tante, dein alter Marten ist ja wieder da.«

Und sie ging an den Ofen und nahm die Kaffeekanne aus der Röhre. »Ich will mich fertigmachen, Friedrich. Trink indes ein Täßchen und setz dich in den Lehnstuhl!«

So, während sie dazwischen bald eine Pfeffernuß auf seine Tasse legte, bald aufs neue wieder einschenkte, hatte sie endlich ihre Pelzkappe aufgesetzt und sämtliche Mäntel und Tücher umgetan. Fast hätte ihr jetzt der Mut gefehlt, ihren jungen Gast zu stören; er saß so lächelnd da, und wie ihm alles schmeckte! Aber die Sehnsucht nach ihrem Bruder gönnte ihr nun selbst keine Ruhe. Nachdem Marten hereingerufen und gehörig instruiert war, traten sie reisefertig vor die Haustür. Der Mond war indessen aufgegangen; unten von den Wiesen blinkte der Strom herauf. Friedrich, während er die Tante in den Wagen hob, stand noch einen Augenblick und sandte wie prüfend seine Augen über die ungeheuere dunkle Fläche. »Und das ist das Wasser, Tante, wo ihr heute die großen Karpfen gefangen habt?«

»Freilich, Friedrich, und den schönen Hecht nicht zu vergessen.«

»Und dort über dem Wasser liegt der Eichenbusch?«

»Woher weißt du denn das alles, Junge?« rief Tante Meta aus dem Fond der Chaise.

»Nun, was hätte dein alter Marten mir denn unterwegs erzählen sollen? – Aber mehr Leute müßtest du haben, und jüngere«, rief er, indem er zu ihr in den Wagen stieg, und es klang der Tante fast ein wenig übermütig, als er, lachend und ihre Hand ergreifend, hinzusetzte: »Ihr seid hier eine gar zu ehrenfeste Gesellschaft!«

Ihre Antwort verhallte in dem Geräusch des abfahrenden Wagens. Bald hatten sie die Chaussee erreicht, und nach Verlauf einer kleinen Stunde rollten sie über das Straßenpflaster der Stadt. Hie und da sahen sie im Vorüberfahren noch einen verspäteten Weihnachtsbaum brennen; im allgemeinen schien die eigentliche Feierstunde schon vorüber, nur die bettelnden Haufen der kleinen Weihnachtssänger zogen noch unermüdlich von einer Tür zur andern. Ein paar große Gebäude waren besonders hell erleuchtet; aber Tante Meta schloß die Augen, als sie daran vorüberkamen; denn hier wohnten die »neuen Beamten«, wie sie noch immer von ihr genannt wurden, obgleich schon ein ganzer Nachwuchs für sich und die verhaßte Sprache Geburts- und Heimatsrechte der deutschen Stadt in Anspruch nahm.

Auf dem Markt vor dem stattlichen Hause des Senators hielt der Wagen. Die Frau Senatorin empfing ihre alte Freundin an der Tür. »Nicht wahr, Meta«, sagte sie, indem sie auf die große Außendiele traten, »weniger tat es nicht, um dich zu deinen Freunden in die Stadt zu bringen?«

Meta war zu bewegt, um zu antworten. Während die Magd ihr die Reisekleider abnahm, blickte sie zur Linken in den geräumigen Kaufladen, wo sie einst mit Ehrenfried in mancher Morgenfrühe vergebliche Pläne für ein bescheidenes Lebensglück entworfen hatte. Aus der Wohnstube an der anderen Seite des Flurs hörte sie zwei Männerstimmen in lautem Gespräch; die eine kannte sie, die andere war ihr fremd geworden. Die Sprechenden mochten beide die Ankunft des Wagens überhört haben.

Als Meta mit ihrem Neffen hereintrat, sah sie neben dem Senator einen kräftigen älteren Mann mit lebhaft gerötetem Antlitz am Ofen stehen; das volle buschige Haupthaar war schneeweiß. Mitten in seiner lauten Rede brach er ab und sah sie wie zweifelnd mit seinen dunkeln Augen an, aber in demselben Augenblick hielt er die alte Schwester in den Armen.

»Da hast du ihn, Meta«, rief der Senator, »es ist noch immer der alte Hoffegut. Wo der keine Rosen sieht, da werden niemals welche wachsen!«

Dann kam die Freude des Wiedersehens; ein langes, inniges Gespräch, ein stilles gegenseitiges Betrachten. Aber der Erzähler war meist der Bruder; während er vor ihr stehen blieb, hatte sie sich, wie von dem Übermaß der Freude niedergedrückt, auf einen Stuhl gesetzt. Ihre Hände auf die Knie gelegt, sah sie zu ihm empor und lauschte seinen Worten. Fast blieb die Tasse dampfenden Tees unberührt in ihrer Hand, welche die Senatorin ihr gereicht hatte. »Ja, ja, Christian«, sagte sie, »dein Gesicht ist noch das alte; es läßt nur anders bei den weißen Haaren.«

»Meinst du«, rief er lachend, »aber sie lassen sich auch noch jetzt von keinem Schulmeister niederstreichen. Versuch es nur!« Und er legte die Hand der Schwester auf sein Haupt. »Und nun genug von der Vergangenheit, wir wollen den Weihnachtsabend nicht vergessen!« Dann, seinem Sohne und dem Senator einen Wink gebend, führte er sie in das gleichfalls erhellte, hinter der Wohnstube gelegene Zimmer; die andern folgten nach. – Es brannte hier kein Weihnachtsbaum; in diesem Hause hatte seit vielen Jahren keiner mehr gebrannt; denn der Senator war kinderlos. Aber auf dem mit einem grünen Teppich bedeckten Tische standen, jeder mit drei brennenden Kerzen, die sonst nur für die Festtafel bestimmten silbernen Armleuchter; zwischen den Leuchtern vor des Senators emailliertem Schreibgeschirr lag ein beschriebenes Blatt Papier, daneben eine frisch geschnittene Feder.

Meta sah ihren Bruder fragend an.

»Schwester«, sagte er, »du bist es, die bescheren soll; noch einmal sollst du deine gesegnete Hand auftun und diesmal, denke ich, dir zur Freude.«

Und seine Hand auf den beschriebenen Bogen legend, fuhr er fort: »Wir haben die Punktationen eines Kaufkontrakts über den Heidehof aufgesetzt: Verkäufer ist unser Freund Albrecht hier, als Käufer sind aufgeführt die Geschwister Meta und Christian Hansen. Die Vollziehung einer andern Punktation über den Eichenbusch – denn der, wie die Sachverständigen und dein alter Marten sagen, gehört notwendig mit dazu – wartet nur auf den Abschluß dieses Handels.«

»Also du«, sagte Meta, »warst der Käufer?«

»Ich nicht allein, Schwester; du mußt allerwegen mit dabeisein; denn meine Kräfte reichen hier nicht zu. – Ich selber kann nicht bleiben«, fuhr er fort, indem er mit begeisterter Zärtlichkeit auf seinen Sohn blickte, »ich muß zurück an meinen Herd, aber ich schicke einen Jüngeren, der die Sache aus dem Fundament gelernt hat. Schon im Februar mag der Friedrich seinen Einzug bei dir halten, und dann könnt ihr bauen und Mergel graben und Heide brennen nach Herzenslust, damit, wenn ich nach ein paar Jahren wiederkehre, aus der braunen Steppe ein grünes Heimwesen mir entgegenleuchte. – Wir wollen einen jungen festen Fuß auf unsere heimatliche Erde setzen; denn trotz alledem«, und seine Stimme sank bei diesem Worte, »ich lasse es mir nicht nehmen, die Herrlichkeit der deutschen Nation ist im Beginnen; und wir von den äußersten deutschen Marken, wir Markomannen, zu Leid und Kampf geboren, wie einst ein alter Herzog uns geheißen – wir gehören auch dazu!«

Der Senator hatte still danebengestanden. »Du irrst dich, Christian«, sagte er jetzt; »es rührt sich keine Hand um uns; oder« – und er nahm ein Zeitungsblatt neben sich von der Kommode – »wie es hier geschrieben steht:

Die Fremde Sprache schleicht von Haus zu Haus
Und deutsches Wort und deutsches Lied löscht aus;
Trotz alledem – es muß beim alten bleiben:
Die Feinde handeln, und die Freunde schreiben.«

Aber der alte Freischärler legte die Faust vor sich auf den Tisch, und die tiefe Narbe über der Stirn begann zu leuchten. »Mögen sie schreiben!« rief er; »das rechte Wort wandert landaus und -ein, rastlos und unantastbar, bis es sein Fleisch und Bein gefunden hat. Langsam geht es, langsamer als anderswo; aber« – und die breite germanische Männergestalt richtete sich in ihrer ganzen Höhe auf – »das Wachstum der Eiche zählt nur nach Jahrhunderten. Laß dich nicht irren von dem, Schwester! – Lies nur die Bedingungen; der Verkäufer hat uns nirgends übervorteilt.«

Sie hatte teilnehmend diesen Reden zugehört. Nun, während der Senator schweigend seine Zeitung zusammenfaltete, nahm sie das Schriftstück und begann es aufmerksam zu lesen. Die Hand, welche das Blatt hielt, zitterte; aber ihr Antlitz verklärte sich wie von junger aufstrebender Hoffnung, da doch das Leben sich schon abwärts neigte.

Der Bruder stand ihr gegenüber; die Arme untergeschlagen, gespannt zu ihr hinüberblickend. – Sie hatte ihn wohl verstanden; er wollte ihr nach Kräften einen Ersatz der Lebensgüter bieten, auf die sie einst durch jenes schwesterliche Opfer hatte verzichten müssen. Sie blickte empor, und die Augen der Geschwister begegneten sich. »Du willst mir gar nichts schuldig bleiben!« sagte sie schüchtern; »aber Christian, du zahlst dich arm dabei.«

Der lebhafte Mann schüttelte sein buschiges Haupthaar, als wolle er das Gefühl abschütteln, das ihn überkam. »Nein, nein!« rief er, die Hand wie abwehrend vor sich hinstreckend; »aber ich dächte, Schwester, du hülfest gern deinem Bruderssohn zu Haus und Hof!«

Sie sah ihn an und lächelte; aber noch einmal verschwand das Lächeln für kurze Zeit von ihrem Antlitz, und sie blickte mit fast schmerzlichem Ausdruck auf das vor ihr liegende Schriftstück. Sie mochte des Toten gedenken, über dessen kleinen Schatz sie jetzt auch verfügen sollte. – Dann, nach einer Weile, tauchte sie die Feder ein und schrieb. »Für mich – und Ehrenfried!« sagte sie.

Der Senator ergriff die Hände des jungen Mannes, der schweigend das Ende der Verhandlungen abgewartet hatte. Sein etwas finsteres Auge ruhte mit Wohlgefallen auf der festen, ausgeprägten Stirn des Jünglings. »Weil du es denn gewollt«, sagte er, zu seinem Freunde hingewandt, »dein Sohn soll uns willkommen sein. – Und morgen Weinkauf auf dem Heidehof! Nein, Meta, sorge nur nicht; wir kannten dich ja – die Braten sind schon alle hier gemacht.«

Gertrud Storm

Weihnachten bei Theodor Storm

Unser Vater war ein echter, rechter Weihnachtsmann, er wußte jedes Fest erst recht zu einem Feste zu gestalten. Den ganzen Zauber der Weihnacht seiner Kindheit wußte er in unsere Weihnacht zu übertragen. Und so feiern auch wir, seine Kinder, unsere Weihnachtsfeste ganz im Sinne unseres Vaters. Der Weihnachtsbaum wird genau so geschmückt, wie er einst ihm geschmückt wurde, die Kuchen nach den althergebrachten Familienrezepten gebacken, wie sie schon sein Kinderherz entzückten.

Wenn das alte, liebe Weihnachtsfest wieder naht und ich mich in eine rechte Weihnachtsstimmung versetzen will, setze ich mich in der Dämmerung in einen tiefen Lehnstuhl. Von draußen wirft die Laterne traulich ein mattes Licht durch die Fenster. Ich schließe die Augen und bald bin ich daheim in unserem großen, alten Hause in Husum in der Wasserreihe. Meine Geschwister und ich, wir sind wieder Kinder.

Es wird wieder einmal Weihnachten und wir Kinder leben in goldenen Träumen, bis das im Leben so seltene Wunder eintritt, daß diese Träume in dem brennenden Weihnachtsbaum verkörpert vor uns stehen. Draußen auf den stillen Wegen des Gartens, den Sträuchern und alten Bäumen, liegt glitzernder Schnee. Im ganzen Hause duftet es nach Tannen und braunen Weihnachtskuchen. Feststimmung guckt schon aus allen Ecken, wie eine Ahnung von Weihnachtsabend.

Es weihnachtet sehr – die Heimlichkeiten wachsen mit jedem Tage. Vater schließt sich immer häufiger in seiner Studierstube ein, und wir Kinder, die wir um die Zeit der heiligen Weihnacht gerne an den Türen lauschen, hören ihn die Tür des Nußbaumschrankes öffnen und leise wieder schließen. Dieser Nußbaumschrank birgt in seinem Innern alle Geheimnisse und Wunder fürs Weihnachtsfest. In einem unbewachten Augenblick treten wir doch ins Zimmer. Vater schließt schnell den Schrank, dann nimmt er uns in seine Arme, macht ein geheimnisvolles Gesicht, sieht uns innig an und sagt mit leiser Stimme nur das eine Wort »Weihnachten«.

In der Eßstube ist großes Kuchenbacken. Unsere Mutter und die Mädchen stehen mit aufgekrempelten Ärmeln. Sie rollen weißen und braunen Kuchenteig aus, der in großen Steintöpfen um den Ofen herum steht. Große schwarze Platten stehen bereit, die verschieden geformten Kuchen aufzunehmen, die dann von den Mädchen zum Bäcker getragen werden.

Auch wir Kinder haben unseren Teil bekommen. Wir stehen an unserem kleinen Kindertisch, ein weißes Nachthemd über unsere Kleider, ein gezipfeltes Taschentuch auf dem Kopfe.

Jedes von uns hat ein Klümpchen weißen und braunen Kuchenteig vor sich, der bald unter unseren geschäftigen kleinen Händen in die wunderbarsten Dinge gewandelt wird. Die Tür öffnet sich und unser Vater tritt mit dem freundlichsten Leuchten seiner blauen Poetenaugen ins Zimmer.

»Ihr seid ja alle gewaltig in der Fahrt«, neckt er und bewundert unsere herrlichen Schöpfungen, von denen man meistens nicht zu erkennen vermag, was sie vorstellen sollen. Es beginnt nun ein heimliches Geflüster zwischen Vater und uns, und es gelingt uns, Vater einige kleine Weihnachtsüberraschungen verraten zu lassen, die unsere Freude am Weihnachtsabend keineswegs verringert.

»Morgen wollen wir vergolden und Netze schneiden«, spricht Vater verheißungsvoll.

Wenn wir in ein bestimmtes Alter gekommen waren, durften wir vergolden helfen und Netze schneiden. Die langen schmalen Streifen Rauschgold wurden freilich nur von unserem Vater geschnitten, mit seiner großen alten Papierscheere, die ich so deutlich vor mir sehe. –

Morgen ist heute geworden und Vater nimmt uns mit in seine Studierstube. Die dunkle Holztäfelung der Decke, die tiefrote behagliche Färbung der Wände, an denen rings herum die Bücherregale laufen, und über dem Tische die helle leuchtende Lampe schauen uns behaglich und gar verheißungsvoll an. Auf dem Tisch ausgebreitet liegen Nüsse, Tannenzapfen, Eier und Schaumgold. Wir setzen uns alle um den Tisch und beginnen nach Vaters Anordnung Watte in Eiweiß zu tauchen, mit der wir vorsichtig die Nüsse und Tannenzapfen betupfen. Dann wird ein Stück Schaumgold auf die befeuchtete Stelle gelegt und vorsichtig mit Watte angetupft. Nun werden zwölf Netze vom feinsten weißen Konzeptpapier geschnitten. Uns Kindern klopft das Herz dabei: »wenn wir nun die Spitzen abschneiden!« In die Netze kommen große, viereckige Bonbons, die wir alter Tradition gemäß in farbige Papiere wickeln, die durchaus die Farben: grün, gold und hausrot haben müssen.

Auf diese Netze, in denen schon seine Kinderträume hingen, legte unser Vater besonderen Wert. Wer von uns zum ersten Mal in seinem kleinen Leben ein solches wunderbares Netz tadellos ausgeführt hatte, kam sich vor, als sei er nun erst ein fertiger kleiner Mensch geworden.

Die weißen Netze sind geschnitten und tadellos zu unseres Vaters innigster Befriedigung ausgefallen. Goldene

Nüsse, Eier und Tannenzapfen heben sich leuchtend von der dunklen Tischplatte ab. Wir Kinder stehen ermüdet auf und wollen zu Bett gehen. Vater tritt ans Fenster, öffnet weit beide Flügel. – Der Mond scheint und wir Kinder sehen deutlich zwischen Vaters ausgebreiteten Armen in den beschneiten Garten. Da spricht Vater mit leiser, wie von Musik getragener Stimme:

»Mondbeglänzte Zaubernacht,
Die den Sinn gefangen hält,
Wunderbare Märchenwelt,
Steig auf in der alten Pracht.«

Wir gehen still und nehmen den Zauber dieser Stimmung mit in unsere Träume, aus denen wir mit dem seligen Bewußtsein erwachen: »Heute ist er, der heilige Abend.« Nun beginnt ein buntes Treiben im Hause. Vater trägt alle seine Schätze selbst ins Weihnachtszimmer, in dem die zwölf Fuß hohe Tanne schon ihres Schmuckes wartet. Wir Kinder schmücken in unserer Kinderstube ein kleines, bescheidenes Bäumchen für arme Kinder. Wir haben ihn von unserem eigenen Gelde erstanden. Vater und Mama schließen sich unten ins große Weihnachtszimmer ein, gleich wenn man in den Flur tritt links, un der Märchenbaum fängt an sich zu entfalten. Die Brüder Hans und Ernst kommen heim, und Karl, unser stiller Musikant. Heute muß Vater alle seine Kinder um sich versammelt haben, um ein rechtes Weihnachtsgefühl zu empfinden. Die Fenster der Weihnachtsstube sind dicht verhangen, die vielen Türen, die ins Reich der Weihnachtswunder führen, verschlossen. Wir schleichen an die Fenster und knien vor den Türen. Meine jüngste Schwester Dodo hat ein besonderes Talent, mit unserer

Mutter, verborgen in den Falten ihres Kleides, in die Weihnachtsstube zu schlüpfen.

Vom frühen Morgen an kommen Scharen von Kindern, die von Haus zu Haus ziehen und im Flur ihre hellen Kinderstimmen ertönen lassen: »Vom Himmel hoch, da komm' ich her.« Ein großer Korb mit Wasserkringeln steht schon bereit, mit denen die kleinen Sänger belohnt werden. Mittags wird nach althergebrachter Sitte Kaffee getrunken und Butterbrot gegessen. Der Kaffeekanne entströmt an diesem Tage ein wundersamer Duft, so duftet er nur einmal im Jahr, und die Butterbröte schmecken uns wie der schönste Kuchen.

Am Nachmittag wandern wir Kinder, jedes ein Körbchen am Arm, ins Kloster St. Jürgen. Wir wollen zwei alten Großtanten dort bescheren, »Tante Anna und Tante Christine«. Tante Anna wird von uns bevorzugt. In ihrem kleinen, behaglichen Altjungfernstübchen liegen wir schließlich auf der Erde vorm offenen Ofen und schauen in die rote Glut der verglimmenden Kohlen. Die liebe, alte Tante sitzt im alten Lehnstuhl neben uns, ihr feines altes Gesicht von einer weißen Spitzenhaube umrahmt. Sie erzählt uns altmodische Kindergeschichten, an die sich immer eine Moral knüpft. Wir hören interessiert zu, knacken dabei Nüsse und werfen die Schalen in die rote Glut – das knistert so schön. – So vergeht die Zeit – vom Kirchturm drüben schlägt es halb fünf. Tante Anna hüllt uns sorgsam in unsere warmen Mäntel und Kapuzen und fort geht es.

Auf den Straßen liegt tiefe Dämmerung, der Schnee knirscht unter unseren Füßen. Schwärme von Kindern begegnen uns, hier und dort dringt aus einer geöffneten Haustür Gesang zu uns heraus. Wir fassen uns an den Händen und laufen und kommen atemlos heim. Im Flur bleiben wir stehen und singen, als gehörten wir zu den Sängern. Die Köchin kommt aus der Küche gelaufen mit den üblichen Wasserkringeln. Sie jagt uns lachend und scheltend in die Kinderstube. Wir werden nun festlich geschmückt und gehen dann in die Studierstube unseres Vaters, wo wir schon unsere Großmutter mit ihrer getreuen Lebensgefährtin, von uns »Tante Tine« genannt, und zwei alte Freunde des Hauses in behaglichem Geplauder vorfinden.

Seit dem Tode unseres Großvaters schaut Großmutter unserer Bescherung zu. Großvater war zwar niemals bei der Bescherung zugegen, aber wir wußten doch, er saß währenddessen behaglich in seinem Kontor und freute sich über die kleinen Sendungen an Geld und Viktualien – meistens ein großes Stück Rauchfleisch –, die er von dort aus an Kinder und Schwiegerkinder gespendet hatte.

Nun auch er in das Land der Vergangenheit gegangen ist, läßt die bunte Kinderfreude diesen Abend der Erinnerung sanft für unsere alte Großmutter vorüber gehen.

Endlich ertönt der Klang der silbernen Glocke. Wir stürzen die Treppe herunter, die Flügeltüren fliegen auf, wir treten ein, jung und alt. Ein starker Duft von Tannen, brennenden Lichtern und braunen Weihnachtskuchen schlägt uns entgegen – und da steht er, der brennende Baum, im vollen Lichterglanz. Ich will ihn mit meines Vaters eigenen Worten schildern:

»Mit seinen Flittergoldfähnchen, seinen weißen Netzen und goldenen Eiern, die wie Kinderträume in den dunklen Zweigen hängen.« – Oder wie er in einem Brief an Freund Keller geschildert wird: »Der goldene Märchenzweig, dito die Traubenbüschel des Erlensamens und große Fichtenzapfen, an denen lebensgroße Kreuzschnäbel von Papiermaché sich anklammern. Rotkehlchen sitzen und fliegen in dem Tannengrün und eines sitzt und singt bei seinem Nest mit Eiern. Feine weiße Netze, deren Inhalt sorgsam in Gold- und andere in Lichtfarben gewählte Papiere gewickelt ist.«

Der Märchenzweig ist eine Erfindung meines Bruders Ernst. Ein großer Lärchenzweig wird ganz vergoldet und so in der Mitte des Baumes befestigt, daß er seine schlanken feinen Zweige nach allen Seiten ausbreitet. Ein Freund unseres Hauses, Regierungsrat Petersen, der derzeit in Schleswig lebte, taufte den so vergoldeten Zweig »Märchenzweig«. Freund Petersen und Vater tauschten alle Jahre kleine Weihnachtsüberraschungen aus. In einem Jahre brachte er Vater kurz vor Weihnachten das erste Paket »Lametta«. Vater schreibt darüber:

»Unser Tannenbaum hat in diesem Jahr besonderes Aufsehen erregt. Freund Petersen brachte am Sonntag vor Weihnachten eine Tüte märchenhafter Silberfäden. Mit diesen feinen Silberfäden wurde der Baum umsponnen, daß er aussah wie fliegender Sommer.« –

Unser Karl setzt sich ans Klavier und stimmt leise an: »Stille Nacht, heilige Nacht«. Wir alle stimmen ein. Das Weihnachtslied ist verklungen, wir umstehen den Baum und lassen die Wunder der Weihnacht still auf uns wirken. Vater nickt uns bewegt zu, legt den Arm um unsere Mutter und führt wie immer sie zuerst zu ihren Gaben, die geheimnisvoll umhüllt sind. Mitten auf dem Tisch steht zu Mamas grenzenloser Verwunderung Vaters Pelzmütze. Mama erfaßt sie zögernd, ihr Blick hängt fragend an dem unseres Vaters – und hervor rollt eine große Papierkugel. Ein Papier nach dem andern wird abgewickelt, bis sich schließlich in einem kleinen Kästchen verborgen ein feiner, goldener Ring dem erstaunten Blick zeigt.

Eine Schlange, die sich in den Schwanz beißt, ein solcher Ring war ein langgehegter Wunsch meiner Mutter. Vater erwartet leuchtenden Auges die Wirkung seiner Überraschung. Meine Schwester Ebbe sagte einmal bei solcher Gelegenheit: »Vater hat ein Weihnachtslicht in den Augen.« Nun führt Vater jedes seiner Kinder zu ihren Gaben, uns kleine zuerst. Puppen – wohin wir sehen, kleine und große – und Bücher, die durften niemals auf unserm Weihnachtstisch fehlen.

Wir haben uns müde gespielt – wir nehmen unsere Weihnachtsbücher und setzen uns im trauten Schein des Lichterbaumes und lesen. Gar verführerisch ist es, heimlich ein Stückchen Zuckerwerk abzuzupfen und es ebenso heimlich zu verzehren. Vater tritt leise zu uns unter den Tannenbaum, streicht uns sanft mit seiner schönen, schlanken Hand übers Haar und fragt: »Hab' ich's getroffen?«

Nachdem sich das erste Entzücken gelegt hat, bringt die Köchin das messingene Kohlenkomfort, auf dem gar bald der blitzblank geputzte Teekessel ein melodisches Lied anstimmt, und der Duft feinsten Tees vermischt sich mit dem der Tanne und der braunen Weihnachtskuchen. Die beiden Mädchen in den gleichen maiengrünen Festgewändern, mit Häubchen und blendend weißen Schürzen angetan, präsentieren den Tee, wir Kinder den knusperigen Weihnachtskuchen. So sitzen wir recht traut beisammen.

Da erklingt von draußen, vom Vorplatz, der Gesang einer tiefen melodischen Altstimme zu uns herein.

»O du fröhliche,
O du selige,
Gnadenbringende Weihnachtszeit.«

Ein helles Leuchten verklärt das liebe Angesicht unseres Vaters, er steht leise auf, öffnet die Tür und zieht ein gar liebliches kleines Bettelmädchen herein.

Das Kind, mit von der Kälte geröteten Wangen, strahlenden Kinderaugen, das Gesichtchen von blonden Locken umrahmt, bleibt stumm und wie verzaubert im Türrahmen stehen.

Wir alle umstehen sie, sie muß noch einmal ihre glockenreine Stimme hören lassen. Dann erfaßt Vater eines ihrer schmutzigen kleinen Händchen und fragt sie liebreich:

»Was willst du nun haben, etwas zu essen oder Kuchen?«

»Danke, ich habe schon gegessen«, spricht das Kind zu unserer grenzenlosen Freude. Da heißt mein Vater sie ihr Schürzchen auftun, Mama nimmt vom Tisch einen vollen Teller Weihnachtskuchen und schüttet sie in die ausgebreitete Schürze.

Voll leuchtenden Dankes schaut das Kind zu Mama auf, wirft noch einen scheuen Blick auf all den Lichterglanz und die strahlenden Gesichter, und fort ist sie, die kleine Lichtgestalt, denn so erscheint sie uns trotz ihrer Lumpen.

Die Lichter sind erloschen, die glitzernde Pracht des Baumes leuchtet nur noch im matten Dämmerlicht der Lampen. Unsere Mutter ruft zum Festessen. – Wir Kinder trennen uns schweren Herzens vom Tannenbaum, unseren Puppen und Büchern. Sauerbraten und ein großer Apfelkuchen – Tante Moritz genannt – bilden das Festessen, Punsch, nach Vater kurzweg »Landvogt« genannt, ist das Festgetränk.

Wir alle sitzen an unseren Plätzen, der Punsch ist in die Gläser geschenkt, Vater erhebt sein Glas, er nickt uns allen voll innigster Befriedigung zu und sendet dann in einem kleinen Trinkspruch »einen vollen Gruß seiner Liebe« allen denen, die seinem reichen, liebevollen Herzen nah', an diesem Abend aber ferne von ihm sind. Der Apfelkuchen wird aufgetragen, nach dem unsere begehrlichen Kinderaugen schon lange ausschauen.

Einer der alten lieben Weihnachtsgäste wirft an jedem Weihnachtsabend zu unserer heimlichen Freude die Frage auf: »Ist das nicht Tante Moritz?« Und jedesmal folgt die prompte Antwort: »Ja, das ist Tante Moritz.«

Von Tante Moritz ist nach einer Weile keine Spur mehr, und nun geht es noch einmal zurück ins Weihnachtszimmer. Jeder von uns folgt seinen besonderen Neigungen. Meine Brüder ergreifen mit einem wahren Festtagsausdruck ihrer blauen Augen die neuen Bücher und ziehen sich mit ihnen in irgend einen Schmunzelwinkel zurück. Wir Kinder nehmen unsere Puppen auf den Schoß und lauschen, denn Karl, unser Musikus, singt uns ein neueinstudiertes Lied von Robert Franz:

»Einen schlimmen Weg ging gestern ich,
Einen Weg, den ich nicht wieder geh,
Zwei süße Augen trafen mich,
Zwei süße Augen, lieb und blau.«

Karl hat einen wunderbaren Bariton und singt einfach, mit tief zu Herzen gehendem Vortrag. Zum Schluß spielen Karl und meine Schwester Lisbeth »Nußknacker und Mausekönig« von Karl Reinike. Vater liest den Text dazu. So ist es immer bei uns.

Lautlos lauschen wir alle, eine träumerisch-selige Stimmung umfängt uns. Der letzte Ton, das letzte Wort ist verklungen. Unsere Mutter mahnt leise zum Schlafengehen.

Draußen vor den Fenstern stäubt der Schnee, aber während wir Kinder bald in einen tiefen Schlaf fallen, machen die Eltern und großen Geschwister noch einen Besuch im brüderlichen Hause in der Süderstraße.

Jahre kommen und gehen. Es ist unserm lieben Vater nicht mehr vergönnt, alle seine Kinder um den heimatlichen Weihnachtsbaum zu versammeln. Statt dessen werden Kisten gepackt und Pakete gemacht und Weihnachtsbriefe geschrieben. An Hans nach Wörth in Bayern, wo er als Arzt lebt, an Ernst nach Toftlund und Lisbeth nach Heiligenhafen. Sie haben sich inzwischen selbst ein Heim gegründet und schmücken dort ihren Kindern den Baum.

Und Vater klagt in einem Brief an seine Tochter Lisbeth: »So haben wir denn das Weihnachtsfest gehabt und ich fühle es recht schmerzlich, daß wir gar so getrennt sind. Es ist sehr schön, der Mittelpunkt einer großen Familie zu sein, aber recht schwer, wenn so ein alter Mensch sich in so viele Teile spalten soll. Für mich fehlen zu viele von Euch, als daß das Weihnachtsgefühl so recht hätte aufkommen können.«

Noch einmal, ein letztes Mal, wird es für unseren lieben Vater »Weihnachten«. Zum ersten Male fehlt eines seiner Kinder ganz, auch seine liebevollsten Gedanken vermögen es nicht mehr zu erreichen. Unser ältester Bruder Hans ist von uns gegangen. Der Baum steht noch einmal in vollem Lichterglanz, die Flügeltüren öffnen sich weit. – Vater legt den Arm um Mama, wir, die wir keine Kinder mehr sind, umstehen das Klavier und Karl stimmt leise an. »Stille Nacht, heilige Nacht.« Wie wir an die Stelle kommen »Schlaf in himmlischer Ruh« – da breitet Vater weit die Arme aus, Tränen stürzen aus seinen lieben Augen, und leise hören wir ihn die Worte sprechen: »Unten in Bayern, da ist ein einsames Grab, darüber weht der Wind und der Schnee fällt in dichten Flocken drauf.«

Wir singen nicht weiter, wir gehen zu ihm und nehmen sanft seine lieben Hände, und eine schmerzliche Ahnung, daß wir wohl so zum letzten Male mit unserem lieben kleinen Vater unter dem brennenden Lichterbaum stehen, durchzittert unsere Herzen. So endete das letzte Weihnachtsfest mit unserem Vater.

Peter Rosegger

Als ich Christtagsfreude holen ging

In meinem zwölften Lebensjahre wird es gewesen sein, als am Frühmorgen des Christabends mein Vater mich an der Schulter rüttelte: ich solle aufwachen und zur Besinnung kommen, er habe mir was zu sagen. Die Augen waren bald offen, aber die Besinnung! Als ich unter Mithilfe der Mutter angezogen war und bei der Frühsuppe saß, verlor sich die Schlaftrunkenheit allmählich, und nun sprach mein Vater: »Peter, jetzt höre, was ich dir sage. Da nimm einen leeren Sack, denn du wirst was heimtragen. Da nimm meinen Stecken, denn es ist viel Schnee, und da nimm eine Laterne, denn der Pfad ist schlecht und die Stege sind vereist. Du mußt hinabgehen nach Langenwang. Den Holzhändler Spreitzegger zu Langenwang, den kennst du, der ist mir noch immer das Geld schuldig, zwei Gulden und sechsunddreißig Kreuzer für den Lärchbaum. Ich laß ihn bitten drum; schön höflich anklopfen und den Hut abnehmen, wenn du in sein Zimmer trittst. Mit dem Geld gehest nachher zum Kaufmann Doppelreiter und kaufest zwei Maßel Semmelmehl und zwei Pfund Rindschmalz, und um zwei Groschen Salz, und das tragst heim.«

Jetzt war aber auch meine Mutter zugegen, ebenfalls schon angekleidet, während meine sechs jüngeren Geschwister noch ringsum an der Wand in ihren Bettchen schliefen.

Die Mutter, die redete drein wie folgt: »Mit Mehl und Schmalz und Salz allein kann ich kein Christtagsessen richten. Ich brauch dazu noch Germ (Bierhefe) um einen Groschen, Weinbeerln um fünf Kreuzer, Zucker um fünf Groschen, Safran um zwei Groschen und Neugewürz um zwei Kreuzer. Etliche Semmeln werden auch müssen sein.«

»So kaufest es«, setzte der Vater ruhig bei. »Und wenn dir das Geld zu wenig wird, so bittest du den Herrn Doppelreiter, er möcht' die Sachen derweil borgen und zu Ostern, wenn die Kohlenraitung ist, wollt' ich schon fleißig zahlen. Eine Semmel kannst unterwegs selber essen, weil du vor Abend nicht heimkommst. Und jetzt kannst gehen, es wird schon fünf Uhr, und daß du noch die Achte-Messe erlangst zu Langenwang.«

Das war alles gut und recht. Den Sack band mein Vater mir um die Mitte, den Stecken nahm ich in die rechte Hand, die Laterne mit der frischen Unschlittkerze in die linke, und so ging ich davon, wie ich zu jener Zeit in Wintertagen oft davongegangen war. Der durch wenige Fußgeher ausgetretene Pfad war holperig im tiefen Schnee, und es ist nicht immer leicht, nach den Fußstapfen unserer Vorderen zu wandeln, wenn diese zu lange Beine gehabt haben. Noch nicht dreihundert Schritte war ich gegangen, so lag ich im Schnee, und die Laterne, hingeschleudert, war ausgelöscht. Ich suchte mich langsam zusammen und dann schaute ich die wunderschöne Nacht an. Anfangs war sie ganz grausam finster, allmählich hub der Schnee an, weiß zu werden und die Bäume schwarz und in der Höhe war helles Sternengefunkel. In den Schnee fallen kann man auch ohne Laterne, so stellte ich sie seithin unter einen Strauch und ohne Licht ging's nun besser als vorhin.

In die Talschlucht kam ich hinab, das Wasser des Fresenbachs war eingedeckt mit glattem Eis, auf welchem, als ich über den Steg ging, die Sterne des Himmels gleichsam Schlittschuh liefen. Später war ein Berg zu übersteigen; auf dem Passe, genannt der »Höllkogel«, stieß ich zur wegsamen Bezirksstraße, die durch Wald und Wald hinabführt in das Mürztal. In diesem lag ein weites Meer von Nebel, in welches ich sachte hineinkam, und die feuchte Luft fing an, einen Geruch zu haben, sie roch nach Steinkohlen; und die Luft fing an, fernen Lärm an mein Ohr zu tragen, denn im Tale hämmerten die Eisenwerke, rollte manchmal ein Eisenbahnzug über dröhnende Brücken.

Nach langer Wanderung ins Tal gekommen zur Landstraße, klingelte Schlittengeschelle, der Nebel ward grau und lichter, so daß ich die Fuhrwerke und Wandersleute, die für die Feiertage nach ihren Heimstätten reisten, schon auf kleine Strecken weit sehen konnte. Nachdem ich eine Stunde lang im Tale fortgegangen war, tauchte links an der Straße im Nebel ein dunkler Fleck auf, rechts auch einer, links mehrere, rechts eine ganze Reihe – das Dorf Langenwang.

Alles, was Zeit hatte, ging der Kirche zu, denn der Heilige Abend ist voller Vorahnung und Gottesweihe. Bevor noch die Messe anfing, schritt der hagere gebückte Schulmeister durch die Kirche, musterte die Andächtigen, als ob er jemanden suche. Endlich trat er an mich und fragte leise, ob ich ihm nicht die Orgel melken wolle, es sei der Meßnerbub krank. Voll Stolz und Freude, also zum Dienste des Herrn gewürdigt zu sein, ging ich mit ihm auf den Chor, um bei der heiligen Messe den Blasebalg der Orgel zu ziehen. Während ich die zwei langen Lederriemen abwechselnd aus dem Kasten zog, in welchen jeder derselben allemal wieder langsam hineinkroch, orgelte der Schulmeister, und seine Tochter sang also:

»Tauet, Himmel, den Gerechten,
Wolken, regnet ihn herab!

Also rief in bangen Nächten
Einst die Welt, ein weites Grab.
In von Gott verhaßten Gründen
Herrschten Satan, Tod und Sünden,
Fest verschlossen war das Tor
Zu dem Himmelreich empor.«

Ferner erinnere ich mich, an jenem Morgen nach dem Gottesdienste in der dämmerigen Kirche vor ein Heiligenbild hingekniet zu sein und gebetet zu haben um Glück und Segen zur Erfüllung meiner bevorstehenden Aufgabe. Das Bild stellte die vierzehn Nothelfer dar – einer wird doch dabei sein, der zur Eintreibung von Schulden behilflich ist. Es schien mir aber, als schiebe während meines Gebetes auf dem Bilde einer sich sachte hinter den andern zurück.

Trotzdem ging ich guten Mutes hinaus in den nebeligen Tag, wo alles emsig war in der Vorbereitung zum Feste, und ging dem Hause des Holzhändlers Spreitzegger zu. Als ich daran war, zur vorderen Tür hineinzugehen, wollte der alte Spreitzegger, soviel ich mir später reimte, durch die hintere Tür entwischen. Es wäre ihm gelungen, wenn mir nicht im Augenblick geschwant hätte: Peter, geh nicht zur vorderen Tür ins Haus wie ein Herr, sei demütig, geh zur hinteren Tür hinein, wie es dem Waldbauernbuben geziemt. Und knapp an der hinteren Türe trafen wir uns.

»Ah, Bübel, du willst dich wärmen gehen«, sagte er mit geschmeidiger Stimme, und deutete ins Haus, »na geh dich nur wärmen. Ist kalt heut'!« Und wollte davon.

»Mir ist nicht kalt«, antwortete ich, »aber mein Vater laßt den Spreitzegger schön grüßen und bitten ums Geld.«

»Ums Geld? Wieso?« fragte er, »ja richtig, du bist der Waldbauernbub. Bist früh aufgestanden heut', wenn du schon den weiten Weg kommst. Rast nur ab. Und ich laß deinen Vater auch schön grüßen und glückliche Feiertage wünschen; ich komm' ohnehin ehzeit einmal zu euch hinauf, nachher wollen wir schon gleich werden.«

Fast verschlug's mir die Rede, stand doch unser ganzes Weihnachtsmahl in Gefahr vor solchem Bescheid.

»Bitt wohl von Herzen schön ums Geld, muß Mehl kaufen und Schmalz und Salz, und ich darf nicht heimkommen mit leerem Sack.«

Er schaute mich starr an. »Du kannst es!« brummte er, zerrte mit zäher Gebärde seine große, rote Brieftasche hervor, zupfte in den Papieren, die wahrscheinlich nicht pure Banknoten waren, zog einen Gulden heraus und sagte: »Na, so nimm derweil das, in vierzehn Tagen wird dein Vater den Rest schon kriegen. Heut' hab' ich nicht mehr.«

Den Gulden schob er mir in die Hand, ging davon und ließ mich stehen.

Ich blieb aber nicht stehen, sondern ging zum Kaufmann Doppelreiter. Dort begehrte ich ruhig und gemessen, als ob nichts wäre, zwei Maßel Semmelmehl, zwei Pfund Rindschmalz, um zwei Groschen Salz, um einen Groschen Germ, um fünf Kreuzer Weinbeerln, um fünf Groschen Zucker, um zwei Groschen Safran und um zwei Kreuzer Neugewürz.

Der Herr Doppelreiter bediente mich selbst und machte mir alles hübsch zurecht in Päckchen und Tütchen, die er dann mit Spagat zusammen in ein einziges Paket band und an den Mehlsack so hing, daß ich das Ding über der Achsel tragen konnte, vorne ein Bündel und hinten ein Bündel.

Als das geschehen war, fragte ich mit einer nicht minder tückischen Ruhe als vorhin, was das alles zusammen ausmache?

»Das macht drei Gulden fünfzehn Kreuzer«, antwortete er mit Kreide und Mund.

»Ja, ist schon recht«, hierauf ich, »da ist derweil ein Gulden, und das andere wird mein Vater, der Waldbauer in Alpel, zu Ostern zahlen.«

Schaute mich der bedauernswerte Mann an und fragte höchst ungleich: »Zu Ostern? In welchem Jahr?«

»Na nächst' Ostern, wenn die Kohlenraitung ist.«

Nun mischte sich die Frau Doppelreiter, die andere Kunden bediente, drein und sagte: »Laß ihm's nur, Mann, der Waldbauer hat schon öfter auf Borg genommen und nachher allemal ordentlich bezahlt. Laß ihm's nur.«

»Ich laß ihm's ja, werd' ihm's nicht wieder wegnehmen«, antwortete der Doppelreiter. Das war doch ein bequemer Kaufmann! Jetzt fielen mir auch die Semmeln ein, welche meine Mutter noch bestellt hatte.

»Kann man da nicht auch fünf Semmeln haben?« fragte ich.

»Semmeln kriegt man beim Bäcker«, sagte der Kaufmann.

Das wußte ich nun gleichwohl, nur hatte ich mein Lebtag nichts davon gehört, daß man ein paar Semmeln auf Borg nimmt, daher vertraute ich der Kaufmännin, die sofort als Gönnerin zu betrachten war, meine vollständige Zahlungsunfähigkeit an. Sie gab mir zwei bare Groschen für Semmeln, und als sie nun noch beobachtete, wie meine Augen mit den reiffeuchten Wimpern fast unablösbar an den gedörrten Zwetschgen hingen, die sie einer alten Frau in den Korb tat, reichte sie mir auch noch eine

Handvoll dieser köstlichen Sache zu: »Unterwegs zum Naschen.«

Nicht lange hernach, und ich trabte mit meinen Gütern reich und schwer bepackt durch die breite Dorfgasse dahin. Überall in den Häusern wurde gemetzgert, gebacken, gebraten, gekellert; ich beneidete die Leute nicht; ich bedauerte sie vielmehr, daß sie nicht ich waren, der mit so großem Segen beladen gen Alpel zog. Das wird morgen ein Christtag werden! Denn die Mutter kann's, wenn sie die Sachen hat. Ein Schwein ist ja auch geschlachtet worden daheim, das gibt Fleischbrühe mit Semmelbrocken, Speckfleck, Würste, Nierenlümperln, Knödelfleisch mit Kren, dann erst die Krapfen, die Zuckernudeln, das Schmalzkoch mit Weinbeerln und Safran! – Die Herrenleut' da in Langenwang haben so was alle Tage, das ist nichts, aber wir haben es im Jahre einmal und kommen mit unverdorbenem Magen dazu, *das* ist was! – Und doch dachte ich auf diesem belasteten Freudenmarsch weniger noch ans Essen als an das liebe Christkind und sein hochheiliges Fest. Am Abende, wenn ich nach Hause komme, werde ich aus der Bibel davon vorlesen, die Mutter und die Magd Mirzel werden Weihnachtslieder singen; dann, wenn es zehn Uhr wird, werden wir uns aufmachen nach Sankt Kathrein und in der Kirche die feierliche Christmette begehen bei Glocken, Musik und unzähligen Lichtern. Und am Seitenaltar ist das Krippel aufgerichtet mit Ochs und Esel und den Hirten, und auf dem Berg die Stadt Bethlehem und darüber die Engel, singend: Ehre sei Gott in der Höhe! Und beim Heimgehen werde ich mich nicht wieder verirren, wie dazumal, als mich die Mooswaberl hat müssen heimbringen. – Solche Gedanken trugen mich anfangs wie Flügeln. Doch als ich eine Weile die schlittenglatte Landstraße dahingegangen war, unter den Füßen knirschenden Schnee, mußte ich mein Doppelbündel schon einmal wechseln von einer Achsel auf die andere.

In der Nähe des Wirtshauses »Zum Sprengzaun« fuhr mir etwas Vierspänniges vor. Ein leichtes Schlittlein mit vier feurigen, hochaufgefederten Rappen bespannt, auf dem Bock ein Kutscher mit glänzenden Knöpfen und einem Buttenhut. Der Kaiser? Nein, der Herr Wachtler vom Schlosse Hohenwang saß im Schlitten, über und über in Pelze gehüllt und eine Zigarre schmauchend. Ich blieb stehen, schaute dem blitzschnell vorüberrutschenden Zeug eine Weile nach und dachte: Etwas krumm ist es doch eingerichtet auf dieser Welt. Da sitzt ein starker Mann drin und läßt sich hinziehen mit soviel überschüssiger Kraft, und ich vermag mein Bündel kaum zu schleppen.

Mittlerweile war es Mittagszeit geworden. Durch den Nebel war die milchweiße Scheibe der Sonne zu sehen; sie war nicht hoch an dem Himmel hinaufgestiegen, denn um vier Uhr wollte sie ja wieder unten sein, zur langen Christnacht. Ich fühlte in den Beinen manchmal so ein heißes Prickeln, das bis in die Brust heraufstieg, es zitterten mir die Glieder. Nicht weit von der Stelle, wo der Weg nach Alpel abzweigt, stand ein Kreuz mit dem lebensgroßen Bilde des Heilands. Es stand, wie es heute noch steht, an seinem Fuß Johannes und Magdalena, das Ganze mit einem Bretterverschlag verwahrt, so daß es wie eine Kapelle war. Vor dem Kreuze auf die Bank, die für kniende Beter bestimmt ist, setzte ich mich nieder, um Mittag zu halten. Eine Semmel, die gehörte mir, meine Neigung zu ihr war so groß, daß ich sie am liebsten in wenigen Bissen verschluckt hätte. Allein das schnelle Schlucken ist nicht gesund, das wußte ich von anderen

Leuten, und das langsame Essen macht einen längeren Genuß, das wußte ich schon von mir selber. Also beschloß ich, die Semmel recht gemächlich und bedächtig zu genießen und dazwischen manchmal eine gedörrte Zwetschge zu naschen.

Es war eine sehr köstliche Mahlzeit. Wenn ich heute etwas recht Gutes haben will, was kostet das für außerordentliche Anstrengungen aller Art! Ach, wenn man nie einen Mangel zu leiden hat, wie wird man da arm!

Und wie war ich so reich damals, als ich arm war!

Als ich nach der Mahlzeit mein Doppelbündel wieder auflud, war's ein Spaß mit ihm, flink ging es voran. Nur nicht allzulange. Als ich später in die Bergwälder hinaufkam, und der graue Nebel dicht in den schneebedeckten Bäumen hing, dachte ich an den Grabler Hansel. Das war ein Kohlenführer, der täglich von Alpel seine Fuhr ins Mürztal lieferte. Wenn er auch heute gefahren wäre! Und wenn er jetzt heimwärts mit dem leeren Schlitten des Weges käme und mir das Bündel auflüde! Und am Ende gar mich selber! Daß es so heiß sein kann im Winter! Mitten im Schnee und Eisschollen schwitzen! Doch morgen wird alle Mühsal vergessen sein. – Derlei Gedanken und Vorstellungen verkürzten mir unterwegs die Zeit.

Auf einmal roch ich starken Tabakrauch. Knapp hinter mir ging – ganz leise auftretend – der grüne Kilian. Der Kilian war früher einige Zeitlang Forstgehilfe in den gewerkschaftlichen Waldungen gewesen, jetzt war er's nicht mehr, wohnte mit seiner Familie in einer Hütte drüben in der Fischbacher Gegend, man wußte nicht recht, was er trieb. Nun ging er nach Hause. Er hatte einen Korb auf dem Rücken, an dem er nicht schwer zu tragen schien, sein Gewand war noch ein jägermäßiges, aber hübsch abgetragen, und sein schwarzer Vollbart ließ nicht viel sehen von seinem etwas fahlen Gesichte. Als ich ihn bemerkt hatte, nahm er die Pfeife aus dem Mund, lachte laut und sagte: »Wo schiebst denn hin, Bub?«

»Heim zu«, meine Antwort.

»Was schleppest denn?«

»Sachen für den Christtag.«

»Gute Sachen? Der Tausend sapperment. Wem gehörst denn zu?«

»Dem Waldbauer.«

»Zum Waldbauer willst gar hinauf! Du mußt gut antauchen.«

»Tu's schon«, sagte ich und tauchte an.

»Nach einem solchen Marsch wirst gut schlafen bei der Nacht«, sprach der Kilian, mit mir gleichen Schritt haltend.

»Heut' wird nicht geschlafen bei der Nacht, heut' ist Christnacht.«

»Was willst denn sonst tun als schlafen bei der Nacht?«

»Nach Kathrein in die Mette gehen.«

»Nach Kathrein?« fragte er, »den weiten Weg?«

»Um zehn Uhr abends gehen wir von Haus fort und um drei Uhr früh sind wir wieder daheim.«

Der Kilian biß in sein Pfeifenrohr und sagte: »Na hörst du, da gehört viel Christentum dazu. Beim Tag ins Mürztal und bei der Nacht in die Mette nach Kathrein! Soviel Christentum hab' ich nicht, aber das sage ich dir doch: wenn du dein Bündel in meinen Buckelkorb tun willst, daß ich es dir eine Zeitlang trag' und du dich ausrasten kannst, so hast ganz recht, warum soll der alte Esel nicht auch einmal tragen!«

Damit war ich einverstanden, und während mein Bündel in seinen Korb sank, dachte ich: Der grüne Kilian ist halt doch ein besserer Mensch, als man sagt.

Dann rückten wir wieder an, ich huschte frei und leicht neben ihm her.

»Ja, ja, die Weihnachten!« sagte der Kilian pfauchend, »da geht's halt drunter und drüber. Da reden sich die Leut' in eine Aufregung und Frömmigkeit hinein, die gar nicht wahr ist. Im Grund ist der Christtag wie jeder andere Tag, nicht einen Knopf anders. Der Reiche, ja, der hat jeden Tag Christtag, unsereiner hat jeden Tag Karfreitag.«

»Der Karfreitag ist auch schön«, war meine Meinung.

»Ja, wer genug Fische und Butter und Eier und Kuchen und Krapfen hat zum Fasten!« lachte der Kilian.

Mir kam sein Reden etwas heidentümlich vor. Doch was er noch weiteres sagte, das verstand ich nicht mehr, denn er hatte angefangen, sehr heftig zu gehen und ich konnte nicht recht nachkommen. Ich rutschte auf dem glitschigen Schnee mit jedem Schritt ein Stückchen zurück, der Kilian hatte Fußeisen angeschnallt, hatte lange Beine, war nicht abgemattet – da ging's freilich voran.

»Herr Kilian!« rief ich.

Er hörte es nicht. Der Abstand zwischen uns wurde immer größer, bei Wegbiegungen entschwand er mir manchmal ganz aus den Augen, um nachher wieder in größerer Entfernung, halb schon von Nebeldämmerung verhüllt, aufzutauchen. Jetzt wurde mir bang um mein Bündel. Kamen wir ja doch schon dem Höllkogel nahe. Das ist jene Stelle, wo der Weg nach Alpel und der Weg nach Fischbach sich gabeln. Ich hub an zu laufen; im Angesichte der Gefahr war alle Müdigkeit dahin, ich lief wie ein Hündlein und kam ihm näher. Was wollte ich aber anfangen, wenn ich ihn eingeholt hätte, wenn ihm der Wille fehlte, die Sachen herzugeben, und mir die Kraft, sie zu nehmen? Das kann ein schönes Ende werden mit diesem Tage, denn die Sachen lasse ich nicht im Stich, und sollte ich ihm nachlaufen müssen bis hinter den Fischbacher Wald zu seiner Hütte!

Als wir denn beide so merkwürdig schnell vorwärts kamen, holten wir ein Schlittengespann ein, das vor uns mit zwei grauen Ochsen und einem schwarzen Kohlenführer langsam des Weges schliff. Der Grabler Hansel. Mein grüner Kilian wollte schon an dem Gespann vorüberhuschen, da schrie ich von hinten her aus Leibeskräften: »Hansel! Hansel! Sei so gut, leg mir meine Christtagssachen auf den Schlitten, der Kilian hat sie im Korb und er soll sie dir geben!«

Mein Geschrei muß wohl sehr angstvoll gewesen sein, denn der Hansel sprang sofort von seinem Schlitten und nahm eine tatbereite Haltung an. Und wie der Kilian merkte, ich hätte hier einen Bundesgenossen, riß er sich den Korb vom Rücken und schleuderte das Bündel auf den Schlitten. Noch knirschte er etwas von »dummen Bären« und »Undankbarkeit«, dann war er auch schon davon.

Der Hansel rückte das Bündel zurecht und fragte, ob man sich daraufsetzen dürfte. Das bat ich nicht zu tun.

So tat er's auch nicht, wir setzten uns hübsch nebeneinander auf den Schlitten, und ich hielt auf dem Schoß sorgfältig mit beiden Händen die Sachen für den Christtag. So kamen wir endlich nach Alpel. Als wir zur ersten Fresenbrücke gekommen waren, sagte der Hansel zu den Ochsen: »Oha!« und zu mir: »So!« Die Ochsen verstanden und blieben stehen, ich verstand nicht und blieb sitzen. Aber nicht mehr lange, es war ja zum Aussteigen, denn der Hansel mußte links in den Graben hinein und ich rechts den Berg hinauf.

»Dank dir's Gott, Hansel!«

»Ist schon gut, Peterl.«

Zur Zeit, da ich mit meiner Last den steilen Berg hinanstieg gegen mein Vaterhaus, begann es zu dämmern und zu schneien. Und zuletzt war ich doch daheim.

»Hast alles?« fragte die Mutter am Kochherd mir entgegen.

»Alles!«

»Brav bist. Und hungrig wirst sein.«

Beides ließ ich gelten. Sogleich zog die Mutter mir die klinghart gefrorenen Schuhe von den Füßen, denn ich wollte, daß sie frisch eingefettet würden für den nächtlichen Mettengang. Dann setzte ich mich in der warmen Stube zum Essen.

Aber siehe, während des Essens geht es zu Ende mit meiner Erinnerung. – Als ich wieder zu mir kam, lag ich wohlausgeschlafen in meinem warmen Bette, und zum kleinen Fenster herein schien die Morgensonne des Christtages.

Oskar Maria Graf

Die Weihnachtsgans

Am Weihnachtssonntag gegen Viertel nach zehn Uhr in der Frühe ereignete sich in einem Gäßchen der Altstadt ein schier unglaublicher Vorfall: Leute, die vom Hochamt heimgingen und an dem Hause Nummer 18 vorüberkamen, glotzten plötzlich in die Höhe, riefen jäh ein angehacktes »Oho! Oho!«, hielten sich alsdann den Kopf, wichen entsetzt zurück, blieben starr stehen, schauten abermals wortlos in die Höhe und bildeten im nächsten Augenblick einen heftig gestikulierenden, wild ineinanderschimpfenden Ring empörter Zeitgenossen.

»Also, da hört sich doch alles auf! Also da – das ist –«, plärrte der Metzgermeister Heinagl mit seiner krachenden Stimme, wurde aber sogleich von den keifenden Weibern überschrien, so daß man nur noch die unzusammenhängenden Worte verstehen konnte: »Unverschämtheit, so was! Schweinerei! – Glatt aufhängen sollt' man s'.«

Und nieder beugten sich alle zugleich. Der Lärm wurde immer ärger.

»Andere wissen nicht, wo sie ein Stück Brot hernehmen solln!« wurde verständlich. »Hundsbande, miserablige! Polizei! Wo ist da die Polizei?« schmetterte Heinagl zwischenhinein, und aus den Fenstern des Hauses, von gegenüber, von oben und unten reckten sich die Köpfe.

»Jaja, ja, jetzt so was! Ja«, riefen etliche baff, und ein Schimpfen und Streiten erfüllte die enge Gasse, Beleidigungen flogen herum wie aufgescheuchte Fledermäuse. Endlich kam ein Schutzmann im Eilschritt daher. Der Ring auf dem Pflaster zerteilte sich und machte Platz.

»Da! Da schauen S' bloß, Herr Wachtmeister! Also so eine Bande gehört doch glatt eingesperrt! Erschlagen –«, erhitzte sich der Metzgermeister, und alle waren seiner Meinung.

Was war eigentlich geschehen? Kurz gesagt, dies: Jemand aus dem Hause Nummer 18 hatte eine wunderbar fette, gerupfte, bratfertige Gans aus dem Fenster geworfen. Die lag jetzt, aufgeplatzt und leicht ramponiert, auf dem Pflaster. Eine Gans, notabene, die, wie der Wachtmeister nach schneller Prüfung feststellte, absolut frisch, zart und zum Anbeißen appetitlich war!

Eine solche Kostbarkeit zu so einer Zeit wie der heutigen, wo Tausende elendiglich hungern müssen, die hatte jemand ganz frech – nicht auszudenken –!

Der Ring auf der Gasse wurde immer größer, wilder und wirrer. Vorn von der breiten Straße kamen massenhaft Neugierige dahergelaufen. Das Schimpfen und Plärren schwoll und schwoll. Der Wachtmeister packte kurzerhand die nackte Gans an den zwei zusammengebundenen Hinterschenkeln und trat martialisch in das Haus Nummer 18. Er klopfte an jede Tür und fragte immer gleichweise: »Ist die Gans von Ihnen? Haben Sie –« Die mitgelaufenen Leute hinter ihm schauten mit Fangaugen und wahren Lynchgelüsten auf die in der Tür Auftauchenden.

»Wir? Ausgeschlossen! Nein!« war stets die gleiche Antwort, und alsdann flog die Tür zu. Das grollende Schimpfen und Trappen stieg höher. Parterre konnte es nicht gewesen sein, im ersten Stock, beim Steuerschreiber Wengerl, gab es ausnahmsweise Schweinebraten, im zweiten Stock, beim Zigarrenhändler Aubichler, roch man schon von weitem das Kraut, und im vierten Stock …?

»Wohnt denn da überhaupt noch wer droben?« erkundigte sich der Wachtmeister und schaute an den muffigen, dunklen, rissigen Wänden hoch.

»Jaja, wohnen schon, aber von dem wird's sicher nicht sein. Der ist ja schon zwei Jahre arbeitslos«, gab Aubichler Auskunft. Es klang gar nicht freundlich. Schon wollte der Wachtmeister mit seinem Gefolge unverrichteter Dinge gehen, gab sich aber doch einen Ruck und stieg hinauf zum verwahrlosten Speicherbereich. Rechts eine Tür, darauf stand: »Betreten des Speichers mit offenem Licht verboten«, und links eine. Kein Klingelknopf, kein Schild mit dem Namen des Inwohners.

Etwas benommen standen die rebellischen Menschen auf der Stiege. Der Wachtmeister klopfte einmal, klopfte zweimal, klopfte zum drittenmal und sagte schließlich beamtenhaft scharf: »Aufmachen! Polizei!«

In der Tür erschien endlich ein völlig verschlampter, zaundünner Mensch mit verhedderten Bartstoppeln, hohlen, finsteren Augen und einem Gesicht, wie abgenagt.

»Gehört vielleicht Ihnen die Gans? Haben Sie ...«, fragte der Wachtmeister bedeutend unsicherer und hielt die nackte Gans hin. Die hinter ihm stehenden Menschen hielten fast den Atem an, denn der Mann gab ohne Umschweife zu: »Ja, ich hab' sie zum Fenster 'nuntergeschmissen! Jawohl – ich!« Sekundenlang blieb es stockstumm.

»Sie? Wa-as? Sie?« faßte sich der Wachtmeister als erster und bekam sofort eine steinerne Amtsmiene: »Tja, was ist denn das für ein Unfug!« Er trat durch die Tür, und die Leute drängten nach.

Zuerst kam ein schmaler, dunkler, muffiger Gang. Der Wachtmeister riß eine Tür auf, und es wurde heller. Da war eine kalte, leere Mansarde mit schrägen Wänden und dickgefrorenen Fenstern, durch welche ein spärliches, bleiches Licht fiel. Auf der einen Seite stand eine durchgesackte Metallbettstelle, darauf lag ein undefinierbarer

Berg von Decken und Lumpen. Neben dem Bett stand ein einziger Stuhl, auf dem sich ein dreckiger, voller Aschenbecher mit einer angerauchten Pfeife befand. Auf der anderen Seite des Raumes war ein zersprungener, niederer, runder eiserner Ofen, den selbst zu frieren schien. Sonst gar nichts. Verkohlte Zeitungspapierfetzen, Tabakasche und abgebrannte Streichhölzer lagen auf dem Boden herum. Eine schmale Tür stand offen. Durch sie sah man ein finsteres Loch, aus dem ein gleichmäßiges Wassertropfen drang.

»Wenn der Herr Wachtmeister sich vielleicht überzeugen wollen ... Ich meine, wegen dem Tatbestand ... Da drinnen ist meine ›Küche‹«, sagte der Mann ironisch und deutete auf die Tür. Noch spöttischer setzte er dazu: »Ist aber weiter nicht interessant. Gas abgesperrt, aber das Wasser läuft noch. Ich hab' leider kein Streichholz, aber, bitte, Herr Wachtmeister, wenn Sie eins haben, bitte!« Seine hämische Sicherheit und die unerwartet trostlose Umgebung machten den Wachtmeister und die Leute, die gefolgt waren, verlegen. Der Metzgermeister Heinagl zündete ein Streichholz an. Alle reckten die Köpfe in das Loch von einer Küche. Gar nichts war drinnen als ein Ausguß mit einem tropfenden Wasserhahn, auf dem Boden ein verrosteter Spirituskocher und eine aufgerissene Schachtel mit fettigem Papier. Ein schrecklich armseliger Modergestank herrschte in diesem Loch.

»Hm, pfui Teufel!« machte der Metzgermeister Heinagl und wandte sich angeekelt ab. Das abgebrannte Streichholz fiel ihm aus der Hand und verglomm auf dem Boden. Wieder stockte es. Niemand konnte etwas sagen.

Der Wachtmeister räusperte sich und fragte endlich: »Woher haben Sie die Gans?«

Der Befragte verzog höhnisch den Mund und antwortete frech:

»Wo ich die herhab? Hm, Sie werden lachen. Ich bin dazu gekommen wie die Jungfer zum Kind, Herr Wachtmeister! Ganz unverhofft sozusagen. Weitschichtige Verwandte haben mir was Gutes antun wollen. Grad vor einer Stunde hat die Post das Packerl gebracht. Da drinnen liegt noch die Schachtel, da ist der Postabschnitt, wenn Sie sich vielleicht überzeugen wollen, Herr Wachtmeister, bitte!«

Er zeigte den Postabschnitt und verzog sein Gesicht zu einem leichten Grinsen. Wieder schwiegen ihn alle an.

»Hm, hm! Seltsam, so was, seltsam!« murmelten etliche. Auch der Polizist schüttelte den massigen Kopf.

»Jaja, seltsam, nicht wahr? Komisch?« wandte sich der Mann an die Leute.

»Und was sollte ich nun eigentlich mit dem Vieh machen, meine Herrschaften? Mit jedem im Haus bin ich verfeindet. Der Hauswirt möcht' mich schon seit einem Vierteljahr 'rausschmeißen. Kein Gas, keine Kohlen, kein Holz … Na, und da schicken einem so nette Verwandte auf einmal eine Gans, hm …!«

»Aber da wirft man doch nicht alles gleich zum Fenster hinaus. Das ist doch einfach aufreizend!« fiel ihm der Wachtmeister ins Wort und kam in ein gutmütiges Poltern: »So was tut man doch nicht! Außerdem«, er schien auf einen Gedanken gekommen zu sein, »außerdem, die Gans könnten Sie doch schließlich verkaufen …«

»Verkaufen? Hm, wem denn? Am zweiten Weihnachtstag, wo sich schon jeder eingedeckt hat …? Ich hab' keine Bekannten«, erwiderte der Mann mit dem Stoppelbart und verfiel wieder ins leichte Spötteln:

»Schön gesagt, so was, Herr Wachtmeister, aber wenn

man halt so ein Pechvogel ist, wissen Sie, da hilft alles nichts.«

Schon aber – er sah es gar nicht –, schon musterten etliche Leute die Gans mit Kennerblicken. Die Augen rundum wurden interessierter.

Der Wachtmeister erfaßte schnell die Situation und wandte sich an die Umstehenden: »Will vielleicht von den Herrschaften jemand die Gans kaufen?«

»Billig!« setzte der Besitzer dazu.

Jetzt wachten die Leute ganz auf. Schnüffelnd musterten sie die Beute. Sie drängten sich heran und jeder betappte und betastete die nackte, kalte Gans beinahe gierig. »Ein fettes Bröckerl! … Was soll's denn kosten?« fand Heinagl als erster das Wort. Er schob seine dicke Hand unter die Gans und wog sie fachmännisch.

Der Besitzer besann sich einen Augenblick. Offenbar hatte er keine Ahnung, was er verlangen sollte. »Sechs Mark! Sechs sofort!« sagte Heinagl.

Aber schon rief ein anderer: »Sieben geb' ich, sieben!«

»Ich geb' acht!« rief jemand. Durch das lange Verweilen der Leute angelockt, waren die Inwohner des Hauses in die Mansarde gekommen.

»Ich zahl' achtfünfzig! Da, mein letztes Wort, da, sofort, Herr Nieringer!« rief der Zigarrenhändler Aubichler, »wir sind doch Nachbarn sozusagen.«

Das klang, wiewohl er Nieringers böser Feind war, ungemein warm auf einmal.

»Neun! Neun, sofort!« erhitzte sich Heinagl und zog schon seine Geldbörse.

Da wurde der Aubichler herzhafter und drängte sich vor: »Herr Nieringer, ich will Ihnen was sagen –«

»Da, Herr! Neun Mark, da … mir gehört sie: da!« fuhr Heinagl dazwischen.

Doch Aubichler ließ sich nicht verdrängen. Er sah dem stoppelbärtigen Menschen in die Augen und redete weiter: »Geben Sie's mir, Herr Nieringer, wir braten sie, und für Sie soll auch was abfallen, bitte ...« Er schnitt ein ungewohnt mildtätiges Gesicht und fing zu lamentieren an, warum er denn nichts gesagt habe, der Herr Nieringer, man hätte ihm doch geholfen. Sauersüß setzte er hinzu: »Wir sind doch nicht feind miteinander, Herr Nieringer, na ja, man hat halt Meinungsverschiedenheiten ...«

Flehend klang's fast. Alle Anrempelungen von ehemals, alle Reibereien schienen verflogen. Das gute Nachbarherz stand weit offen.

»Neunfünfzig, so basta, Herr! Da ist mein Geld! Mir muß sie gehören, die Gans!« überschrie ihn Heinagl ungeduldig und war wieder an erster Stelle. Er trompetete weiter mit bester Biederkeit: »Das ist sogar überzahlt, aber ich will einem armen Menschen auch was zukommen lassen! Da, Herr, Sie sollen sich auch einen guten Tag machen können! Da ... sechs, höchstens sieben Pfund wiegt die Gans!« Er griff schon danach und hatte das Geld parat.

»Sechs, sieben Pfund ...? Oha, das sind gutding ihre acht bis neun Pfund«, zweifelte eine aufgedonnerte Frau, »Herr, wenn Sie wollen, ich zahl' Ihnen acht Mark und mitessen können Sie auch, bittschön!«

»Zehn Mark, Herrgott! Zehn!« schrie nun Heinagl vollkommen erbost und überrumpelte alle.

Der Herr Nieringer lächelte dünn, der Wachtmeister ebenso. Er reichte Heinagl die Gans, und wieder schwieg es, dann begann ein leichtes Murren. Der Metzgermeister packte die Gans und schob sie unter seinen Arm: »Da können Sie sich einen guten Tag machen, Herr ... Ich bin nicht so! Für einen armen Menschen hab' ich immer schon ein Herz gehabt!« Sein erregtes Gesicht war hochrot, er wandte sich zum Gehen.

»Na, sehen Sie, ist ja alles noch gut gegangen«, schloß der Wachtmeister und sah den zaundürren, unschlüssig dastehenden Menschen an. Alle stapften mit ihm zur Tür hinaus und polterten über die Treppe hinunter.

»Na, also das ist Übervorteilung … Wenn die Gans nicht ihre zehn, elf Pfund wiegt, heiß' ich Hans! Gutding wiegt's ihre zehn«, brummte der Zigarrenhändler Aubichler, und die aufgedonnerte Frau stimmte ihm beleidigt zu. Aber das hörte niemand mehr. Der Metzgermeister Heinagl war schon unten. Er schaute sich nicht mehr um.

Der Arbeitslose Nieringer machte sich wirklich einen guten Tag und schrieb am andern Morgen seinen mildtätigen Verwandten auf dem Lande den wahrheitsgetreuen Bericht. Sehr ironisch lasen sich die Zeilen.

Die Spender der Gans, die Oberapothekersleute Querlinger in Aglfing, waren sehr empört. »Da hat man's wieder einmal. Lauter Lumpen, diese Burschen …!« schimpfte der Oberapotheker, »essen wollen sie gar nicht, bloß Geld zum Verjubeln!« Und er murrte seine Frau an, »wegen ihrem saudummen guten Herzen«.

Der Metzgermeister Heinagl hingegen wog die Gans sofort, als er zu Hause angekommen war. Fast zwölf Pfund war sie schwer. Er pfiff durch seine Zähne. Und als er später das Prachtstück mit vollstem Appetit im Kreise seiner Angehörigen verzehrte, da brach wirklich sein Herz durch.

»Herrgott, eine Not ist das, Zenzl! Eine solche Not … Man macht sich keinen Begriff davon!« beteuerte er gerührt. Seine Augen verschwammen dabei, er hielt mit beiden Händen einen saftigen Gansschenkel, rechts und links aus seinen Mundwinkeln troff es köstlich …

Friedrich Wolf

Die Weihnachtsgans Auguste

Der Opernsänger Luitpold Löwenhaupt hatte bereits im November vorsorglich eine fünf Kilo schwere Gans gekauft – eine Weihnachtsgans. Dieser respektable Vogel sollte den Festtisch verschönern. Gewiß, es waren schwere Zeiten. »Aber etwas muß man doch fürs Herze tun!«

Bei diesem Satz, den Löwenhaupt mit seiner tiefen Baßstimme mehrmals vor sich hin sprach, so daß es wie ein Donnergrollen sich anhörte, mit diesem Satz meinte der Sänger im Grunde etwas anderes. Während er mit seinen kräftigen Händen die Gans an sich drückte, verspürte er zugleich den Geruch von Rotkraut und Äpfeln in der Nase. Und immer wieder murmelte sein schwerer Baß den Satz durch den nebligen Novembertag: »Aber etwas muß man doch fürs Herze tun.«

Ein Hausvater, der eigenmächtig etwas für den Haushalt eingekauft hat, verliert, sobald er seiner Wohnung sich nähert, mehr und mehr den Mut. Er ist zu Haus schutzlos den Vorwürfen und dem Hohn seiner Hausgenossen preisgegeben, da er bestimmt unrichtig und zu teuer eingekauft hat. Doch in diesem Falle erntete Vater Löwenhaupt überraschend hohes Lob. Mutter Löwenhaupt fand die Gans fett, gewichtig und preiswert. Das Hausmädchen Theres lobte das schöne weiße Gefieder; sie stellte jedoch die Frage, wo das Tier bis Weihnachten sich aufhalten solle?

Die zwölfjährige Elli, die zehnjährige Gerda und das kleine Peterle – Löwenhaupts Kinder – sahen aber hier überhaupt kein Problem, da es ja noch das Bad und das Kinderzimmer gäbe und das Gänschen unbedingt Wasser brauche, sich zu reinigen. Die Eltern entschieden jedoch, daß die neue Hausgenossin im allgemeinen in einer Kiste in dem kleinen warmen Kartoffelkeller ihr Quartier beziehen solle und daß die Kinder sie bei Tag eine Stunde lang draußen im Garten hüten dürften.

So war das Glück allgemein.

Anfangs befolgten die Kinder genau diese Anordnung der Eltern. Eines Abends aber begann das siebenjährige Peterle in seinem Bettchen zu klagen, daß »Gustje« – man hatte die Gans aus einem nicht erfindbaren Grunde Auguste genannt – bestimmt unten im Keller friere. Seine Schwester Elli, der man im Schlafzimmer die Aufsicht über die beiden jüngeren Geschwister übertragen hatte, suchte das Brüderchen zu beruhigen, daß Auguste ja ein dickes Daunengefieder habe, das sie aufplustern könne wie eine Decke.

»Warum plustert sie es auf?« fragte das Peterle.

»Ich sagte doch, daß es dann wie eine Decke ist.«

»Warum braucht Gustje denn eine Decke?«

»Mein Gott, weil sie dann nicht friert, du Dummerjan!«

»Also ist es doch kalt im Keller!« sagte jetzt Gerda.

»Es ist kalt im Keller!« echote Peterle und begann gleich zu heulen. »Gustje friert! Ich will nicht, daß Gustje friert. Ich hole Gustje herauf zu mir!«

Damit war er schon aus dem Bett und tapste zur Tür. Die große Schwester Elli fing ihn ab und suchte ihn wieder ins Bett zu tragen. Aber die jüngere Gerda kam Peterle zu Hilfe. Peterle heulte: »Ich will zu Gustje!« Elli schimpfte. Gerda entriß ihr den kleinen Bruder.

Mitten in dem Tumult erschien die Mutter. Peterle wurde im Elternzimmer in das Bett der Mutter gelegt und den Schwestern sofortige Ruhe anbefohlen.

Diese Nacht ging ohne weiteren Zwischenfall vorüber.

Doch am übernächsten Tage hatten sich Gerda und Peter, der wieder im Kinderzimmer schlief, verständigt. Abwechselnd blieb immer einer der beiden wach und weckte den andern. Als nun die ältere Schwester Elli schlief und im Haus alles stille schien, schlichen die zwei auf den nackten Zehenspitzen in den Keller, holten die Gans Auguste aus ihrer Kiste, in der sie auf Lappen und Sägespänen lag, und trugen sie leise hinauf in ihr Zimmer. Bisher war Auguste recht verschlafen gewesen und hatte bloß etwas geschnattert wie: »Lat mi in Ruh, lat mi in Ruh!«

Aber plötzlich fing sie laut an zu schreien: »Ick will in min Truh, ick will in min Truh!«

Schon gingen überall die Türen auf.

Die Mutter kam hervorgestürzt. Theres, das Hausmädchen, rannte von ihrer Kammer her die Stiegen hinunter. Auch die zwölfjährige Elli war aufgewacht, aus ihrem Bett gesprungen und schaute durch den Türspalt. Die kleine Gerda aber hatte in ihrem Schreck die Gans losgelassen, und jetzt flatterte und schnatterte Auguste im Treppenhaus umher. Ein Glück, daß der Vater noch nicht zu Hause war! Bei der nun einsetzenden Jagd durch das Treppenhaus und die Korridore verlor Auguste, bis man sie eingefangen hatte, eine Anzahl Federn. Die atemlose Theres schlug sie in eine Decke, woraus sie nunmehr ununterbrochen schimpfte:

»Lat mi in Ruh, lat mi in Ruh!
Ick will in min Truh!«

Und da begann auch noch das Peterle zu heulen: »Ich will Gustje haben! Gustje soll mit mir schlafen!«

Die Mutter, die ihn ins Bett legte, suchte ihm zu erklären, daß die Gans jetzt wieder in ihre Kiste in den Keller müsse.

»Warum muß sie denn in den Keller?« fragte Peterle.

»Weil eine Gans nicht im Bett schlafen kann.«

»Warum kann denn Gustje nicht im Bett schlafen?«

»Im Bett schlafen nur Menschen; und jetzt sei still und mach die Augen zu!«

Die Mutter war schon an der Tür, da heulte Peterle wieder los: »Warum schlafen nur Menschen im Bett? Gustje friert unten; Gustje soll oben schlafen.«

Als die Mutter sah, wie aufgeregt Peterle war und daß man ihn nicht beruhigen konnte, erlaubte sie, daß man die Kiste aus dem Keller heraufholte und neben Peterles Bett stellte. Und siehe da, während Auguste droben in der Kiste noch vor sich hin schnatterte:

»Lat man gut sin, lat man gut sin,
Hauptsach, dat ick in min Truh bin!«

schliefen auch das Peterle und seine Geschwister ein.

Natürlich konnte man jetzt Auguste nicht wieder in den Keller bringen, zumal die Nächte immer kälter wurden, weil es schon mächtig auf Weihnachten ging. Auch benahm sich die Gans außerordentlich manierlich. Bei Tag ging sie mit Peterle spazieren und hielt sich getreulich an seiner Seite wie ein guter Kamerad, wobei sie ihren Kopf stolz hochtrug und ihren kleinen Freund mit ihrem Geplapper aufs beste unterhielt. Sie erzählte dem Peterle, wie man die verschiedenen schmackhaften oder bitteren Gräser und Kräuter unterscheiden könne, wie ihre Geschwister – die Wildgänse – im Herbst nach Süden in wärmere Länder zögen und wie umgekehrt die Schneegänse sich am wohlsten in Eisgegenden fühlten.

Soviel konnte Auguste dem Peterle erzählen; und auf all sein »Warum« und »Weshalb« antwortete sie gern und geduldig. Auch die anderen Kinder gewöhnten sich immer mehr an Auguste. Peterle aber liebte seine Gustje so, daß beide schier unzertrennlich wurden. So kam es, daß eines Abends, als Peterle vom Bett aus noch ein paar Fragen an Gustje richtete, diese zu ihrem Freund einfach ins Bett schlüpfte, um sich leiser und ungestörter mit ihm unterhalten zu können. Elli und Gerda gönnten dem Brüderchen die Freude.

Am frühen Morgen aber, als die Kinder noch schliefen, hopste Auguste wieder in ihre Kiste am Boden, steckte ihren Kopf unter die weißen Flügel und tat, als sei nichts geschehen.

Doch das Weihnachtsfest rückte näher und näher. Eines Mittags meinte der Sänger Löwenhaupt plötzlich zu seiner Frau, daß es nun mit Auguste »soweit wäre«. Mutter Löwenhaupt machte ihrem Mann erschrocken ein Zeichen, in Gegenwart der Kinder zu schweigen.

Nach Tisch, als der Sänger Luitpold Löwenhaupt mit seiner Frau allein war, fragte er sie, was das seltsame Gebaren zu bedeuten habe? Und nun erzählte Mutter Löwenhaupt, wie sehr sich die Kinder – vor allem Peterle – an Auguste, die Gans, gewöhnt hatten und daß es ganz unmöglich sei …

»Was ist unmöglich?« fragte Vater Löwenhaupt.

Die Mutter schwieg und sah ihn nur an.

»Ach so!« grollte der Vater Löwenhaupt. »Ihr glaubt, ich habe die Gans als Spielzeug für die Kinder gekauft? Ein nettes Spielzeug! Und ich? Was wird aus mir?!«

»Aber Luitpold, verstehe doch!« suchte die Mutter ihn zu beschwichtigen.

»Natürlich, ich verstehe ja schon!« zürnte der Vater. »Ich muß wie stets hintenanstehn!« Und als habe diese furchtbare Feststellung seine sämtlichen Energien entfesselt, donnerte er jetzt los: »Die Gans kommt auf den Weihnachtstisch mit Rotkraut und gedünsteten Äpfeln! Dazu wurde sie gekauft! Und basta!«

Eine Tür knallte zu.

Die Mutter wußte, daß in diesem Stadium mit einem Mann und dazu noch einem Opernsänger nichts anzufangen war. Sie setzte sich in ihr Zimmer über eine Näharbeit und vergoß ein paar Tränen. Dann beriet sie mit ihrer Hausgehilfin Theres, was zu tun sei, da bis Weihnachten nur noch eine Woche war. Sollte man eine andere, schon gerupfte und ausgenommene Gans kaufen? Doch dazu reichte das Haushaltungsgeld nicht. Aber was würde man, wenn die Gans Auguste nicht mehr da wäre, den Kindern sagen? Durfte man sie überhaupt belügen? Und wer im Hause würde es fertigbringen, Auguste ins Jenseits zu senden?

»Soll der Herr es selbst tun!« schlug Theres vor.

Die Mutter fand diesen Rat nicht schlecht, zumal ihr Mann zu der Gans nur geringe persönliche Beziehungen hatte.

Als nun der Sänger Luitpold Löwenhaupt abends aus der Oper heimkam, wo er eine Heldenpartie gesungen hatte, und die Mutter ihm jenen Vorschlag machte, erwiderte er: »Oh, ihr Weibervolk! Wo ist der Vogel?«

Theres sollte leise die Gans herunterholen. Natürlich wachte Auguste auf und schrie aus vollem Hals:

»Ick will min Ruh, min Ruh!
Lat mi in min Truh!«

Peterle und die Schwestern erwachten, es gab einen Höllenspektakel. Die Mutter weinte, Theres ließ die Gans flattern; diese segelte hinunter in den Hausflur. Vater Löwenhaupt, der jetzt zeigen wollte, was ein echter Mann und Hausherr ist, rannte hinter Auguste her, trieb sie in die Ecke, griff mutig zu und holte aus der Küche einen Gegenstand. Während die Mutter die Kinder oben im Schlafzimmer hielt, ging der Vater mit der Gans in die entfernteste, dunkelste Gartenecke, um sein Werk zu vollbringen. Die Gans Auguste aber schrie Zeter und Mordio, indessen die Mutter und Theres lauschten, wann sie endgültig verstummen werde. Aber Auguste verstummte nicht, sondern schimpfte auch im Garten immerzu. Schließlich trat doch Stille ein. Der Mutter liefen die Tränen über die Wangen, und auch Peterle jammerte: »Wo ist meine Gustje? Wo ist Gustje?«

Jetzt knarrte drunten die Haustür. Die Mutter eilte hinunter. Vater Löwenhaupt stand mit schweißbedecktem Gesicht und wirrem Haar da … doch ohne Auguste.

»Wo ist sie?« fragte die Mutter.

Draußen im Garten hörte man jetzt wieder ein schnatterndes Schimpfen:

»Ick will min Ruh, ick will min Ruh!
Lat mi in min Truh!«

»Ich habe es nicht vermocht. Oh, dieser Schwanengesang!« erklärte Vater Löwenhaupt.

Man brachte also die unbeschädigte Auguste wieder hinauf zum Peterle, das ganz glücklich seine »Gustje« zu sich nahm und, sie streichelnd, einschlief.

Inzwischen brütete Vater Löwenhaupt, wie er dennoch seinen Willen durchsetzen könne, wenn auch auf möglichst schmerzlose Art. Er dachte und dachte nach, während er sich in bläulich graue Wolken dichten Zigarrenrauches hüllte. Plötzlich kam ihm die Erleuchtung. Am nächsten Tag mischte er der Gans Auguste in ihren Kartoffelbrei zehn aufgelöste Tabletten Veronal, eine Dosis, die ausreicht, einen erwachsenen Menschen in einen tödlichen Schlaf zu versetzen. Damit mußte sich auch die Mutter einverstanden erklären.

Tatsächlich begann am folgenden Nachmittag die Gans Auguste nach ihrer Mahlzeit seltsam umherzutorkeln, wie eine Traumtänzerin von einem Bein auf das andere zu treten, mit den Flügeln dazu zu fächeln und schließlich nach einigen langsamen Kreiselbewegungen sich mitten auf dem Küchenboden hinzulegen und zu schlafen.

Vergebens versuchten die Kinder sie zu wecken.

Auguste bewegte etwas die Flügel und rührte sich nicht mehr.

»Was tut Gustje?« fragte das Peterle.

»Sie hält ihren Winterschlaf«, erklärte ihm Vater Löwenhaupt und wollte sich aus dem Staube machen. Aber Peterle hielt den Vater fest. »Weshalb hält Gustje jetzt den Winterschlaf?«

»Sie muß sich ausruhen für den Frühling.« Doch Vater Löwenhaupt war es nicht wohl bei dem Examen. Er konnte seinem Söhnchen Peterle nicht in die Augen sehen. Auch die Mutter und das Hausmädchen Theres gingen den Kindern soviel wie möglich aus dem Wege.

Peterle trug seine bewegungslose Freundin Gustje zu sich hinauf in die kleine Kiste. Als die Kinder nun schliefen, holte Theres die Gans hinunter und begann sie – da Vater Löwenhaupt versicherte, die zehn Veronaltabletten würden einen Schwergewichtsboxer unweigerlich ins Jenseits befördert haben –, Theres begann, wobei ihr die Tränen über die Wangen rollten, die Gans zu rupfen und sie dann in die Speisekammer zu legen. Als Vater Löwenhaupt seiner Frau »Gute Nacht« sagen wollte, stellte sie sich schlafend und antwortete nicht. Bei Nacht wachte er auf, weil er neben sich ein leises Schluchzen vernahm. Auch Theres schlief nicht; sie überlegte, was man den Kindern sagen werde. Zudem wußte sie nicht, hatte sie im Traum Auguste schnattern gehört?

»Lat mi in Ruh, lat mi in Ruh!
Ick will in min Truh!«

So kam der Morgen. Theres war als erste in der Küche. Draußen fiel in dicken Flocken der Schnee.

Was war das? Träumte sie noch?

Aus der Speisekammer drang ein deutliches Geschnatter. Unmöglich! Wie Theres die Tür zur Kammer öffnete, tapste ihr schnatternd und schimpfend die gerupfte Auguste entgegen. Theres stieß einen Schrei aus; ihr zitterten die Knie. Auguste aber schimpfte:

»Ick frier, als ob ick keen Federn nich hätt,
Man trag mich gleich wieder in Peterles Bett!«

Jetzt waren auch die Mutter und Vater Löwenhaupt erschienen. Der Vater bedeckte mit seinen Händen die Augen, als stünde da ein Gespenst.

Die Mutter aber sagte zu ihm: »Was nun?«

»Einen Kognak! Einen starken Kaffee!« stöhnte der Vater und sank auf einen Stuhl.

»Jetzt werde ich die Sache in die Hand nehmen!« erklärte die Mutter energisch. Sie ordnete an, daß Theres den Wäschekorb bringe und eine Wolldecke. Dann umhüllte sie die nackte, frierende Gans mit der Decke, legte sie in den Korb und tat noch zwei Krüge mit heißem Wasser an beide Seiten.

Vater Löwenhaupt, der inzwischen zwei Kognaks hinuntergekippt hatte, erhob sich leise vom Stuhl, um aus der Küche zu verschwinden.

Doch die Mutter hielt ihn fest; sie befahl: »Gehe sofort in die Breite Straße und kaufe fünfhundert Gramm gute weiße Wolle!«

»Wieso Wolle?«

»Geh und frage nicht!«

Vater Löwenhaupt war noch so erschüttert, daß er nicht widersprach, seinen Hut und Überzieher nahm und eiligst das Haus verließ.

Schon nach einer Stunde saßen die Mutter und Theres im Wohnzimmer und begannen für Auguste aus weißer Wolle einen Pullover zu stricken. Am Nachmittag nach Schulschluß halfen ihnen die Töchter Elli und Gerda. Peterle aber durfte seine Gustje auf dem Schoß halten und ihr immer den neu entstehenden Pullover, in dem für die Flügel, den Hals, die Beine und den kleinen Sterz Öffnungen bleiben mußten, anprobieren helfen. Bereits am Abend war das Kunstwerk beendet.

Schnatternd und schimpfend, aber doch nicht mehr frierend stolzierte nun Auguste in ihrem wunderschönen weißen Wollkleid durchs Zimmer. Peterle sprang um sie herum und freute sich, daß Gustjes Winterschlaf so schnell zu Ende war, daß er wieder mit ihr spielen und sich unterhalten konnte.

Auguste aber schimpfte:

»Winterschlaf ist schnacke-schnick;
Hätt ick min Federn bloß zurück!«

Als Vater Löwenhaupt zum Abendessen kam und Auguste in ihrem schicken Pullover mit Rollkragen um den langen Gänsehals dahertapsen sah, meinte er: »Sie ist schöner als je! So ein Exemplar gibt es auf der ganzen Welt nicht mehr!«

Die Mutter aber erwiderte hierauf nichts, sondern sah ihn bloß an.

Natürlich mußte man für Auguste noch einen zweiten Pullover stricken, diesmal einen graublauen, zum Wechseln, wenn der weiße gewaschen wurde. Natürlich nahm Auguste als wesentliches Mitglied der Familie groß am Weihnachtsfest teil. Natürlich war Auguste auch das am meisten bewunderte Lebewesen des ganzen Stadtteils, wenn Peterle mit der Weihnachtsgans in ihrem schmucken Sweater spazierenging.

Und als der Frühling kam, war der Auguste bereits wieder ein warmer Federflaum gewachsen. So konnte man den Pullover mit den anderen Wintersachen einmotten. Gustje aber durfte jetzt sogar beim Mittagstisch auf dem Schoß von Peterle sitzen, wo sie ihr kleiner Freund mit Kartoffelstückchen fütterte.

Sie war der Liebling der ganzen Familie. Und Vater Löwenhaupt bemerkte immer wieder stolz: »Na, wer hat euch denn Auguste mitgebracht? Wer?«

Die Mutter sah ihn an und lächelte. Peterle jedoch echote: »Ja, wer hat Gustje uns mitgebracht«; und dabei sprang er gerührt auf und umarmte den Vater. Dann hob er seine Gustje empor und ließ sie dem Vater »einen Kuß« geben, was bedeutete, daß Auguste den Vater Löwenhaupt schnatternd mit ihrem Schnabel an der Nase zwickte.

Spätabends im Bett aber fragt Peterle seine Gustje, indem er sie fest an sich drückt: »Warum hast du denn vor Weihnachten den Winterschlaf gehalten?«

Und Gustje antwortet schläfrig: »Weil man mir die Federn rupfen wollte.«

»Und warum wollte man dir die Federn rupfen?«

»Weil man mir dann einen Pullover stricken konnte«, gähnt Gustje, halb schon im Schlaf.

»Und warum wollte man dir denn einen Pullover ...« Aber da geht es auch bei Peterle nicht mehr weiter. Mit seiner Gustje im Arm ist er glücklich eingeschlafen.

Jan Wolkers

Schwarzer Advent

Noch nie hat der Hunger so schöne Namen gehabt: Red Emperor, Peach Blossom, Rosa Copland, The Bishop. Ich hatte sie schon gerochen, bevor ich sie im Gang liegen sah, in grauen Säcken, auf welche die Namen der Sorten in großen, blauen Buchstaben gestempelt waren. Ich blieb auf der Schwelle der Diele stehen und schnüffelte einen Duft ein, der nicht in Worte zu fassen war, der Bilder von Ferien, lange her, vor dem Kriege noch, in mir wachrief. Ich saß wieder in der Sonne zwischen Körben mit Tulpenzwiebeln und schälte die Zwiebeln aus der harten, sandigen Haut, hielt sie kurz in der Hand und betrachtete, bevor ich sie in den Korb warf, ihre glänzende, braune Membran, durch die das fettige, elfenbeinfarbene Weiß des Zwiebelfleisches manchmal schimmerte. Ich war von der Arbeit in der frischen Luft so braun geworden, daß einer von den Arbeitern gesagt hatte:

»Wenn du stirbst, wirst du auf dem Negerfriedhof begraben.« Gleichzeitig mit dem Schlag der hinter mir zufallenden Zwischentür ging die Küchentür am anderen Ende des Gangs auf, und mein Vater erschien in der Türöffnung.

Der argwöhnische Ausdruck auf seinem Gesicht verlor sich in milder Formlosigkeit, als er kopfschüttelnd sagte: »Der verlorene Sohn.«

Aber es war, als seien zweitausend Jahre Christentum wie Blei in seine Arme gesackt und als sei er unfähig, sie zu einer väterlichen Gebärde zu heben. Er blieb im vertrauten Küchenlicht stehen, das an ihm vorbei in den Gang strömte und über mich herfiel, vermischt mit dem

Kochdunst von Kohl und dem Geruch vom Gasschlauch aus Gummi.

Dann nahm er einen Sack vom Stapel, öffnete ihn und zeigte mir ein paar Zwiebeln.

»So weit ist es mit den Menschen gekommen«, sagte er. »Wir müssen uns von Gewächsen ernähren, die nicht fürs Essen bestimmt sind.« Er zuckte mit den Schultern, steckte die Zwiebeln in den Sack zurück und nahm ihn mit in die Küche.

»Die sind für heute abend«, sagte er. »Ja, es ist hier kein Schlaraffenland.«

Ich sah, daß ein Lächeln den Versuch machte, das Gitter seines gefurchten Gesichts zu durchbrechen, so daß ich ihm fast die Hand auf die Schulter legte, als ich ihm ins Wohnzimmer folgte. Meine Mutter saß am Tisch, die Lebensmittelkarten vor sich, aus denen sie mit der Schere kleine, numerierte Vierecke schnitt, die sie zwischen eine Klammer im Einkaufsbuch schob. Als sie zu mir aufblickte, sah ich, daß ihr Gesicht geschwollen und rot war, als sei sie lange durch peitschenden Regen gelaufen.

»So, bist du da«, sagte sie, wobei sie mich länger ansah, als es ihre Gewohnheit war. Dann beugte sie den Kopf wieder und schnitt weiter.

Ich ging zu ihr und küßte sie auf die Wange. Sie sank noch tiefer in sich zusammen, über die Lebensmittelkarten. Den Wunsch, die Schere hinzulegen und den nassen Fleck auf der Wange abzuwischen, bezwang sie. Ich streichelte sie über den Rücken und sagte: »So, Mutter.«

»Wir haben ein Kind verloren, aber wir haben auch wieder ein Kind zurückbekommen«, sagte mein Vater.

»Du bist jedenfalls zum Weihnachtsfest zu Hause«, sagte meine Mutter.

Sie faltete seufzend die Lebensmittelkarten zusammen und schob sie in einen Umschlag.

»Man bekommt dafür nichts anderes mehr als ein paar graue Erbsen«, sagte sie.

»Dies ist der schwärzeste Advent meines Lebens«, sagte mein Vater. »Keinen Weihnachtsbaum, keine Kerzen. Das einzige, was wir haben, sind Blumenzwiebeln, Zuckerrüben und Erbsen. Wir nähern uns dem Untergang. Ich habe noch versucht, Wild aufzutreiben, aber das ist mir nicht gelungen.«

Er sah mich an, fast mit einem Anflug von Wohlbehagen.

»Die Familie ist jetzt wieder komplett«, sagte er.

Dann durchzuckte ihn plötzlich der Gedanke an den Tod meines Bruders. Er starrte mit schmerzlichem Gesichtsausdruck in den Garten und trommelte mit den Fingern nervös auf dem Tisch. Dann blickte er seufzend zu meiner Mutter, die das Gesicht abwandte.

Ich verdrückte mich ungeschickt in die Küche, wo ich meinen Mantel auf einen Stuhl warf, und ging nach draußen.

Der Tritt war glatt. Die Sträucher hinten im Garten schienen mit den Schutzhüllen und gehäkelten Deckchen aus der Erbschaft meiner Großmutter behängt. Die Apfelbäume standen mit bereiften Ästen im aufkommenden Nebel. Die Grashalme des Rasens waren einzeln zu sehen. Eine große Reinheit und Einfachheit ging vom Garten aus. Als ob Bäume und Pflanzen mit bröckeliger Kreide auf eine Schultafel gezeichnet waren.

Ich ging zum Schragen, auf dem ein dicker Stamm lag. Ich glaubte in ihm die Erle zu erkennen, auf die ich als Kind immer geklettert war, um auf das Dach des Schuppens zu gelangen. Ich sah zum Schuppen hin. Die Erle war verschwunden. Auch der Schuppen hatte sich verändert, ein Schuppen, der nichts mehr mit dem früheren gemein hatte. Ich packte die Säge, die halb im Stamm steckte, und sägte weiter in das feuchte Holz. Orangefarbene Späne fielen auf den Kies.

Ich säge meine Erinnerung in Stücke, dachte ich. Die Vergangenheit wird verbrannt. Es ist besser, daß nichts von ihr übrigbleibt, sie geht niemanden etwas an.

Über meine Schulter sah ich zum Haus. Mein Vater stand hinter dem Fenster der Glasveranda und beobachtete mich. Sein Mund bewegte sich. Er sprach mit meiner Mutter. Ich vermutete, daß er über mich sprach, aber vielleicht stimmte das gar nicht. Er schien mir zuzulachen, aber das konnte auch eine Täuschung sein, die von der feuchten, ziemlich beschlagenen Scheibe hervorgerufen wurde. Ich hob meine Hand und winkte ihm. Er nickte mir ein paarmal zu. Dann trat er vom Fenster zurück.

Als ich ein paar Stücke vom Stamm abgesägt hatte, nahm ich die große Axt und schlug damit auf die Schnittfläche eines der Klötze, so daß der Stahl tief in das Holz eindrang. Dann schwang ich die Axt hoch über den Kopf und ließ sie mit einem gewaltigen Schlag auf den Hackklotz sausen. Die Holzstücke flogen nach allen Seiten. Ein Scheit schlug mir ans Schienbein. Der Schmerz breitete sich in meinem Körper wie eine warme Glut aus; schon früher, als Kind, hatte ich sie durch den Körper strömen fühlen, wenn ein Geburtstag oder Festtag zu Ende ging, ohne daß ich bestraft worden war. Abends, beim Gutenachtkuß, sagte ich zu meinen Eltern:

»Es war ein wunderschöner Tag!«

Hinter der Tür horchte ich dann, und wenn ich jemanden aus der Familie sagen hörte, daß ich doch ein dankbares Kind sei, rannte ich nach oben, während die Glut, die irgendwo in meiner Brust ihren Ursprung hatte, sich durch den ganzen Körper ausbreitete. In meinem Zimmer machte ich ungeschickte, wilde Bocksprünge, bis ich erschöpft in mein Bett fiel und angezogen auf den Decken einschlief.

Ich mußte plötzlich über meine wunderliche Jugend lachen und über den seltsamen Jungen, der ich einmal gewesen war. Auf den Stiel der Axt gestützt, sah ich auf. Der Nebel hatte sich gehoben. Hinter den bereiften Ästen des Apfelbaumes sah ich das Blau des Himmels wie auf einem Puzzlespiel, das nur leicht zusammengeschoben zu werden brauchte, um ineinanderzupassen.

Am Abend, nach einer Mahlzeit von Blumenzwiebeln und Kohl, las mein Vater das Gleichnis vom verlorenen Sohn vor, womit er, ohne daß es ihm bewußt wurde, auch auf sein eigenes Versäumnis bei der Begrüßung am Nachmittag deutete:

»Da er aber noch ferne von dannen war, sah ihn sein Vater, und es jammerte ihn, lief und fiel ihm um seinen Hals und küßte ihn.« Noch bevor er zu Ende gelesen hatte, schlug er die Bibel zu. Er sah mich an und ließ dann seinen Blick über meine Brüder und Schwestern wandern, während er die letzten beiden Zeilen auswendig aufsagte:

»Denn dieser dein Bruder war tot und ist wieder lebendig geworden, er war verloren und ist wiedergefunden.«

Ich konnte zu Hause nicht mehr Wurzel fassen, ich war zu lange fort gewesen. Ich ging ziellos durchs Haus, von meiner Bodenkammer, wo es zu kalt war, um lange zu bleiben, nach unten. Im Schuppen röstete ich eine Blumenzwiebel über der Öllampe. Vorsichtig schnitt ich ein kleines Stück aus der schwarzgesengten Zwiebel. Aber sie schmeckte nicht. Sie waren ungekocht nicht eßbar. Ich warf sie in den Garten, in der Hoffnung, daß im Frühjahr aus ihr eine schwarze Tulpe wachsen würden. Manchmal hackte ich etwas Holz oder stand Stunden hinter den grauen, zerschlissenen Tagesgardinen und sah über die Straße. Zwischen den Steinen wuchs ockerfarbenes Gras. Die wenigen Menschen, die vorbeikamen, schleppten Jutesäcke, in denen, nach den Buckeln und Beulen zu urteilen, Rüben steckten. Die Nachbarn erkannte ich kaum, so abgemagert waren sie. Es war, als ob ich zehn Jahre fort gewesen und die Straße in der Zeit alt und grau geworden wäre. Ich sah mich verzweifelt um, aber ich konnte nicht mehr weg, weil mir klar wurde, daß ich hierbleiben mußte. Es gab keine Möglichkeit mehr zu entkommen. Vor mir, auf der anderen Straßenseite, die zugeklebten Schaufenster der Läden. Wenn ich mich umdrehte, die weißen, mageren Gesichter meiner Brüder und Schwestern. Ich war jetzt der Älteste, ich spürte, daß eine große Verantwortung vor mir lag, daß ich etwas tun mußte. Aber was? Ich kniff die Augen zu und dachte nach. Gedanken an Gaunereien, durch die ich meiner Familie etwas zu essen verschaffen könnte, gingen mir schemenhaft durch den Kopf. Plötzlich erinnerte ich mich wieder an den schnoddrigen Laut eines Truthahns, den ich gehört hatte, als ich, auf dem Weg nach Hause, an einem großen Landhaus vorbeigekommen war. Ich nahm heimlich das Prismenglas meines Vaters aus dem Schrank, eines der wenigen Dinge, die noch nicht gegen Eßwaren eingetauscht worden waren, und ging nach oben. Während ich die Treppe hinaufstieg, überlegte ich, daß Truthähne die einzigen Tiere seien, die nachtragend und finster sind und die ständig in Begräbnisstimmung zu sein schienen. Sie haben nicht einmal Federn, sie sind mit Stücken verbrannten Papiers bedeckt und laufen mit einem ekeligen Dekolleté voller Krankheit und Elend herum, einer klumpigen Verschmelzung von Krebs und Hämorrhoiden.

In meinem Zimmer öffnete ich das Fenster. Die Kälte nahm mir fast den Atem. Über die Häuser sah ich nach außen, aber der Weidenbruch war ein grauer Schirm, aus dem sich, auch als ich das Fernglas vor die Augen setzte, kein Stamm löste. Als ich das Fenster geschlossen hatte, sah ich, daß die Linsen des Fernglases beschlagen waren. Ich wischte sie mit der Innenseite meines Pullovers ab, unternahm aber keinen neuen Versuch, die Ferne zu ergründen. Ich holte ein altes Kissen vom Zwischenboden und band an eine der Ecken ein langes Seil, das ich über einen Balken in der Dachspitze warf. Ich zog das Kissen hoch und stellte den Fuß auf das Ende des Seils. Dann nahm ich mein Taschenmesser aus der Gesäßtasche und klappte es auf. Wie ein Raubtier duckte ich mich, das Messer hob ich drohend. Dann ließ ich das Seil unter meinem Fuß durchrutschen. Noch bevor das Kissen den Boden erreichte, hatte ich mich draufgestürzt und das Messer bis zum Griff hineingestochen. Ich wiederholte diese Übung mehrmals; auf die Dauer wirkte sie sehr naturgetreu, weil das Kissen mit Federn gefüllt war, die auf allen Seiten durch die Löcher quollen.

Als ich im Garten das Geräusch einer Säge hörte, ging ich ans Fenster. Erst jetzt fiel mir auf, wie grau mein Vater geworden war. Er schien bereift, wie die Sträucher ringsum. Mit der Handsäge versuchte er, einen viel zu dicken Stamm durchzusägen. Ich lief nach unten, holte die Zugsäge aus dem Schuppen und ging zu ihm. Mit einem beifälligen Blick nahm er den anderen Griff. Während wir sägten und er mich zu sich herüberzog und ich ihn zu mir, kroch über meine um den Griff geklammerte Faust ein unangenehmes Gefühl in meinen Körper, das sich schließlich fast wie Scham hinter meine Wangen nistete. Ich hatte das Gefühl, als wären wir mit etwas Obszönem beschäftigt. Ich schloß die Augen und bemerkte deshalb nicht, daß der Stamm beinahe durchgesägt war; ich flog nach vorn, als das Stück Holz beinahe herunterfiel. Ein heftiger Schmerz schoß durch meine Lenden. Ich drückte die Hände von hinten gegen die Hüften und beugte mich langsam auf und nieder. Mein Vater betrachtete mich mit einer Mischung von Besorgnis und Gereiztheit. Dann fragte er verwundert:

»Was hast du in Himmels Namen nur angestellt?«

Ich sah nach unten. Mein Pullover und meine Hose waren mit kleinen weißen Daunen bedeckt.

»Es sieht so aus, als hättest du mit dem Engel gerungen«, sagte er.

An diesem Abend ging ich früh auf mein Zimmer. Nachdem ich aus einem Papierseil eine Schlinge geknüpft und sie neben meinem aufgeklappten Taschenmesser auf dem Tisch bereitgelegt hatte, warf ich mich angezogen aufs Bett und wartete auf den Beginn der Sperrstunde. Es war meine letzte Chance, übermorgen war Weihnachten. Ich wollte versuchen, das Tier lebend in die Hände zu bekommen, und es in den Schuppen einsperren, damit mein Vater es am nächsten Tag töten und rupfen könnte. Ich müßte sagen, daß ich es in der Nacht von meinem Freund bekommen hätte, denn wenn mein Vater hörte, woher ich es hatte, wäre er imstande, mich mit dem Tier wieder zurückzuschicken.

Den Gedanken an das Unrecht der Tat verscheuchte

ich, indem ich mir die bleichen Gesichter meiner Brüder und Schwestern vorstellte.

»Not bricht das Gesetz.«

Aber würde die Not auch imstande sein, in meiner Erinnerung das Kachelbild zu zerbrechen, das früher in unserer Schule hing, im Treppenhaus, auf dem zwischen stilisierten Reihern stand: SEID GUT ZU DEN TIEREN. SCHONT DIE VÖGEL. Ich war immer stolz und mit hoch erhobenem Kopf daran vorübergegangen, weil es eines der wenigen Gebote war, die ich nie übertreten hatte. Meine Klassenkameraden hatten mich damals sogar spöttisch, mit einer Variante auf den Beinamen von Floris V., »der Amseln Gott« genannt, weil ich besessen und fieberhaft die Nester in der Nähe unserer Schule gegen Eierraub beschützte. Ich ging deshalb früher als die anderen zur Schule und war der letzte, der in die Klasse kam. An einem Mittwochnachmittag, als ich gerade die Nester kontrollierte, fand ich im Wald eine sterbende Katze. Ich kniete neben ihr nieder; unter ihren Kopf schob ich meine Hand, in die sie immer wieder zu beißen versuchte, weil sie Schmerzen hatte. Es kam Schleim aus ihrem Maul. Weinend blieb ich bei dem Tier sitzen, bis es gestorben war. Dann bedeckte ich es mit Blättern und beschloß, am nächsten Tag zurückzukommen, um es zu begraben. Ich wischte die Hand am Moos ab. Als ich aus dem Wald kam, sah ich, daß auf der Brücke ein Junge aus meiner Klasse saß, der gespannt ins Wasser starrte. Ich schaute über seine Schulter und sah, daß die noch kahlen jungen Amseln aus dem Nest in der Stechpalme neben der Brücke im Wasser trieben. Ohne zu überlegen, sprang ich in den Graben und faßte die kleinen Tiere. Aber es waren leblose Säckchen, gefüllt mit Därmen, die ich in den Händen hielt. Ich legte sie auf den Rand der

Brücke und sah den Jungen an. Er war gebückt liegengeblieben und belauerte mich, bestürzt und zugleich voller Bewunderung, weil ich ohne zu zögern ins Wasser gesprungen war, aber auch spöttisch, weil ich bis an die Knie im Schlamm stand. Plötzlich schlang ich meinen Arm um seinen Hals und rammte ihm die Faust so hart auf den Kopf, daß ich meinte, sein Gehirn pochen zu hören. Dann setzte ich die zu einer Klaue verkrampfte Hand in sein Gesicht, und während ich den Kopf von mir wegstieß, zog ich die Fingernägel von oben nach unten über das Gesicht. Auf der Stirn und Wange entstanden weiße Spuren, die sich mit Blut füllten. Als ich ans Ufer watete, stieg eine eiskalte, gespannte Ruhe in mir auf. Er war ein Junge, der ein paarmal sitzengeblieben war. Er war einen Kopf größer als ich. Doch als ich auf ihn zuging, drehte er sich um und lief weg. Am nächsten Tag kam er nicht in die Schule und auch am Tag darauf nicht; er kam nie wieder. Ein paar Wochen später sagte der Lehrer mit ernstem Gesicht, daß er an Gehirnhautentzündung gestorben sei. Ich wußte, daß es meine Schuld war, daß ich ihn ermordet hatte. Ich starrte auf seinen leeren Platz in der Schulbank. Schließlich konnte ich es nicht mehr ertragen und erzählte dem Lehrer alles, vom Ertrinken der Vögel und dem harten Schlag auf den Kopf. Aber der Lehrer lachte, klopfte mir ermutigend auf die Schulter und sagte, daß man von einem Schlag auf den Kopf keine Gehirnhautentzündung bekommen könne; es sei eine Infektionskrankheit. Ganz beruhigt war ich nicht. Ich wußte genau, daß etwas in ihm geknackt hatte, als ich ihm auf den Schädel geschlagen hatte.

Ich stand von meinem Bett auf und zog mich einige Male an einem Balken hoch. Ich machte noch andere gymnastische Übungen, die mich für mein Abenteuer fit machen sollten. Dann ging ich zum vorderen Dachboden und horchte am Fenster. Von weitem hörte ich das sich entfernende Klappern von Felgen auf den Pflastersteinen, worüber ich mich wunderte, denn der Radfahrer mußte die Hand nicht vor den Augen sehen können, der Nebel stand wie Milchglas vor dem Fenster. Ich wartete eine Weile, bis das Geräusch nicht mehr zu hören war und die Stille vollkommen wurde. Ich ging in mein Zimmer zurück, zog Tennisschuhe an und steckte das Messer geöffnet in die Hosentasche, die Spitze nach unten. Die Schlinge ließ ich liegen. Der Gedanke an das, was ich mit ihr anrichten könnte, erfüllte mich mit Abscheu.

Der Nebel war so dicht, daß ich mit den Fingerspitzen an den Gartenzäunen entlangtasten mußte, um nicht vom Bürgersteig abzukommen oder gegen einen Laternenpfahl zu laufen. Ich hörte, daß von weitem ein Deutscher herankam. Das Klappern des eisernen Sohlenbeschlags klang gedämpft, als marschiere der Soldat unter einem Glassturz. Als ich sicher war, daß er auf der anderen Straßenseite vorübergehen würde, lief ich weiter. Im Wald mußte ich nach Gehör laufen. Krachten unter meinen Füßen Äste und verdorrte Blätter, so wußte ich, daß ich vom Waldweg abgekommen war. Ich kam nur sehr langsam vorwärts, weil tief hängende Äste erst eine Handbreit vor meinem Gesicht aus dem Nichts auftauchten. Solange es mir gelang, auf dem Waldweg zu bleiben, lief ich, ohne Lärm zu machen. Gefahr drohte mir nur von einem, der reglos Wache stand. Aber das würde mit einem Schreck abgehen. Wir würden einander erst dann sehen, wenn wir die Wärme unserer Gesichter bereits spüren könnten. Vielleicht würde einer von uns vor Schreck tot umfallen.

Mitten auf der Brücke zur Insel, auf der das Federvieh

in Ställen untergebracht war, stand ein Zaun mit seitlich herausragenden Latten, über die Spinngewebe aus Stacheldraht gespannt waren, die bis zum Wasser reichten. Vergeblich versuchte ich daran vorbeizukommen. Dann schaute ich nach oben, um nachzusehen, ob es möglich war, über den Zaun zu klettern. Ich hielt den Atem an und fröstelte vor Aufregung. Dicht über meinem Kopf sah ich die Silhouetten zweier Truthähne. Wie lange ich stillstand, bis ich den Sprung nach oben wagte, weiß ich nicht mehr. Aber als ich sprang, wie von Sinnen, meine mageren Grabeshände nach dem warmen Vogelleben ausgestreckt, war die Luft plötzlich von wildem Geflatter erfüllt. Dann ein Aufschlag aufs Wasser, verzweifeltes Spritzen und ein erstickter Schrei, der in einem leisen, gurgelnden Laut endete, als ob eine Flasche, die im Wasser trieb, von kleinen Wellen untergetaucht worden sei und nun volliefe. Ich hatte das Gefühl, als schieße das eiskalte Wasser des Grabens, das zwischen die Federn des Vogels dringen mußte, auch zwischen meinen Kleidern und meiner Haut empor und griffe mir an die Gurgel. Ich beugte mich über das Brückengeländer und meinte im Wasser große Kreise zu sehen, die ein rauschendes Geräusch hervorbrachten, wie von einer Grammophonplatte, die auf der letzten Rille leerläuft.

Da sah ich plötzlich den anderen Vogel, der geduckt auf der Brücke lag; er mußte, vor Schreck gelähmt, vom Zaun gefallen sein. Ich stürzte mich auf ihn, packte seinen Kopf und preßte ihm den Schnabel zu, um ihn am Schreien zu hindern. Ich fühlte am kleinen Kopf, daß es eine Henne sein mußte. Ich war darüber zugleich traurig und froh. Froh, weil ich mit meinen Händen nun nicht den Kopf eines Truthahns umfaßte, der mit seinen Warzen und Kehllappen aussieht, als befände er sich im Zustand der Verwesung. Und traurig, weil eine Henne nicht so ekelerregend aussieht, daß für das Tier die Todesstrafe als unvermeidliche Folge seines Aussehens gelten könnte. Ich hob den Vogel auf und drückte ihn kräftig an mich. Während ich nach Hause lief, wärmte das Tier mir die Brust, und das erfüllte mich mit Scham; denn ich würde die Ursache sein, daß es seine Körperwärme verliert.

Nachdem ich die Schuppentür sorgfältig hinter mir geschlossen hatte, ging ich vor der Werkbank ein wenig in die Knie und ließ den Truthahn los. Er fiel um, sein Kopf schlug auf die Platte. Ich betastete den Vogel. Er lag auf der Seite und bewegte sich nicht. Ich nahm die Öllampe von der Wand und zündete sie an. Vor mir lag, wie ein blaugrüner Fluch, ein Pfau. Er war tot, Blut kam aus seinem Schnabel. Ich hatte die Hand fest um seinen Kopf zusammengedrückt. Der Schwanz war ausgefallen. Nur beim unteren Ende seines Rückens saßen noch ein paar längere Federn mit Augen. Ich zog sie aus und legte sie beiseite. Der kleine Federbusch oben auf dem Kopf war geknickt. Ich versuchte ihn glattzustreichen, aber es blieb ein verwelkter Miniaturstrauß. Die Augen standen offen und erschienen durch die kleinen, rahmweißen Flecken darum noch dunkler. Ich schauderte, als ich daran dachte, daß er vielleicht seine Augen hatte nicht schließen können, um zu sterben, weil meine Finger gegen sie gepreßt waren. Ich nahm die Augenlider einzeln zwischen zwei Finger und zog sie zu, wodurch der Vogel erst wirklich tot zu sein schien. Ich dachte daran, daß ich ihn nun selbst rupfen müßte, denn wenn ich ihn so liegen ließe, würde ihn niemand essen wollen. Ich stellte die Lampe auf den Boden, breitete davor einen Jutesack aus und begann auf ihm den Vogel zu rupfen. Als er halb kahl war, sah ich, daß kleine, lausartige Tierchen schnell über die Haut zu dem Teil flüchteten, der noch Federn hatte. Einige liefen auf meinen Händen. Ich wischte sie ab und krempelte die Ärmel hoch.

Die Geschöpfe verlassen den schnell erkaltenden Himmelskörper, dachte ich. Meine in den Federn wühlenden Hände sind für sie die Apokalyptischen Reiter.

Als der Vogel völlig kahl war, legte ich ihn auf die Werkbank und schlug ihm, mit abgewandtem Gesicht, mit der Axt den Kopf ab. Ich legte ihn zu den Schwanzfedern. Dann hackte ich die Füße ab, die ich auf den Boden zwischen die Federn warf, in denen sie wie in einer übermäßig schäumenden Seifenlauge wegsanken. Den Jutesack legte ich mit den vier Ecken zusammen und begrub die Federn in der Brandgasse. Ich ging zurück in den Schuppen, nahm den Kopf und die Schwanzfedern und schlich ins Haus. In der Küche blieb ich lauschend stehen, aber im Hause war alles totenstill. Ich ging ins Wohnzimmer und steckte die Federn in eine Vase auf dem Schornsteinsims, in der schon viele Pfauenfedern standen. Auf dem Zwischenboden angekommen, kletterte ich die Leiter zum Oberboden hinauf und strich ein Zündholz an. Ich nahm einen Glassturz, blies den Staub ab und legte den Pfauenkopf darunter. Beim letzten Licht, das das Streichholz verbreitete, sah ich noch, daß auch der Kopf voller kleiner Tiere saß. Es waren so viele, daß sich die Federn bewegten; auch die Augenlider waren von ihnen bedeckt. Ich stellte den Sturz auf seinen Platz, kletterte die Leiter hinunter und ging in mein Zimmer. Ich war todmüde. Ich ließ mich aufs Bett fallen, wo ich angezogen auf den Decken einschlief.

Der Weihnachtstisch sah festlich aus. Der Truthahn war goldbraun gebraten und verriet nichts mehr von seiner ursprünglichen Farbe. Meine Schwester hatte sogar Papiermanschetten mit Fransen auf die Beine gesteckt und Stechpalmenzweige um die Schüssel gelegt. Meine Mutter hatte aus geraspelten Zuckerrüben einen Salat gemacht, mit dem letzten Schuß Essig und einem Apfel, den sie von einer Freundin bekommen hatte. Die Blumenzwiebeln glichen gerösteten Kastanien, und der Soße war nicht anzusehen, daß der Vogel in einem Gemisch aus Vaseline und ranzigem Rinderfett gebraten worden war. Mein Vater faltete die Hände zum Gebet. Ich schloß die Augen nicht, sondern sah auf den Tisch, auf den Braten. Dann irrte mein Blick zum Schornsteinsims. Zwischen den jahrealten, verschossenen Federn standen die Federn, die ich dazugestellt hatte, herausfordernd frisch, mit einer herrlichen blaugrünen samtenen Glut in ihren dunklen Augen. Ich sah zur Seite auf meinen Vater, weil seine Stimme stockte. Er war meinem Blick gefolgt und sah mich mit einem düsteren Feuer in den dunklen Augen an. Er sah mich immer noch an, als er betete:

»Und führe uns nicht in Versuchung, sondern erlöse uns von dem Übel. Denn Dein ist das Reich und die Kraft und die Herrlichkeit in Ewigkeit.«

Hjalmar Söderberg

Der Pelz

Es war ein kalter Winter in jenem Jahr. Die Menschen schrumpften in der Kälte zusammen und wurden kleiner, abgesehen von denen, die Pelze besaßen.

Der Amtsgerichtsrat Richardt hatte einen großen Pelz. Das gehörte übrigens beinahe zu seiner Amtspflicht, denn er war geschäftsführender Direktor in einer eben gegründeten Gesellschaft. Sein alter Freund Doktor Henck besaß hingegen überhaupt keinen Pelz: er hatte indessen eine schöne Frau und drei Kinder. Doktor Henck war mager und blaß. Gewisse Menschen werden vom Heiraten fett, andere werden mager. Doktor Henck war mager geworden; und so kam der Weihnachtsabend.

»Ich habe heuer ein schlechtes Jahr gehabt«, sagte Doktor Henck zu sich selbst, als er am Weihnachtsabend gegen drei Uhr, eben beim Eindämmern, auf dem Weg war zu seinem alten Freund John Richardt hinauf, um Geld zu leihen. »Ich habe ein sehr schlechtes Jahr gehabt. Meine Gesundheit ist labil, um nicht zu sagen zerstört. Meine Patienten hingegen sind wieder auf dem Damm, fast die ganze Gesellschaft; ich sehe recht wenig von ihnen neuerdings. Ich werde vermutlich bald sterben. Das glaubt auch meine Frau, ich habe es ihr angesehen. Es wäre in diesem Fall wünschenswert, wenn dies vor Ende Januar geschähe, bevor die verdammte Lebensversicherungsprämie einbezahlt werden muß.«

Und als er in seinem Gedankengang diesen Punkt erreicht hatte, befand er sich an der Ecke Regeringsgata-Hamngata. Wie er eben die Straßenkreuzung zu überqueren hatte, um dann die Regeringsgata hinunter weiterzugehen, glitt er auf einer vereisten Schlittenspur aus und fiel, und im selben Augenblick kam ein Droschkenschlitten in voller Fahrt daher. Der Kutscher fluchte, und das Pferd wich instinktiv zur Seite aus, aber Doktor Henck bekam trotzdem von der einen Kufe einen Schlag an die Schulter, und außerdem verfing sich eine Schraube oder ein Nagel oder etwas dergleichen in seinem Überrock und riß ein großes Loch hinein. Menschen sammelten sich um ihn herum. Ein Polizeikonstabler half ihm auf die Beine, ein junges Mädchen bürstete ihm den Schnee ab, eine alte Frau gestikulierte auf eine Weise vor seinem zerrissenen Mantel herum, die andeutete, daß sie ihn auf der Stelle hätte flicken wollen, wenn sie gekonnt hätte, ein Prinz aus dem königlichen Haus, der zufälligerweise vorbeiging, hob seine Mütze auf und setzte sie ihm auf den Kopf, und so war alles wieder gut, abgesehen vom Mantel.

»Pfui Teufel, wie du aussiehst, Gustav«, sagte der Amtsgerichtsrat Richardt, als Henck zu ihm hinauf ins Kontor kam.

»Ja, ja, ich bin überfahren worden«, sagte Henck.

»Das sieht dir wieder gleich«, meinte Richardt und lachte gutmütig. »Aber nach Hause gehen kannst du so nicht. Du kannst dir gerne meinen Pelz leihen; dann schicke ich einen Jungen heim zu mir nach meinem Überrock.«

»Danke«, sagte Doktor Henck. Und nachdem er sich die hundert Kronen geliehen hatte, die er benötigte, fügte er hinzu: »Willkommen zum Abendessen also.«

Richardt war Junggeselle und pflegte den Weihnachtsabend bei Hencks zu verbringen.

Auf dem Heimweg war Henck in besserer Laune, als er seit langem gewesen.

»Das ist wegen des Pelzes«, sagte er zu sich selbst. »Wenn ich klug gewesen wäre, hätte ich mir schon längst auf Kredit einen Pelz angeschafft. Er hätte mein Selbstvertrauen gestärkt und mich in der Achtung der Leute steigen lassen. Man kann einem Doktor im Pelz nicht so kleine Honorare bezahlen wie einem Doktor im gewöhnlichen Überrock mit ausgefransten Knopflöchern! Dumm, daß ich nicht früher daran gedacht habe. Nun ist es zu spät.«

Er ging eine Zeitlang durch den Kungsträdgården. Es war schon dunkel, es hatte aufs Neue zu schneien begonnen, und die Bekannten, die er antraf, erkannten ihn nicht.

»Wer weiß im übrigen, ob es zu spät ist?« fuhr Henck für sich selber fort. »Ich bin noch nicht alt, und ich kann mich, was meine Gesundheit betrifft, geirrt haben. Ich bin arm wie ein kleiner Fuchs im Wald; aber das war auch John Richardt noch vor kurzem. Meine Frau ist seit einiger Zeit kalt und unfreundlich gegen mich. Sie würde mich sicher wieder lieben, wenn ich mehr Geld verdienen könnte und wenn ich einen Pelz trüge. Es kam mir vor, als ob sie John besser mochte als früher, seitdem er sich einen Pelz angeschafft hat. Gewiß war sie als junges Mädchen ein bißchen verliebt in ihn; aber er fragte sie nie, ob sie ihn heiraten wolle, sagte im Gegenteil zu ihr und allen Leuten, daß er nie wagen würde, sich mit weniger als Zehntausend im Jahr zu verheiraten. Aber ich wagte es; und Ellen war ein armes Mädchen und wollte gern verheiratet sein. Ich glaube nicht, daß sie mich auf die Weise liebte, daß ich sie hätte verführen können, wenn ich gewollt hätte. Aber das wollte ich ja auch nicht; wie hätte ich von einer solchen Liebe träumen können? Das habe ich seit meinem sechzehnten Jahr nicht mehr getan, als ich zum erstenmal ›Faust‹ in der Oper sah, mit Arnoldson. Aber ich bin trotzdem sicher, daß sie mich am Anfang gern hatte, als wir frisch verheiratet waren; in solchen Dingen täuscht man sich nicht. Warum sollte sie es nicht wieder tun können? Während der ersten Zeit nach unserer Hochzeit sagte sie John Bosheiten, so oft sie sich trafen. Aber dann gründete er eine Firma und lud uns hin und wieder ins Theater ein und schaffte sich einen Pelz an. Und da wurde es meine Frau natürlich mit der Zeit müde ihm Bosheiten zu sagen.«

Henck hatte vor dem Abendessen noch einige Besorgungen zu machen. Es war schon halb sechs, als er heimkam, schwer beladen mit Paketen. Er verspürte einen starken Schmerz in der linken Schulter; sonst gab es nichts, was ihn an sein Mißgeschick am Nachmittag erinnerte, außer dem Pelz.

»Es wird amüsant sein, zu sehen, was meine Frau tut, wenn sie mich im Pelz erblickt«, sagte sich Doktor Henck.

Der Flur war ganz dunkel; die Lampe war nur während der Sprechstundenzeit angezündet.

»Nun höre ich sie im Salon«, dachte Doktor Henck. »Sie geht so leicht wie ein kleiner Vogel. Es ist eigentümlich, daß es mir noch immer jedesmal, wenn ich ihren Schritt in einem angrenzenden Zimmer höre, warm ums Herz wird.«

Doktor Henck bekam recht mit seiner Vermutung, daß seine Frau ihn einen liebenswürdigeren Empfang bereiten würde als sonst, weil er einen Pelz trug. Sie schmiegte sich im dunkelsten Winkel des Korridors dicht an ihn, schlang die Arme um seinen Hals und küßte ihn warm und innig. Dann bohrte sie den Kopf in seinen Pelzkragen und flüsterte: »Gustav ist noch nicht zu Hause.«

»Doch«, antwortete ihr Doktor Henck mit leicht bebender Stimme, während er mit beiden Händen ihr Haar streichelte, »doch, er ist zu Hause.«

In Doktor Hencks Arbeitszimmer brannte ein großes Feuer. Auf dem Tisch standen Whisky und Wasser.

Amtsgerichtsrat Richardt lag ausgestreckt in einem großen ledernen Lehnstuhl und rauchte eine Zigarre. Doktor Henck saß zusammengesunken in einer Ecke des Sofas. Die Tür zum großen Zimmer stand offen, wo Frau Henck und die Kinder damit beschäftigt waren, den Weihnachtsbaum anzuzünden.

Beim Abendessen war es sehr still gewesen. Nur die Kinder hatten gezwitschert und sich unterbrochen und waren guter Laune.

»Du sagst nichts, alter Knabe«, meinte Richardt. »Sitzt du vielleicht und grübelst über deinen zerschlissenen Überrock?«

»Nein«, antwortete Henck. »Eher über den Pelz.«

Es war einige Minuten still, bevor er weiterfuhr: »Ich denke auch an etwas anderes. Ich sitze und denke daran, daß dies die letzten Weihnachten sind, die wir miteinander feiern. Ich bin Arzt und weiß, daß ich nicht mehr viele Tage vor mir habe. Ich weiß es jetzt mit völliger Sicherheit. Ich will dir deshalb danken für all die Freundlichkeit, die du in der letzten Zeit mir und meiner Frau erwiesen hast.«

»Oh, du irrst dich«, murmelte Richardt und blickte zur Seite.

»Nein«, antwortete Henck, »ich irre mich nicht. Und ich möchte dir auch dafür danken, daß du mir deinen Pelz geliehen hast. Er hat mir die letzten Sekunden Glück geschenkt, die ich im Leben empfinden durfte.«

Gertrud Fussenegger

Der Nikolaus

Im Hause meiner Voreltern – es stand in einer einst von Deutschen bewohnten Stadt Westböhmens –, in diesem für mich ehrwürdigen, nun verlorenen Hause gab es einen gläsernen Schrein, der allerlei Seltsamkeiten barg. Da war neben dem Reiterhelm, den mein Großvater in der Schlacht bei Solferino getragen, ein silberner Becher zu sehen, aus dem der gütige Ferdinand auf seiner Flucht nach Olmütz getrunken haben soll; Brautkränze aus Rauschgold, alte Gebetbücher mit vergilbten Namenszügen und eine hohe, goldbestickte Bischofsmütze, die aber beschmutzt und zerknittert war und ein bewegtes Schicksal hinter sich zu haben schien. Diese Mütze zog meine kindliche Neugier magnetisch an sich, doch sollte ich ihre Geschichte erst später erfahren, denn meine Großeltern, die sonst auf meine Fragen bereitwillig mit langausgesponnenen Erzählungen antworteten, verstummten jedesmal, wenn die Rede auf die Inful kam. Ihr Schweigen war nachdenklich, wenn nicht schmerzlich und machte mir das seltsame Andenken noch geheimnisvoller. Erst kurz vor Beginn des Krieges, ehe die alte Heimat verlorenging, erfuhr ich seine Geschichte, sie mag hier in Kürze wiedererzählt werden.

Als mein Großvater jung war, lebte ein armer Verwandter, Heinrich, mit im Hause. Er hatte das Unglück gehabt, als Knabe aus dem Fenster zu stürzen, und war seither am Rückgrat geschädigt, was eine Verwachsung zur Folge hatte. War er schon in Kindestagen still und von gedämpftem Wesen, machte ihn sein körperlicher Mangel noch scheuer und beinahe sonderlinghaft. Nur einmal im Jahr trat er aus seiner Abgekehrtheit hervor und auch da nur im Schutz einer halb ernst, halb scherzhaft gemeinten Vermummung. Am Vorabend des Nikolaustages nämlich verkleidete er sich als Bischof und trat in Begleitung eines rußgeschwärzten Teufels in die Stube, in der schon groß und klein erwartungsvoll beisammensaßen. Und Heinrich – oder Nikolaus, der er in diesem Augenblick war – ließ es nicht bei althergebrachten Sprüchen, beim Lebkuchenverschenken und Nüssewerfen bewenden, sondern verstand seinen Aufzug zu einer Art Festlichkeit zu gestalten, die er mit einer langen, in Verse gesetzten Rede begann und schloß.

In dieser Rede waren Tiefsinn und Schalk wunderbar gemischt, und er, der sonst sein abseitiges, wenig beachtetes Leben neben den Hausgenossen führte, erwies sich an diesem Abend als überlegener Beobachter, Mahner, ja, wenn es sein mußte, als Richter. Da wurde dem manchmal rauhbeinigen Hausvater bedeutet, daß ein zuzeiten festes Regiment wohl not tue, daß aber Liebe und Strenge leibliche Geschwister seien, von denen die Liebe doch das Erstgeburtsrecht besitze und der Strenge Meisterin bleiben müsse. Da wurde der Hausmutter milder Sinn gepriesen, doch ihre manchmal unvernünftige Ängstlichkeit vor den Wechselfällen des Daseins gescholten, denn – so ließ sich der Bischof weislich vernehmen – das reine Vertrauen einer guten Seele sei Gott lieber als Opfer, Gebete und Sorgen. Des jungen Sohnes – meines Großvaters – kleine Eitelkeiten mußten sich ein wenig Spott gefallen lassen, entzweite Schwestern wurden miteinander versöhnt, faule Mägde wurden gescholten – so bekam ein jeder sein Teil sacht und freundlich zugemessen. Am Ende hob der Bischof die ringgeschmückte Hand zu freundlichem Segen, und sein Gesicht strahlte Güte und Wohlgefallen.

Im Jahre 1867 – der gute Heinrich mochte von seinem fünfzigsten Geburtstag nicht weit entfernt sein – kam eine Schauspielertruppe in unsere Stadt und richtete sich in der alten verlassenen Fleischbank häuslich ein, erbaute eine Freilichtbühne auf dem Anger davor, die mächtigen Bäume dort boten wohl einen erwünschten Rahmen für das Spiel. Sie spielten meist bei einbrechender Dunkelheit, um die Magie der Beleuchtung zu genießen, ohne doch Aufwand mit teuren Lichtern treiben zu müssen. Sicher waren ihre Künste bescheiden, doch schienen sie nicht ganz ausdruckslos gewesen zu sein, was sich an Heinrichs Schicksal traurig offenbarte.

Unter den Komödianten befand sich ein junges Mädchen, dessen Namen die mündliche Familienchronik nicht bewahrt hat und das wir kurzweg Marianne nennen wollen. Sie konnte tanzen und singen und zur Not auch rezitieren, sie war ein schönes, freundliches Geschöpf. Heinrich verliebte sich in sie. Die späte Leidenschaft ergriff den Mann so sehr, daß er der beinahe Unbekannten einen Antrag machte. Was Marianne bewogen haben mochte, ihn anzunehmen, können wir uns heute nicht mehr denken; reizte sie der gute Name, den der Krüppel ihr bot, oder war sie durch seine innige Liebe im Herzen gerührt? Sie gab ihr Jawort, und in der grauen Morgenfrühe eines Septembertages wurde das ungleiche Paar in einem Vorstadtkirchlein kopuliert.

Heinrich wußte sehr wohl, daß er diese Frau nicht in das Haus seiner reichen und auf Ehrbarkeit bedachten Verwandten bringen durfte. Doch er war zu allem bereit. Er ließ sich seine kleine Rente auszahlen und folgte nach kurzem Abschied den aufbrechenden Komödianten, er nahm fast nichts mit von dem was ihm gehörte, nur die goldene und weiße Bischofsmütze verschwand mit ihm.

Der Leiter der Truppe erklärte sich damit einverstanden, daß Heinrich zu ihnen stieß, es sollte ihm auf einen Esser mehr oder weniger nicht ankommen. Er sah bald ein, daß er den Handel nicht zu bereuen brauchte, denn der Verwachsene war geschickt, einmal eine lästige Schreibarbeit zu übernehmen, ein anderes Mal eine Kulisse zu leimen oder sogar eine Rolle zu spielen, die seiner Gestalt entsprach. Trotzdem war dieses Leben für Heinrich von einer bedrohlichen Fremdartigkeit, er fühlte sich darin vereinsamter als je zuvor. Seine Frau, die er abgöttisch liebte, verschloß sich ihm bald und quälte ihn mit sinnlosen Launen. Wenn sie lange getobt und den Mann mit Schmähungen überhäuft und gemartert hatte, fiel sie ihm weinend um den Hals und bat ihn um Vergebung; sie ahnte selbst nicht, daß sich ihre gesunde, an den alternden Krüppel vergeudete Jugend rächen mußte. Sie bekamen keine Kinder, und Heinrich, der verstand, daß Marianne schon geliebt hatte, zweifelte nicht, daß sie ihn eines Tages betrügen würde. Darauf wartete er mit der sich selbst zerfleischenden Ruhe der Verzweiflung.

Die Truppe gelangte auf ihrer Reise nach Prag, wo sie sich nach einigen Absprachen mit einer anderen, bedeutenderen vereinigte. Sie trat nun in einem besseren Theater auf. Marianne erhielt den Auftrag, in einem Schäferspiel zu tanzen. Sie sollte leicht geschürzt erscheinen, Schulter und Arme entblößt und so dreist ausgeschnitten, wie es dem damals strenge wachenden Auge des Gesetzes eben noch erträglich erschien. Heinrich sah, von düsteren Gedanken erfüllt, diesen Vorbereitungen zu. Obwohl er kein Wort der Mißbilligung äußerte, wußte Marianne, wie es um ihn stand. Hohn und Haß loderten aus ihren Augen, als sie an ihm vorbei auf die

Bühne stürmte. Beifall empfing sie, Beifall dankte ihr, so groß, wie ihn das arme Komödiantenkind noch nie vernommen haben mochte.

Als nach der Vorstellung die Schauspieler zusammenkamen, ein reichliches Mahl aufgetragen wurde und auch der Wein nicht fehlte, gebärdete Marianne sich wie toll vor Freude. Sie tanzte zwischen den Tischen hin und her und konnte nicht genug bekommen der Kußhände und Scherze, die sie sprudelnd erwiderte. Heinrich lehnte mit verschränkten Armen in einem Winkel. Da, plötzlich bemerkte er, daß ihr Fuß mit einem Male stockte und ihr Blick starr nach der Tür ging. Eine fremde, elend gekleidete Frau stand dort auf der Schwelle. Sie schlüpfte nun herein, schaute sich um und hob den Finger winkend gegen die Schäferin. Marianne fuhr sich mit der Hand zum Herzen und riß dann, als könnte sie der anderen nicht in ihrem leichtfertigen Putz entgegentreten, den Kranz von ihren Schläfen. So näherte sie sich, stockend, der Fremden, und Heinrich las von ihren erblaßten Lippen die gestammelte Frage, was es denn gäbe.

Die andere reckte sich flüsternd zu Mariannens Ohr. Sogleich verließen die Frauen den Saal. Heinrich folgte ihnen. Auf der Treppe holte er sie ein. Marianne hatte schon ihren Umhang umgeworfen und versuchte eben, ein Tuch über das zerraufte Haar zu schlingen. Als er sie anrief, wandte sie sich mit einem kleinen grellen Schrei nach ihm, ihre Blicke rollten wild, ihr geschminktes Gesicht zeigte den unverstellten Ausdruck nackter Verzweiflung. Was geschehen sei, wollte der Gatte wissen, sie am Arm ergreifend. Sie riß sich los, er solle sie gehen lassen. Wohin? fragte der Mann. Sie antwortete: Zu meinem Kind.

Für Sekunden stand er erstarrt. Dann sagte er: Ich gehe mit dir. – Du mit mir? gab sie heftig zurück. Es hat die

Bräune. – Die Bräune, heute Diphtherie genannt, wütete damals in der Stadt und forderte viele Opfer.

Trotzdem! sagte der Mann. Ich gehe mit dir. – Sie eilten hinaus. Die Nacht war still und hell. In dem verschleierten Himmel stand milchig umrandet die beinahe gefüllte Scheibe des Mondes. Der Schnee, der wenige Stunden vorher gefallen, knisterte leise unter ihren Füßen. Die drei Menschen liefen die Gasse hinab, sie liefen so schnell sie konnten, aber der Weg war weit, Mariannes Füße glitten und strauchelten, ein leises Jammern drang aus ihr hervor. Heinrich nahm ihren Arm und stützte sie. Endlich hielten sie vor einem Haus, die Fremde öffnete die Tür mit einem Schlüssel, sie traten in einen armseligen Vorraum, von dem eine schmale Stiege zum oberen Stockwerk führte. Dort brannte eine Funzel vor einer grauen, verrotteten Mauer, Gerümpel starrte in finsteren Schächten. In einer Kammer fanden sie das Kind, einen drei- oder vierjährigen Knaben. Er lag auf dem Bett, vor Fieber glühend, mit offenem Mund zog er die Luft röchelnd ein.

Marianne stieß Heinrich und die Frau beiseite und warf sich weinend über das Fußende des Bettes. Sie umschlang die Knie des Kindes und stammelte seinen Namen. Aber in den Augen des Knaben erschien kein Erkennen, sondern nur steigende Angst, er suchte sich aufzustützen und nach der Pflegemutter zu greifen, die er mit fast unverständlichem Lallen: Baby – Großmutter nannte.

Heinrich sagte, es müsse ein Arzt geholt werden, er wolle ihn bezahlen. Als die Greisin mürrisch erwiderte, daß es ohnehin umsonst sei, und er heftig antwortete, trotzdem müsse es geschehen, und zwar sogleich, schaute Marianne zum ersten Male auf, ungläubig, als habe ein ganz unerwartetes Wort ihr Ohr getroffen.

Der Arzt kam, schüttelte den Kopf, ordnete dieses und jenes an und sprach mit der bedauernden Gelassenheit seines Berufs davon, daß die ärztliche Kunst nicht viele Mittel habe, der Bräune entgegenzutreten, daß man das meiste der Natur überlassen und im übrigen dem Willen Gottes anheimstellen müsse.

Da er sie verließ, blieben die Eheleute allein mit dem Kind. Sie saßen, unter einer Decke, die sie über sich gebreitet hatten, auf einem Schemel zusammengekauert, der kämpfende Atem des Knaben ging bald lauter, bald schwächer, aber unverändert qualvoll fort. Ein Talglicht flackerte an einem Blechdorn, Mäuse raschelten unter den Dielen. Da begann Marianne zu reden und erzählte ihre Geschichte, wie sie, kaum siebzehnjährig, dieses Kind bekommen habe, von dem Mann verlassen worden sei, wie sie es hier in die Pflege gegeben, es aber kaum wiedergesehen habe. Heinrich hörte kaum auf ihre Worte. Er schaute die Frau an, er schaute in ihr Gesicht, als habe er es noch nie gesehen: wie die Tränen Furchen in die Schminke gruben, wie der arme törichte Mund hilflos bebte, wie die gemalte, ach so kindische Schönheit in Kummer und Reue zerschmolz – Heinrich legte den Arm um sie und zog die Zitternde an sich, bis sie stille wurde und verstummte und nach langen Stunden endlich an seiner Brust einschlief.

Am nächsten Morgen zeigte es sich, daß der Knabe ein wenig besser war. Die erstickende Geschwulst in seinem Hals war zurückgegangen, der häßliche Geruch des Atems hatte sich abgeschwächt. Was er stammelte, war zu verstehen, er redete davon, daß er den Nikolaus sehen wolle und daß der Nikolaus doch an seinem Hause nicht vorübergehen solle.

Man schrieb den vierten oder fünften Dezember, das

Kind mochte von dem gütigen Himmelsbischof gehört haben, der es so wohl mit den Kleinen meinte, daß er in einer holden Nacht auf die dunkle Erde kam, um sie zu beschenken. Es habe, so sagte es, den freundlichen Herrn in seinen Fiebern erblickt und verlangte nun nach Äpfeln, Nüssen und Kuchen, mit denen es sich beschenkt wähnte; es weinte, als ihm die Mutter traurig bedeutete, der Heilige käme vielleicht zu reichen Kindern, aber zu seinesgleichen fände er nicht den Weg.

Heinrich blickte schweigend vor sich nieder. Als er eine Weile später verschwunden war, wußten sich weder Marianne noch die Wirtin sein Fortgehen zu erklären. Aber es war kaum eine Stunde vergangen, als es drunten feierlich ans Tor schlug und Marianne, welche das Fenster öffnete, einen merkwürdigen Aufzug erblickte. Drunten stand ein Mann von zwar zwergenhafter Gestalt, aber prächtig erhöht durch die Doppelspitze einer mit Gold bestickten weißen funkelnden Inful. Über seine Schultern hing ein Mantel herab, in dem sie ein Requisit aus den Kostümkisten ihrer Truppe erkannte. Das Gesicht war mit einem weißen Flockenbart umgeben. Heinrich! rief Marianne verwundert. – Still, sagte er, von ihr eingelassen. Ich will dem Kind der Nikolaus sein, nach dem es sich sehnt.

Marianne eilte voraus, dem Knaben die Freude zu verkünden. Alsbald trat Heinrich in die Kammer. Er, der Wortkarge, als wäre ihm mit der Verkleidung eine geheime Kraft zugeflossen, er begann zu sprechen. In Versen sprach er, in Rhythmen, von einer Art Begeisterung überkommen, sprach zu den beiden, Marianne und dem Knaben, frei, fließend, über sich selbst hinweggehoben. Er sei ein langes Stück Weg gewandert, es sei finster um ihn gewesen, kein Stern in der dunklen Nacht. Da aber habe er eine Stimme gehört, es sei die Stimme eines Kindes gewesen, die sei ihm wie ein Licht aufgegangen und habe ihn versichert, daß er den weiten, schmerzlichen Weg nicht umsonst gemacht. So wolle er von dem sanften, heiteren Himmel erzählen, aus dem er komme, keinen goldenen Himmel gebe es, wenn Liebe nicht für Gold glänze, keine paradiesische Heimat gebe es, wenn nicht Vertrauen und Geduld ein Plätzchen umhürdeten, wo Leben wachsen könne, vielgeliebtes kindliches Leben, schönste Hoffnung. Denn um eines Kindes willen sei der Welt vergeben worden, eines Kindes willen seien die Heerscharen Gottes einst niedergestiegen zum Bethlehemitischen Stall, vor einem Kind hätten die Könige ihre Knie gebeugt und ihm die Schätze der Welt zu Füßen gelegt. Nun, Schätze habe er nicht, er Nikolaus, Bischof, habe nur kleine Gabe, hier –. Damit leerte er den Sack, den er unter dem Mantel verborgen gehalten: Äpfel und Pfefferkuchen und Nüsse regneten auf das elende Deckbett des kranken Knaben.

Marianne weinte. Das Kind griff, seine abgezehrten Händchen regend, glücklich lächelnd nach den Geschenken. Der weiße Flockenbart in des Bischofs bebendem Gesicht feuchtete sich von Tränen. Seinen Sack zusammenrollend ging der Himmlische hinaus, mit würdigen Schritten langsam die Treppe hinab, wie er es alle Jahre in dem Haus der Verwandten getan. Unten blieb er stille stehen und verbarg sein vermummtes Gesicht in den Händen.

Zwei Tage später starb das Kind in seinen und seiner Mutter Armen. Es hatte die Bräune überstanden, aber sein vom Fieber geschwächtes Herz blieb unversehens stehen wie eine abgelaufene Uhr.

Nachdem das Kind begraben worden war, blieb der Verwachsene nur noch eine Weile bei seiner Frau, nicht länger nämlich als bis ihr Schmerz sich gestillt hatte und ihr Herz wieder nach den Labungen zu suchen begann, nach denen zu verlangen es seiner Natur nach imstande war. Da sagte Heinrich zu ihr, er werde nun gehen und ihr die Freiheit geben, die er ihr geben könne.

Marianne verstand ihn nicht sogleich. Sie eilte auf ihn zu, umfing ihn und fragte jammernd, ob er sie nun verlasse, um den frühen Fehltritt zu strafen, ob er nicht vergessen könne, daß sie ihn unglücklich gemacht habe.

Nein, antwortete der Mann, sie ein letztes Mal sanft an seine Brust drückend, sie habe ihn glücklich gemacht, glücklicher als er je gewesen sei. – Und als sie ihn verwundert ansah, sagte er an ihrem Ohr und machte seine Stimme so gering als möglich: Weil ich dein wahres Gesicht gesehen habe, und es war ein Menschengesicht.

Heinrich kehrte in das Haus seiner Verwandten zurück. Man nahm ihn auf, ohne den Umschatteten durch Neugier oder gar mit Vorwürfen zu kränken. Er lebte viele Jahre still dahin, im Alter heiterer als zuvor. Doch den Nikolaus spielte er nie mehr. Man fand nach seinem Tode die Inful unter seinen Habseligkeiten, in Mariannes zerschlissenes Schäferkleid gewickelt.

Gabriele Goettle

Weihnachtsschnäppchen

Jeder kennt sie, die bunten Faltprospekte, auf denen dubiose Firmen mit billigen Reiseangeboten zu ihren Verkaufsveranstaltungen locken. Per Postwurf kommen sie ins Haus, sie zielen auf die unteren Einkommensgruppen, auf Hausfrauen, Arbeiter, Arbeitslose und Rentner, die sich mal was Gutes antun wollen mit einer kleinen Reise. Anboten werden Tagesausflüge »im modernen Luxusreisebus«, beispielsweise in den »vorweihnachtlichen Teutoburger Wald, mit vielen Extras und manch schöner Überraschung«. Es biete sich, so wird versprochen, die Gelegenheit zu »gemeinsamem Singen mit beliebten Opernstars«, daneben und nur für Interessenten, lasse sich dann im »Haus Elfrieden-Moden« ein gutes Weihnachtsschnäppchen machen. Dazu gebe es vielerlei Geschenke, plus Weihnachtsmann, plus einem deftigen Gänsebratenessen. All das gratis und im Fahrpreis von 30 DM bereits enthalten.

Offenbar gibt es für solche Reisen immer wieder ausreichend Kundschaft. Auch ich war schließlich magisch angezogen. Und so finde ich mich zum Abfahrtstermin, morgens kurz nach fünf, unter der Bogenlampe vor dem S-Bahnhof ein. Hier wartet bereits ein kleines Grüppchen von Reiselustigen.

Ein alter Herr mit wirrem weißem Haar und einer Voigtländer-Kamera aus der Vorkriegszeit um den Hals steht starr etwas abseits und wartet. Die junge Familie mit schlafendem Kleinkind auf dem väterlichen Arm hat bereits Anschluß gefunden an einen gehbehinderten Rentner und zwei ältere Damen. Die Neuhinzukommenden stellen ihre Beutel und Taschen ab, in denen sie verbotenerweise Reiseproviant mit sich führen. Ein dicker Mittsechziger in brauner Kunstlederjacke weist lautstark auf dieses Vergehen hin und nennt irgendeinen Fritze, der, wenn er so was feststellt, kurzen Prozeß mache mit solchen Fahrgästen. Man hört ihm zu, und nicht lange, dann hat er so etwas wie die Anführerrolle übernommen aufgrund seiner Kenntnisse über Busunternehmen und Reiseangelegenheiten.

Wie angekündigt kommt nach einiger Zeit der Luxusreisebus, doppelstöckig. Der Fahrer ist augenscheinlich übernächtigt und hörbar schlecht gelaunt. In rüdem Ton kommandiert er die Fahrgäste. So wissen alle wenigstens gleich, daß sie nicht an einer normalen Reise teilnehmen, sondern an einer Firmenveranstaltung, wo man nichts geschenkt kriegt.

»Herrschaften! Ja sind wir denn im Kindergarten? Alles noch mal raus, und dann einsteigen und hier bei mir die Pässe abgeben!« Die Passagiere werden hin und her gescheucht. Verlegen kichernd flüchten sich die sportlicheren Damen und Herren aufs Oberdeck, die anderen nehmen unten Platz, in sicherem Abstand zum Fahrer.

Dann geht es los. Man fahre zum Busbahnhof, wird über Lautsprecher mitgeteilt, wo dann, wegen mangelnder Fahrgäste, in einen kleineren Bus umgestiegen werden soll.

Die angekündigten Überraschungen treffen die Reisenden früher und anders als erwartet. Nach dreißigminütigem Warten in schneidender Kälte auf den anderen Bus kommt der Doppelstöckige wieder. Der Fahrer erklärt mürrisch, daß ein anderer Bus in der Eile nicht aufzutreiben sei, und, damit das Ganze für die Firma nicht eine einzige Pleite werde, fahre man jetzt nur die kürzere Route »nach Schleswig-Holstein rauf«.

Nur der dicke Herr mit der Kunstlederjacke widerspricht und ruft: »Na hoppla, so geht's ja nicht, ich glaub, da muß ich mal ein Wörtchen mit dem Wolfgang reden!« Obgleich der Fahrer vollkommen ungerührt bleibt, stellt der drohende Unterton des Dicken alle ein wenig zufrieden. Wo genau es nun hingehen soll, wagt jedoch niemand zu fragen, man seufzt und sitzt bequem im warmen Polstersitz.

Auf dem Weg zur DDR-Grenze legt der Fahrer ein schneidiges Tempo vor und läßt über Lautsprecher wissen, daß die Herrschaften froh sein können, überhaupt gefahren zu werden in diesem Bus für 75 Fahrgäste, wo sie doch »nur 30 Männeken« sind. Außerdem gebe es statt des goldfarbenen Kettchens jetzt ein Glas Rotkohl, daran sei nun mal nichts zu ändern. Wer was auszusetzen habe, solle sich beim Veranstalter beschweren. Eine alte Dame sagt beschwichtigend, während sie ihr Pelzjäckchen auszieht: »Der Busfahrer kann ja eigentlich auch nichts dafür, daß er uns rumfahren muß«, und eine andere antwortet höhnisch: »Und wir können och nischt dafür, daß wir uns hier so verladen lassen!«

Alle Raucher sitzen im hinteren Teil des Oberdecks beisammen. Die junge Familie hat das schlafende Kleinkind auf den Rücksitz gebettet und trinkt sich aus kleinen Schnapsfläschchen Stimmung an. Er erzählt, er sei Metzger im Fleischhof und sozusagen eben erst von der Nachtschicht gekommen: »Ein Kaffee, und schon bin ich voll da!« Die Gattin ist bester Laune; jedenfalls schlägt sie ihrer mitfahrenden Schwester aufmunternd auf den Rücken. Die hat Liebeskummer und ist schon ein wenig angetrunken. Die Umsitzenden nehmen regen Anteil an dem Trio, und bald singen alle den Schlager mit, der aus dem Lautsprecher dröhnt. Er hat den Refrain: »Jaaa, wir sind eine fröhliche Baaande.«

Draußen über der volkseigenen Wintersaat dämmert es bereits. Heimelig blinken die Lichterketten und Tannenbäume aus roten Glühlämpchen in den Fenstern der Bauernhäuser.

Nachdem die Transitstrecke überwunden ist, werden die Reisenden endlich in Route und Fahrtziel eingeweiht. Es gehe zur Ostsee, wird verkündet. Dort, zwischen Lübeck und Eutin, liege Großensee, wo die Verkaufsveranstaltung stattfinde. Anschließend gebe es ein gemeinsames Entenbratenessen. Dann gehe es weiter nach Lübeck, zu Weihnachtsmarktbesichtigung und Stadtbummel.

Alle geben sich angenehm überrascht, nur der alte Herr mit der Voigtländer ist entsetzt. Er glaubte immer noch auf dem Weg zum Teutoburger Wald zu sein, auf den er sich zu Hause generalstabsmäßig vorbereitet hatte. Nun fährt er ins Ungewisse, und auch die mitgenommene Karte ist nicht zu verwenden. Jemand reicht ihm eine Deutschlandkarte, er entfaltet sie umständlich und sucht mit zitterndem Finger das neue Ziel.

Die Verkaufsveranstaltung findet in einem abgelegenen Haus am See statt. Der Neubau ist häßlich und wirkt irgendwie provisorisch. Mit seiner hallenartigen Konstruktion scheint er einzig und allein dafür geplant worden zu sein, Busladungen aufzunehmen und abzuspeisen. Innen stehen zwei lange Tischreihen, bereits gedeckt mit weißem Papiervlies, auf dem die Spuren der vorhergegangenen Veranstaltung noch zu sehen sind. Anscheinend gab es da ebenfalls Rotkohl und Entenbraten. Die Reisenden werden barsch aufgefordert, Platz zu nehmen. Am schütteren Weihnachtsbaum glimmen elektrische

Kerzen, Geweihe von Böcken zieren die Wand. Es ist überheizt, durchs Fenster flutet die Sonne, man hängt die Mäntel und Jacken über die Stuhllehne, unterhält sich gedämpft und wartet.

Ein farbloser alerter Mittdreißiger betritt den Saal, nimmt neben dem Tannenbaum Aufstellung und bittet mit sonorer Stimme um Ruhe, woraufhin alle verstummen.

»Einen wunderschönen guten Morgen, meine Damen und Herren«, surrt er mit geschulter Vertreterstimme herunter, »die Firma Juno-Reisen heißt sie willkommen, und zwar herzlichst!«

»Mahlzeit!« ruft der Dicke mit der Lederjacke, und die alten Damen kichern. Das Metzgerkind beginnt zu brüllen und muß hinausgetragen werden.

»Mit der Mahlzeit, da haben Sie schon recht, dafür, daß es so spät geworden ist, möchte ich mich entschuldigen, auch für die Änderungen natürlich. Ich hoffe aber, ich kann Sie für all das entschädigen«, gurrt der Herr und lächelt verbindlich. »Jetzt lassen Sie mich mal folgendes sagen: Sie bekommen von uns nachher hier alle ein gemeinsames Entenessen bezahlt. Und zweitens bekommt jeder von uns einen Begrüßungsdrink, der muß jeden Moment kommen. Außerdem bekommen Sie nachher in Lübeck in der Konditorei Weber Kaffee und Kuchen.«

Zuruf des Metzgers: »Astrein!«

»Ja eben! Und das ist noch nicht alles! Nein, es kommt noch eine ganze Menge mehr auf Sie zu. Es erhält nämlich jeder Fahrgast von uns zum *Mitnehmen* (er dehnt das Wort): 200 Gramm Griebenschmalz, 450 Gramm Salami, ein Glas tafelfertigen Rotkohl, eine Flugente ... ja, lachen Sie nicht, das meine ich jetzt ganz ernst ... eine

Flugente! Ca. 1500 bis 1800 Gramm schwer und tiefgefroren. Und für diejenigen Herrschaften, denen das immer noch nicht genug ist, möchte ich sagen, es kommt noch dicker! Alle bekommen auch noch ein siebenteiliges chinesisches Teeservice, Teekanne mit dabei. Und nun hoffe ich doch, daß Sie angenehm überrascht sind.«

Allgemein wird bestätigt, daß man da nicht meckern könne, ganz im Gegenteil.

Dann eröffnet er die Veranstaltung, die natürlich längst begonnen hat, mit den Worten: »Diejenigen, die was gegen solche Veranstaltungen haben, müssen nicht hier sitzen bleiben und leiden. Ich bitte Sie nur darum, solange spazierenzugehen und erst dann wieder reinzukommen, wenn das Mittagessen serviert wird. Denn ich sage mir immer, nichts ist schlimmer, als Gäste zu haben, die anderen Gästen den Tag versauen durch Störungen und Streitereien. Da sind wir uns doch alle einig!«

Er blickt erwartungsvoll in die Gesichter, und nach einem Moment peinlichen Schweigens fährt er fort:

»Ich zeige Ihnen hier und heute letztmalig nicht irgendwelche Wollbetten, sondern einen medizinisch-therapeutisch anerkannten *Gesundheitshilfsartikel*!«

Es folgt ein wirrer langer Vortrag über »das Lasttier der Indios«, das geduldig sein Lebtag das doppelte Körpergewicht schleppe und dazu noch allen Temperaturschwankungen standhalten müsse. Dessen Haar, versponnen in diesen Betten, Unterbetten und Kopfkissen, komme gerade noch rechtzeitig, um das Schlimmste zu verhüten: Krankheiten, Siechtum, Tod! Die wiederum träfen mit Vorliebe die Arbeiterschaft, die heutzutage keiner körperlichen Belastung mehr ausgesetzt sei. Der Metzger widerspricht heftig, muß sich aber belehren lassen, daß *gerade* das Herumtragen von Rinderhälften und das Stehen in feuchten Gummischuhen und zugigen Hallen ganz besonders gravierende Folgen für die Gesundheit habe. Solche Bedingungen seien noch schädlicher als das Bedienen von Maschinen.

Dann setzt der Vertreter, Raab mit Namen, zum vernichtenden Schlag gegen die »Schmutzkonkurrenz im Bettengewerbe« an:

»Da wird meistenteils Schindluder getrieben mit der Vertrauensseligkeit des Kunden, aber da machen wir nicht bei mit.

Und dann will ich Ihnen noch was sagen. Diejenigen, die über all das lachen, das sind doch diejenigen, die noch unter Daunen- und Federbetten schlafen, denn wie haben wir denn früher geschlafen?« Zuruf einer alten Dame: »Uffm Strohsack?«

»Richtig! Sehr gut! Und nun frage ich Sie, warum haben wir auf einem Strohsack geschlafen?«

Zuruf derselben Dame: »Weils warm war so!«

»Auch richtig. Aber so warm auch wieder nicht. Die Reichen hatten ja Daunen- und Federbetten, das war ihr Privileg, das ist geschichtlich nachgewiesen! Und was die Wohlhabenden können, das können wir doch schon lange? Aber nicht mit mir! Niemals! Ich möchte Ihnen nicht erklären, wie so eine Kultur später im Endeffekt aussieht, aus Daunen- und Federbetten, das möchte ich Ihnen ersparen. Und wissen Sie auch warum? Sie würden nachher nichts mehr essen wollen, es würde Ihnen glatt den Appetit verschlagen!

Aber das eine kann ich Ihnen ja sagen, daß in der heutigen Zeit Daunen- und Federbetten als sehr schädlich empfunden werden und zwischenzeitlich auch wissenschaftlich als Gesundheitsrisiko anerkannt worden sind. Und wissen Sie auch warum, na?«

Zögernder Zuruf der Metzgersschwägerin: »Unhygienisch …«

»Ja eben, das will ich meinen! Und warum? Weil Milben drinsitzen! *Milben!!!* Und solch eine Bettenstaubmilbe, die in Ihrem Bett herumläuft … O ja, da haben wir sie ja!«

Herr Raab hat hinter dem Christbaum eine Mappe hervorgeholt und zeigt das Bild einer unterm Elektronenmikroskop vergrößerten Milbe.

»Dieses Ungeheuer, gut, es ist mit normalem Auge nicht zu sehen, aber das macht es ja nur noch unheimlicher, es löst z. B. Allergien aus und wie, das würde ich Ihnen am liebsten verschweigen, aber man muß das ja wissen: Sie wandern in Ihre Atemwege hinein, hinunter in den Brustkorb, setzen sich in den Lungenbläschen fest und verstopfen alles …

Daß also Daunen- und Federbetten gefährlich sind, daß sie lebensbedrohliche Krankheiten hervorrufen, das wissen Sie nun selbst, meine Damen und Herren.

Und dann sage ich Ihnen noch eins, wußten Sie eigentlich, daß man mit Daunen- und Federbetten Menschen umbringen kann? Nein?

Jährlich erliegen allein in Deutschland mehr als 500 Kleinstkinder dem Erstickungstod in ihren Daunen- und Federbettchen. Und jetzt geht es nämlich los, wer das nicht glauben sollte, da mach ich doch nur eins!«

Er hält das Titelblatt einer alten *Bildzeitung* in einer Plastikhülle hoch.

»Ich lese Ihnen diese rote Schlagzeile gerne vor: ›Mutter erstickte ihre behinderte Tochter‹, und da lese ich Ihnen nur einen einzigen Satz aus dem Artikel vor: ›Monika W. nahm ein Daunenkissen, drückte es dem spastisch gelähmten Mädchen auf den Kopf, bis es sich nicht mehr bewegte.‹ Ja, ich frage Sie, wie viele Beweise wollen Sie denn noch haben von mir? Und dementsprechend sage ich: Weg mit Ihren Daunen- und Federbetten!«

Nachdem er zur allgemeinen Verblüffung dann auf den Tisch steigt, sich unter dem Vorführbettzeug aus Lama anzüglich hin und her wälzt, kichert und grunzt, hat er alle Herzen gewonnen. Nur zögernd läßt er sich den Preis für die »atmungsaktiven« Kissen und Decken entlocken, die eine stämmige Frau jetzt hereinschleppt und neben dem Tannenbaum aufstapelt.

»Sage und schreibe, nicht 1500 Mark, nicht 1000 Mark! Für 998 Mark erhalten Sie ein Kissen, ein doppeltes Oberbett und ein warmes Unterbett und dazu noch gratis, als ›Dankeschön‹, einen Satz Bettwäsche aus samtigem Frottee. Und ich verspreche Ihnen, ab morgen wird es vorbei sein mit Schlaflosigkeit, kalten Füßen, Rückenschmerzen, Kopfweh und Erkältungskrankheiten!«

Viele von denen, die sich vorgenommen hatten, nichts zu kaufen, machen nun Anstalten zuzulangen. Die alten Damen befingern das Material, klopfen auf die Kissen, beratschlagen sich. Aber die Schwägerin des Metzgers hat schon per Scheck gekauft und schleppt den Stapel zu ihrem Platz. Da wollen dann auch der Schwager und die Schwester nicht zurückstehen; es gehen ihnen wohl die Schweinehälften, kalten Füße, der wehe Rücken im Kopf herum, als sie mit zufriedenen Gesichtern ihre Pakete erwerben.

Die meisten Reisenden kaufen etwas, sei's auch nur das überteuerte Wollwaschmittel »mit Lanolin«, das nicht nur Sinn macht, wenn man auch das Lama-Bett besitzt, man kann damit auch Pullover und Wollsocken waschen. Der alte Herr mit der Voigtländer bleibt eisern auf seinem Stuhl sitzen und macht ein unnahbares Gesicht.

Später, als Entenbraten und Nachtisch aufgetragen werden, zerkleinert er systematisch wie eine Maschine mit unbeteiligter Miene alles, was ihm an Eßbarem vorgesetzt wird, während die anderen, befreit von der Schuld, alles umsonst einheimsen zu wollen, fröhlich und plaudernd ihre Teller leeren.

Später auf der Heimfahrt, kurz vor Mitternacht, als Lübeck genossen ist und man alle »Mitnahme-Präsente«, inklusive der sacht vor sich hintauenden Flugente, im Gepäcknetz verstaut hat, kommt noch mal so richtig Stimmung auf in der erschöpften Reisegruppe.

Während sich in meinem Kopf ein Durcheinander von mordenden Müttern, erstickenden Kindern, kohlkopfgroßen Milben hin und her wälzt, ist die Metzgerfamilie damit beschäftigt, immer neue Schnapsfläschchen zu öffnen. Ab und zu taumelt der junge Vater zur Sitzreihe dahinter, um besorgt nachzusehen, ob das schlafende Töchterchen noch atmet. Nur mit knapper Not kann er eine Weile später verhindern, daß die korpulente Schwägerin in einer Kurve auf das schlafende Kind geschleudert wird. Sie war aufgestanden, um eine herumrollende Bierbüchse aufzuheben, aber schon derart angezecht, daß sie sich nur schwer im Gleichgewicht halten konnte.

Bis zuletzt ist allen ziemlich unklar, ob sie nun eigentlich abgestaubt haben oder aber ausgenommen worden sind. Der Metzger als richtiger Prolet weiß konstitutionell, daß es nirgendwo was geschenkt gibt. Wie sollte man bei jemandem was abstauben, der das ganze Arrangement freiwillig hinlegt zum Wegtragen? Wenn man also selbst nicht geplündert hat, dann wurde man geplündert, aber wie und wo? Man hat zwar viel Geld ausgegeben, dafür war aber alles andere umsonst. Wäre man zu Hause geblieben, hätte man einerseits eine Menge Geld gespart, andererseits aber auch wieder viel mehr ausgegeben für Essen und Trinken, ganz zu schweigen von den Geschenken und dem Teeservice, das man zu Weihnachten schon wieder verschenken kann. Irgendwann hätte man das alles ja doch kaufen müssen, und so hat man wenigstens noch einen schönen Tag dazu gehabt.

Durch den Lautsprecher erklingen beliebte Melodien wie »Hoch auf dem gelben Wagen« und »Heho« oder »Theo … wir fahrn nach Lodz …« Alle singen lautstark mit, oben zittern die Stimmen der alten Damen, unten brummt der Metzger, der seinen Kopf auf eins der atmungsaktiven Kissen gebettet hat.

Gegen zwei Uhr nachts hält der Bus wieder unter der Bogenlampe vor dem S-Bahnhof, der Fahrer ist bereits zu müde, um unhöflich zu sein, matt murmelt er ein »Wünsche einen guten Heimweg« ins Mikrofon und schließt knapp hinter dem mit der Voigtländer die automatische Tür. Alle verschwinden irgendwohin mit vollen Tüten und schweren Taschen.

Guy de Maupassant

Ein Weihnachtsabend

Das Jahr weiß ich nicht mehr genau. Seit einem ganzen Monat jagte ich mit wahrer Lust, mit einer wilden Freude, mit jener Glut, die sich an neuen Leidenschaften entzündet.

Ich war in der Normandie, bei einem unverheirateten Verwandten, Jules de Banneville, allein mit ihm, seiner Magd, einem Diener und einem Waldhüter in seinem herrschaftlichen Besitz. Das Schloß, ein alter, grauer Bau, von ächzenden Tannen umsäumt, in dem Mittelpunkt langer Eichenalleen, durch die der Wind galoppierte, schien seit Jahrhunderten verlassen dazuliegen. Nur alte Möbel bewohnten die stets verschlossenen Räume, darin die Menschen, deren Bilder man in einem Gang hängen sah, der nicht weniger stürmisch war als die Alleen, einst die benachbarten Adligen zeremoniell empfangen hatten.

Wir, nun, wir hatten in der Küche Zuflucht gesucht, dem einzigen bewohnbaren Raum des Herrenhauses, einer über alle Maßen großen Küche, deren dunkle Winkel sich nur erhellten, wenn man frisches Reisig in den mächtigen Kamin warf. Und dann, jeden Abend, wenn unsere nassen Stiefel lange gedampft hatten, wenn unsere Vorstehhunde, zwischen unsern Beinen gelagert, von der Jagd geträumt und im Schlaf gebellt hatten, stiegen wir in unser Zimmer hinauf.

Nur dieses Zimmer war, der Mäuse wegen, verschalt und vergipst worden. Doch es blieb kahl, war geweißt, und an den Wänden hingen Flinten, Hundspeitschen und Jagdhörner; und wir schlüpften schlotternd in unsere Betten, die in zwei Ecken dieser sibirischen Behausung standen.

Eine Meile vom Schloß entfernt fiel die Klippenwand senkrecht ins Meer hinab; und der mächtige Atem des Ozeans ließ Tag und Nacht die großen, gebeugten Bäume seufzen, Dach und Windfahnen stöhnen und das ganze ehrwürdige Bauwerk jammern, das sich durch die gelockerten Schindeln, die abgrundbreiten Kamine, die nicht mehr schließenden Fenster mit Wind füllte.

An jenem Tage hatte es furchtbar gefroren. Der Abend war gekommen. Wir setzten uns zu Tisch vor dem lodernden Feuer des hohen Kamins, darin zwischen zwei wohlriechenden Rebhühnern der Hasenpfeffer schmorte.

Mein Cousin hob den Kopf. »Heute, wenn man sich schlafen legt, wird's nicht warm sein«, sagte er.

Gleichgültig erwiderte ich: »Nein, aber morgen früh wird's bei den Teichen Enten geben.«

Die Magd, die für uns an dem einen Ende des Tisches deckte und für die Dienstleute am andern Ende, fragte: »Wissen die Herren, daß heute Weihnachtsabend ist?«

Nein, das wußten wir nicht, denn wir schauten kaum auf den Kalender. Mein Tischgenosse meinte: »Dann wird ja heute die Mitternachtsmesse gelesen. Darum hat man also den ganzen Tag geläutet!«

Die Magd erwiderte: »Ja und nein, Monsieur; man hat auch geläutet, weil der Vater Fournel gestorben ist.«

Vater Fournel, ein alter Hirt, war eine Berühmtheit der Gegend. Mit sechsundneunzig Jahren war er nie krank gewesen, bis er sich vor einem Monat erkältet hatte, weil er in einer dunklen Nacht in einen Sumpf gefallen war. Am nächsten Tag hatte er sich ins Bett gelegt. Und seither war er auf den Tod krank gewesen.

Mein Cousin wandte sich zu mir. »Wenn du Lust hast, können wir nachher zu den armen Leuten gehn.« Er meinte damit die Familie des Alten, den achtundfünfzigjährigen Enkel und dessen um ein Jahr jüngere Frau. Die Generation dazwischen war seit langem nicht mehr vorhanden. Die Familie bewohnte eine klägliche Hütte am Rande des Weilers, gleich rechts.

Doch ich weiß nicht, warum der Gedanke an Weihnachten in der Tiefe dieser Einsamkeit uns gesprächig machte. Wir beide erzählen einander Geschichten von früheren Weihnachten, von Abenteuern dieser tollen Nacht, von galanten Erlebnissen und von dem Erwachen am nächsten Morgen, diesem Erwachen zu zweit mit all seinen Zufällen, seinen erstaunlichen Entdeckungen.

Auf solche Art dauerte unser Abendessen lang. Zahlreiche Pfeifen folgten, und von jener Mitteilsamkeit Einsamer gepackt, jener heiteren Mitteilsamkeit, die plötzlich zwischen vertrauten Freunden erwacht, sprachen wir ohne Unterlaß, stöberten in uns, um einander jene vertraulichen Erinnerungen des Herzens zu erzählen, die sich in solchen aufgeschlossenen Stunden auf die Lippen drängen.

Die Magd, die sich seit langem zurückgezogen hatte, erschien wieder. »Ich gehe zur Messe, Monsieur.«

»Schön!«

»Es fehlen nur noch drei Viertelstunden zur Mitternacht.«

»Und wenn wir auch bis zur Kirche gingen?« meinte Jules. »Hier draußen ist diese Mitternachtsmesse recht merkwürdig.«

Ich war einverstanden, und, in unsere Jagdpelze gehüllt, brachen wir auf.

Ein stechender Frost traf das Gesicht, ließ die Augen tränen. Die rauhe Luft bemächtigte sich der Lungen, dörrte die Kehle aus. Ein tiefer, klarer, harter Himmel war mit Sternen besät, die in der Kälte gleichsam erblaßt wirkten; sie glitzerten nicht wie Feuer, sondern wie Gestirne aus Eis, wie funkelnde Kristalle. In der Ferne, auf fühllosem, trockenem, hallendem Boden, klapperten die Holzschuhe der Bauern; und am ganzen Horizont tönten die kleinen Glocken der Dörfer, warfen ihre dünnen, fröstelnden Töne in die weite, eisige Nacht.

Das Land aber schlummerte nicht. Hähne, von diesen Geräuschen betrogen, krähten; und wenn man an Ställen vorüberging, hörte man darin die Tiere, von diesen Zeichen des Lebens aufgestört, sich regen.

Als wir uns dem Weiler näherten, erinnerte sich Jules an die Familie Fournel. »Das ist ihre Baracke«, sagte er. »Gehen wir hinein!«

Lange klopfte er vergebens. Und dann erklärte eine Nachbarin, die eben aus ihrem Haus kam, um zur Messe zu gehn, und uns bemerkt hatte: »Sie sind bei der Messe; sie wollen für den Alten beten.«

»Wir werden sie auf dem Rückweg aufsuchen«, sagte mein Cousin.

Der Mond zeichnete im Abstieg am Rande des Horizonts seine Sichel inmitten dieser unendlichen Saat von leuchtenden Körnern, die in den Raum geschleudert worden waren. Und über das schwarze Land kamen zitternde kleine Flammen von überall her auf den spitzen Kirchturm zu, der unaufhörlich läutete. Zwischen den baumbestandenen Höfen der Bauerngüter, inmitten der dunklen Ebenen, hüpften diese Flammen, dem Erdboden nahe. Das waren Laternen aus Horn, getragen von den Bauern, von ihren Frauen in weißen Hauben, in lange, schwarze Umhänge gehüllt, und ihnen wiederum folgten verschlafene Kinder, die sich in der Nacht bei den Händen hielten.

Durch die offene Kirchentüre erblickte man den erhellten Chor. Ein Gewinde von Kerzen zu einem Sou umkreiste das Schiff, und auf dem Boden in einer Kapelle zur Linken stellte, auf echtem Stroh, inmitten von Tannenzweigen, ein dickes Jesuskind seine rosige, gekünstelte Nacktheit zur Schau.

Die Messe begann. Gebeugt beteten die Bauern, kniend die Frauen. Die einfachen Menschen betrachteten, von der kalten Nacht aufgerüttelt, tief ergriffen das kunstlos gemalte Bild, und sie falteten die Hände, von dem bescheidenen Glanz dieser kindlichen Schaustellung naiv überzeugt und gleichzeitig eingeschüchtert.

Die eisige Luft ließ die Flammen zittern. Jules flüsterte mir zu: »Gehen wir! Man fühlt sich draußen immer noch wohler!«

Und auf der öden Straße, während die demütigen Landleute fromm schlotterten, begannen wir abermals, von unseren Erinnerungen zu reden, und das dauerte so lang, daß die Messe zu Ende war, als wir zum Weiler zurückkehrten.

Ein Lichtstreifen drang unter der Türe der Fournels hervor. »Sie halten ihre Totenwache«, sagte mein Cousin. »Gehen wir endlich zu den armen Leuten; das wird ihnen Freude machen.«

Im Kamin schwelte das Holz. Der schwarze von Schmutz spiegelnde Raum mit seinen wurmstichigen, von der Zeit gebräunten Dachbalken war von dem erstickenden Geruch gebratener Blutwürste erfüllt. Inmitten des großen Tischs, unter dem der Backtrog sich in seiner ganzen Länge wie ein Bauch rundete, entsandte eine Kerze in einem Kerzenhalter aus gewundenem Eisen den beizenden Rauch ihres pilzförmigen Dochtes bis zur Decke.

Und die beiden Fournel, der Mann und die Frau, feierten zu zweit den Weihnachtsabend.

Trübsinnig, mit dem verdrossenen Wesen und dem stumpfen Gesicht des Bauern, aßen sie bedächtig, ohne ein Wort zu sagen. Auf einem einzigen Teller, der zwischen ihnen stand, ließ ein großes Stück Blutwurst seinen stinkenden Dampf aufsteigen. Von Zeit zu Zeit rissen sie mit der Spitze ihres Messers ein Stück davon ab, zerquetschten es auf ihrem Brot, das sie in Bissen zerschnitten, und dann kauten sie langsam daran.

Wenn das Glas des Mannes leer war, griff die Frau nach dem Mostkrug und füllte es wieder.

Als wir eintraten, erhoben sie sich, boten uns Stühle an, forderten uns auf, »zu tun wie sie«, und als wir das ablehnten, machten sie sich wieder an ihre Mahlzeit.

Nach einigen stummen Minuten fragte mein Cousin: »Nun, Anthime, Euer Großvater ist gestorben?«

»Ja, mein armer Herr, er ist grad jetzt hinübergegangen.

Wieder wurde es still. Aus Höflichkeit putzte die Frau die Kerze. Um irgend etwas zu sagen, setzte ich hinzu: »Er war wohl sehr alt.«

Die Frau seines Enkels mit ihren siebenundfünfzig Jahren meinte: »Ach, seine Zeit war um; er hatte hier nichts mehr zu suchen.«

Plötzlich wandelte mich das Verlangen an, die Leiche des Hundertjährigen zu sehen, und ich bat, man möge mich doch zu ihr führen.

Die beiden Bauersleute, die bisher so friedlich gewesen waren, wurden mit einem Mal aufgeregt. Ihre Augen befragten einander unruhig, und sie antworteten nicht.

Mein Cousin bemerkte ihre Verstörtheit und schloß sich meinem Wunsch an.

Da fragte der Mann argwöhnisch und mißtrauisch: »Wozu soll das für Sie gut sein?«

»Zu nichts«, sagte Jules, »aber das macht man doch stets; warum wollt ihr ihn denn nicht zeigen?«

Der Bauer zuckte die Achseln. »Ach, ich, meinetwegen! Nur um diese Zeit ist's unbequem.«

Tausend Vermutungen durchkreuzten unsern Geist. Da die Enkelkinder des Toten sich noch immer nicht rührten und einander gegenüber sitzen blieben, die Augen gesenkt, mit jenem Starrsinn unzufriedener Leute, der zu sagen scheint: Macht, daß ihr weiterkommt!, sagte mein Cousin energisch: »Los, Anthime, steht auf und führt uns in sein Zimmer.« Aber der Mann hatte seinen Entschluß gefaßt und erklärte mit gerunzelter Stirne: »Lohnt sich nicht! Er ist nicht mehr dort.«

»Ja, wo ist er also?«

Die Frau fiel ihrem Mann ins Wort.

»Das will ich Ihnen sagen. Ich hab' ihn bis morgen in den Trog gelegt, weil wir keinen Platz gehabt haben.«

Sie zog den Teller mit der Wurst fort, sie hob die Tischplatte, beugte sich mit der Kerze vor, um das Innere der großen, klaffenden Truhe zu beleuchten, auf deren Grund wir etwas Graues gewahrten, eine Art langes Paket, daraus am einen Ende ein magerer Kopf mit weißen, zerzausten Haaren herausschaute, am anderen Ende zwei nackte Füße.

Es war der Alte, ganz ausgedörrt, die Augen geschlossen, in seinen Schäfermantel gewickelt, und hier schlief er inmitten schwarzer Brotkrusten, die ebenso alt waren wie er, seinen letzten Schlummer.

Und seine Enkelkinder hatten über ihm den Weihnachtsabend gefeiert!

Jules schrie empört, vor Wut zitternd: »Warum habt ihr

ihn nicht in seinem Bett gelassen, ihr Lumpen, die ihr seid!«

Da begann die Frau zu plärren und schnurrte sehr rasch herunter: »Das will ich Ihnen sagen, mein guter Herr. Wir haben im ganzen Haus nur ein einziges Bett. Und früher hab' ich mit ihm drin geschlafen, weil wir doch drei waren. Und seit er krank war, hab' ich auf dem Boden geschlafen; das ist hart, mein guter Herr, in diesen Zeiten. Na, und als er hinübergegangen war, da haben wir uns gesagt: Er hat ja ohnehin nicht mehr zu leiden, was hat's für einen Zweck, ihn im Bett zu lassen? Da könnt' ich ihn doch ganz gut bis morgen in den Trog legen und mich diese Nacht ins Bett, wenn's so kalt sein wird. Ich kann doch nicht mit dem Toten schlafen, meine guten Herren!«

Erbittert verließ mein Cousin das Haus und schlug die Türe krachend zu; ich aber folgte ihm und lachte Tränen.

Peter Mayle

Dezember

Der Briefträger fuhr mit hoher Geschwindigkeit zum Parkplatz hinter dem Haus hoch und setzte mit großem Elan rückwärts gegen die Garagenmauer, die seine Rückleuchten zermalmte. Er schien den Schaden nicht bemerkt zu haben, denn er trat lächelnd in den Hof und schwenkte einen großen Umschlag. Er ging gleich zur Bar, stützte den Ellbogen auf und schaute erwartungsvoll drein.

»*Bonjour, jeune homme.*«

Ich war seit Jahren nicht mehr als junger Mann tituliert worden, und es entsprach auch hier nicht der Gepflogenheit eines Briefträgers, die Post ins Haus zu bringen. Leicht verwirrt bot ich ihm den Drink an, den er erwartete.

Er zwinkerte. »Ein kleiner *Pastis*«, sagte er. »Warum nicht?« Hatte er etwa Geburtstag? Ging er in Pension? Hatte er in der Staatslotterie das große Los gezogen? Ich wartete, daß er den Grund für seine gute Laune bekanntgab. Er war jedoch zu sehr damit beschäftigt, mir von dem *sanglier* zu berichten, das sein Freund am Wochenende zuvor erlegt hatte. Ob ich wüßte, wie diese Geschöpfe für ein Festmahl zubereitet würden? Er führte mich durch den ganzen schauerlichen Prozeß, vom Ausnehmen der Eingeweide bis zum Abhängen, Vierteln und Kochen. Der *Pastis* verschwand – es war, wie mir auffiel, an diesem Morgen nicht sein erster –, und ein Nachschenken wurde akzeptiert. Dann kam er zum Geschäftlichen.

»Ich habe Ihnen den offiziellen Postkalender gebracht«, sagte der Briefträger. »Es zeigt alle Heiligentage und enthält einige attraktive Bilder von jungen Damen.«

Er zog den Kalender aus dem Umschlag und blätterte durch die Seiten, bis er das Foto eines Mädchens fand, das nur zwei Kokosnußschalen anhatte.

»Voilà!«

Ich bedankte mich. Das sei wirklich nett von ihm.

»Er ist umsonst«, sagte er. »Wenn Sie wollen, können Sie ihn aber auch kaufen.«

Er zwinkerte erneut, und ich begriff endlich den Zweck seines Besuchs. Er sammelte seine Weihnachtsgelder ein. Da es jedoch würdelos gewesen wäre, einfach mit ausgestreckter Hand vor dem Hauseingang zu erscheinen, mußten wir auf das Ritual mit dem Kalender eingehen.

Er nahm das Geld entgegen, leerte sein Glas und röhrte zu seinem nächsten Besuch davon. Die letzten Überreste seines Schlußlichts ließ er in der Einfahrt zurück.

Meine Frau sah sich den Kalender an, als ich wieder ins Haus kam.

»Ist dir eigentlich klar«, wollte sie wissen, »daß in drei Wochen Weihnachten ist und wir immer noch nichts von den Bauleuten gesehen haben?«

Und dann hatte sie eine Idee, wie sie nur Frauen haben können. Offensichtlich, dachte sie, war Christi Geburtstag keine hinreichend wichtige Zäsur, um die Arbeiten an einem Haus abzuschließen. Irgendwie würde das Weihnachtsfest kommen und gehen, und bis alle sich vom Silvesterkater und von den Feiertagen erholt hätten, würde es Februar werden. Wir müßten die Bauleute zu einem Fest einladen, um den Abschluß ihrer Arbeiten zu feiern. Aber nicht die Männer allein; sie müßten mit ihren Frauen kommen.

Die intuitive Gerissenheit dieses Vorschlags basierte auf zwei Annahmen. Zum einen: Die Ehefrauen, die die Arbeit, welche ihre Männer in den Häusern anderer Menschen verrichteten, nie zu sehen bekamen, würden eine derartige Einladung unwiderstehlich finden. Und zweitens: Keine Frau würde es dulden wollen, daß ausgerechnet ihr Mann seinen Teil der Arbeit nicht zu Ende gebracht hätte – dadurch würde sie nämlich gegenüber den anderen Ehefrauen und in der Öffentlichkeit ihr Gesicht verlieren, und der gute Ehemann müßte auf der Heimfahrt mit häßlichen Vorwürfen rechnen. Es war eine Inspiration. Wir setzten den Termin für den letzten Sonntag vor Weihnachten fest und schickten die Einladungen aus: Champagner ab 11 Uhr morgens.

Innerhalb von zwei Tagen stand der Betonmixer wieder vor unserem Haus. Didier und seine Helfer nahmen fröhlich und laut die Arbeit dort wieder auf, wo sie vor der dreimonatigen Unterbrechung steckengeblieben war. Entschuldigungen wurden nicht vorgebracht; eine Erklärung für die plötzliche Wiederaufnahme der Tätigkeit wurde auch nicht gegeben. Didier kam einer Entschuldigung noch am nächsten mit der wie nebenbei hingeworfenen Bemerkung, er wolle vor seinem Skiurlaub alles abgeschlossen haben. Er und seine Frau, sagte er, nähmen die Einladung mit Vergnügen an.

Wir hatten uns ausgerechnet, daß wir zweiundzwanzig Menschen sein würden, falls alle die Einladung annähmen – zweiundzwanzig Menschen mit einem herzhaften provenzalischen Appetit. Und weil Weihnachten bevorstand, würden sie auch etwas Festlicheres erwarten als eine Schüssel mit Oliven und ein paar Scheibchen *saucisson.* Meine Frau begann Einkaufslisten zusammenzustellen. Im ganzen Haus lagen Merkzettel verstreut: Kaninchenterrine! *Gambas* und Mayonnaise! Pizzas für jeden! Pilzkuchen! Olivenbrot! Wie viele *quiches*? – überall lagen Zettel herum. Im Vergleich dazu war meine Liste mit nur einem Wort – Champagner! – knapp und bescheiden.

Die gastronomische Spitzenleistung wurde an einem kalten Morgen von einem Freund geliefert, der Verwandte im Périgord hatte – eine ganze *foie gras*, roh, und daher kostete sie nur den Bruchteil vom Preis des Endprodukts. Blieb nur, sie zu kochen und einige Scheiben von schwarzem Trüffel dazuzugeben.

Wir packten sie aus. Die Leber mußte von einem Vogel von der Größe eines kleinen Flugzeugs stammen. Sie war riesig – eine fette, dunkelgelbe Masse, die mir beide Hände füllte, als ich sie auf das Hackbrett hob. In Befolgung der Anweisungen unseres Freundes schnitt ich sie auf und drückte sie in Gläser, wobei mich das Hinzutun der Trüffelstückchen ganz nervös machte. Es war, als ob man Geld kochte.

Die Gläser wurde abgedichtet und für genau neunzig Minuten in einen Riesentopf mit kochendem Wasser gestellt. Nach dem Abkühlen kamen sie in einen Kühlschrank und dann in den *cave*. Meine Frau strich die *foie gras* auf ihrer Liste durch.

Es war ein merkwürdiges Gefühl, das Jahresende unter blauem Himmel zu erleben – und ohne die Hektik, die die Vorweihnachtszeit in England kennzeichnet. Das einzige Zeichen der Festvorbereitung in unserem Tal war das seltsame Geräusch, das aus dem Haus von Monsieur Poncet drang, der knapp zwei Kilometer von uns entfernt wohnte. An zwei Morgen hörte ich beim Vorbeigehen schreckliches Quieken – es waren keine Schreckens- oder Schmerzens-, sondern Wutschreie. Ich hielt sie nicht für menschlich, war mir jedoch nicht sicher. Ich fragte Faustin, ob sie auch ihm aufgefallen wären.

»Ach das«, sagte er, »Poncet macht seinen Esel zurecht.«

Am Weihnachtstag sollte es in der Kirche in Ménerbes eine lebendige Krippe geben, und der Esel von Monsieur Poncet spielte eine wichtige Nebenrolle. Er mußte selbstverständlich optimal aussehen, aber er war nicht der Typ von Esel, der sich die entsprechende Pflege still gefallen ließ. Er würde in der fraglichen Nacht gewiß vorzeigbar sein, meinte Faustin, man täte aber gut daran, sich nicht in Nähe seiner Hinterbeine aufzuhalten, da sein Tritt nach hinten angeblich beeindruckend war.

Oben im Dorfe war die Besetzung der Rolle des Jesuskindleins in vollem Gange. Babies entsprechenden Alters und Aussehens mußten vorgeführt werden. Die Frage des Temperaments – die Fähigkeit, sich besonderen Situationen gewachsen zu zeigen – war entscheidend, da die Demonstration nicht vor Mitternacht begänne.

Sonst – und abgesehen von den Weihnachtskarten, die der Briefträger uns in den Briefkasten stopfte – hätte Weihnachten noch Monate entfernt sein können. Wir hatten keinen Fernseher, und so blieb uns der Anblick der verdummend frohmachenden Werbeeinschaltungen erspart. Es gab keine Kinder, die in den Straßen Weihnachtslieder sangen; es gab keine Weihnachtsparties in Büros, kein Abzählen der letzten verbleibenden Einkaufstage. Mir war das recht so. Meine Frau war sich nicht so sicher; irgend etwas fehlte ihr. Wo war meine Weihnachtsstimmung? Wo war der Mistelzweig? Wo war der Weihnachtsbaum? Wir beschlossen, nach Cavaillon zu fahren und all das zu besorgen.

Wir wurden sofort mit dem Anblick des Weihnachtsmanns belohnt. Er trug ausgebeulte rote *bouclé*-Hosen, ein Rolling-Stones-T-Shirt, einen pelzbesetzten roten Hut und einen falschen Bart und schlingerte uns entgegen, als wir den Cours Gambetta hinuntergingen. Von ferne sah es so aus, als ob sein Bart brannte; als wir näher kamen, sahen wir den Stummel der Gauloise zwischen seinen Barthaaren. Er torkelte in einem Nebel von Calvadosduft vorüber und erregte bei einer Gruppe von Kindern großes Aufsehen. Die Mütter würden ihnen einiges zu erklären haben.

Die Straßen waren mit Lichtern behängt. Durch die offenen Türen von Bars und Geschäften drang Musik. Weihnachtsbäume standen in Ballen auf dem Gehsteig zusammengepfercht. Ein Mann mit einem Kehlkopfmikrofon verkaufte an einem Kiosk in der Allee Bettwäsche. »Sehen Sie sich das an, Madame. Reines Dralon! Ich gebe Ihnen fünftausend Francs, wenn Sie einen Makel dran finden.« Eine alte Bauernfrau begann millimeterweise mit der Musterung, und der Mann riß ihr das Tuch aus den Händen.

Wir bogen um die Ecke und kollidierten fast mit dem Kadaver eines Rehs, das an der Tür eines Fleischerladens hing und blind auf den Kadaver eines *sangliers* neben ihm starrte. Das Schaufenster offerierte als vorweihnachtliches Sonderangebot eine Reihe winziger nackter Vögel mit gebrochenen Hälsen und säuberlich an die Brust gehefteten Köpfen – sieben zum Preis von sechs. Der Fleischer hatte ihre Schnäbel geschlossen und sie mit Immergrün und roten Bändern garniert. Wir gingen mit einem Schaudern weiter.

Es gab keinen Zweifel, was der wichtigste Bestandteil eines provenzalischen Weihnachtsfests ist. Nach den Fensterauslagen zu urteilen, nach den Schlangen und dem Geld, das den Besitzer wechselte, waren Kleidung, Spielzeug, Stereoanlagen und Tand von nebensächlicher

Bedeutung; Hauptsache an Weihnachten war das Essen. Austern und Krebse, Fasanen und Hasen, Patés und Käse, Schinken und Kapaun, *gateaux* und Rosé-Champagner – nachdem wir das einen ganzen Morgen lang gesehen hatten, begannen wir unter visueller Verstopfung zu leiden. Wir kehrten mit unserem Baum und unserem Mistelzweig und unserer Dosis Weihnachtsstimmung heim.

Zwei Uniformierte warteten in einem nicht gekennzeichneten Wagen vor dem Haus. Ihr Anblick gab mir ein Schuldgefühl, ich wußte nicht wofür, aber Uniformierte üben solche Wirkung auf mich aus. Ich überlegte, welche Verbrechen ich in jüngster Zeit gegen die Fünfte Republik begangen hätte. Da stiegen die beiden Männer aus ihrem Wagen und salutierten. Ich entspannte mich. Selbst in Frankreich, wo bürokratische Förmlichkeit fast einer Kunst gleichkommt, wird man nicht gegrüßt, bevor man verhaftet wird.

Es waren gar keine Polizisten, sondern *pompiers* aus Cavaillon. Die Feuerwehrmänner fragten, ob sie ins Haus kommen dürften, und ich überlegte, wo wir die Kamin-Zertifikate hingelegt hatten. Offensichtlich handelte es sich um eine sporadische Überprüfung, um Hausbesitzer mit nicht ordnungsgemäß gereinigten Kaminen zu überführen.

Wir saßen um den Eßtisch. Einer der beiden Männer öffnete einen Attachékoffer »Wir bringen Ihnen den offiziellen Kalender der *pompiers de Vaucluse.*« Er legte ihn auf den Tisch. »Wie Sie sehen werden, verzeichnet er alle Heiligentage.«

In der Tat – genau wie unser Postkalender. Doch anstelle von Fotos mit Mädchen in Kokosnußbüstenhaltern war dieser Kalender mit Bildern von Feuerwehrleuten illustriert, die an hohen Fassaden hochkletterten, Unfallopfer mit Erster Hilfe versorgten, Bergsteiger in Not retteten und Feuerwehrschläuche hielten. Die *pompiers* im ländlichen Frankreich leisten einen umfassenden Notdienst. Sie retten Hunde aus Felsenlöchern in den Bergen oder liefern Verletzte in ein Krankenhaus ein – und natürlich löschen sie Brände. Sie sind in jeder Hinsicht eine bewundernswerte und verdienstvolle Truppe.

Ich fragte, ob ein Beitrag willkommen sei.

»Bien-sûr.«

Sie überreichten uns eine Quittung, die uns auch berechtigte, uns Freunde des Feuerwehrdienstes von Cavaillon zu nennen. Nach weiteren Saluten verließen uns die beiden *pompiers,* um ihr Glück im oberen Tal zu versuchen, und wir hofften nur, daß zu ihrer Ausbildung auch das Umgehen mit bösartigen Hunden gehört hatte. Bei Massot einen Beitrag herauszuholen war kaum weniger gefährlich, als ein Feuer zu löschen. Ich konnte ihn mir vorstellen, wie er hinter seinen Vorhängen hervorlugte, die Schrotflinte im Anschlag, und zusah, wie seine Schäferhunde den Ankömmlingen entgegenstürzten. Ich hatte einmal beobachtet, wie die Hunde sich in Ermangelung menschlicher Wesen in das Vorderrad eines Autos verbissen und den Reifen zerfledderten, als wäre er ein Stück rohes Rindfleisch, während der entsetzte Fahrer im Rückwärtsgang außer Reichweite zu kommen versuchte, und Massot schaute zu, rauchte und lächelte.

Wir waren nun also ein Hausstand mit zwei Kalendern, und während die vorweihnachtlichen Tage verstrichen, rechneten wir mit der Zustellung eines dritten, der tatsächlich einen beachtlichen Beitrag wert wäre. Während der letzten zwölf Monate hatten die Helden der Müllabfuhr an jedem Dienstag, Donnerstag und Samstag am

Ende unserer Auffahrt gehalten, um schandbar große Mengen leerer Flaschen aufzusammeln, die übelriechenden Reste von abendlichen Mahlzeiten mit *Bouillabaisse*, Dosen von Hundefutter, zersprungene Gläser, Säcke mit Schutt, Hühnerknochen und häuslichen Unrat jeder Größe und Beschreibung. Sie schafften alles fort. Kein Haufen, so riesig und gärend er auch sein mochte, war dem Mann zuviel, der sich an die Rückseite des Müllasters hängte und bei jedem Halt Müll in eine offene, schmierige Öffnung kippte. Während des Sommers mußte er dem Ersticken, im Winter vor Kälte den Tränen nahe gewesen sein.

Er und sein Partner tauchten schließlich in einem Peugeot auf, der so aussah, als wäre das sein letzter Ausflug, bevor er auf dem Autofriedhof landete – zwei fröhliche, derbe Männer mit festem Händedruck und einem Atem, der nach *Pastis* roch. Auf dem Rücksitz konnte ich zwei Kaninchen und einige Champagnerflaschen erkennen, und ich sagte, es sei schön, sie zur Abwechslung einmal ein paar volle Flaschen mitnehmen zu sehen.

»Die leeren Flaschen machen uns keinen Kummer«, sagte einer der beiden. »Sie sollten mal sehen, was wir für manche Leute sonst noch alles abtransportieren müssen.« Er runzelte das Gesicht und hielt sich die Nase zu, wobei er den kleinen Finger elegant in die Luft spreizte. *»Dégueulasse.«*

Sie freuten sich über ihr Trinkgeld. Wir hofften, sie würden ausgehen, sich ein herrliches, quietschfideles Mahl gönnen und das Aufräumen anderen überlassen.

Didier hockte mit Kehrblech und Feger auf den Knien und fegte die Betonkrümel aus einer Ecke. Es war wohltuend, diese menschliche Zerstörungsmaschine einmal mit so delikaten Aufgaben beschäftigt zu sehen; es bedeutete, daß seine Arbeit beendet war.

Er stand auf und leerte das Kehrblech in eine Papiertüte und steckte sich eine Zigarette an. »Das wär's«, sagte er. »*Normalement* würde morgen der Anstreicher kommen.« Wir gingen nach draußen, wo Eric die Schaufeln und Eimer und Werkzeugkästen hinten auf den Laster packte. Didier grinste. »Sie haben doch nichts dagegen, wenn wir den Betonmixer mitnehmen?«

Ich sagte, wir kämen wahrscheinlich ohne ihn aus, und die beiden schoben ihn eine Holzplanke hoch und vertauten ihn am Fahrersitz. Didiers Spaniel beobachtete das Verladen des Betonmixers mit aufgestellten Ohren und sprang dann auf den Laster und legte sich neben das Armaturenbrett.

»Allez!« Didier streckte die Hand aus. Sie fühlte sich an wie gesprungenes Leder. »Bis Sonntag.«

Der Malermeister kam am Tag darauf, malte und ging. Jean-Pierre, der Teppichleger, kam. Die Frauen hatten sich offenbar durchgesetzt: Anläßlich ihres Staatsbesuches mußte alles fertig sein.

Am Freitag abend waren nur noch ein paar Meter Teppich zu verlegen.

»Ich komme morgen früh«, sagte Jean-Pierre. »Am Nachmittag werden Sie die Möbel stellen können.«

Zur Mittagszeit ging es bloß noch darum, den Teppich unter einer Holzleiste an der Türschwelle des Zimmers zu befestigen. Beim Bohren der Löcher für das Einschrauben der Holzleiste durchstieß Jean-Pierre das Rohr der Heißwasserleitung, die unter dem Fußboden verlief, und im Türrahmen sprudelte ein Wasserstrahl wie ein malerischer kleiner Brunnen.

Wir stellten die Wasserzufuhr ab, rollten den durchnäßten Teppich zurück und riefen Monsieur Menicucci an. Nach einem ganzen Jahr voller Warnzeichen und Notfälle kannte ich seine Nummer auswendig.

»O là là!« Er meditierte einen Augenblick schweigend. »Der Fußboden wird aufgebrochen werden müssen, damit ich die Leitung flicken kann. Sie sollten Madame besser darauf vorbereiten. Es wird ein bißchen Staub geben.«

Madame war einkaufen gegangen. Sie erwartete bei ihrer Rückkehr ein trockenes, sauberes und mit Teppich ausgelegtes Schlaf-, Bade- und Ankleidezimmer vorzufinden. Sie würde eine Überraschung erleben. Ich riet Jean-Pierre, im eigenen Interesse nach Hause zu gehen. Sie würde ihn wahrscheinlich umbringen wollen.

»Was ist das für ein Lärm?« fragte sie, als ich zu ihr nach draußen ging, während sie noch den Wagen parkte.

»Der Schlagbohrer von Menicucci.«

»Ach ja. Natürlich.« Sie war auf gefährliche Weise ruhig. Ich war heilfroh, daß Jean-Pierre heimgegangen war.

Auf der Suche nach der lecken Stelle hatte Menicucci einen Graben im Fußboden ausgehoben. Wir konnten die Heißwasserleitung mit ihrem sauberen Loch erkennen.

»Bon«, sagte er. »Jetzt müssen wir sichergehen, daß es in der Leitung keine Blockade gibt, bevor ich löte. Bleiben Sie da, um zu beobachten. Ich werde durch den Hahn im Badezimmer blasen.«

Ich beobachtete. Menicucci blies. Ich bekam einen Stoß staubigen Wassers ins Gesicht.

»Was sehen Sie?« rief er vom Badezimmer.

»Wasser!« rief ich zurück.

»Formidable. Dann muß die Leitung frei sein.«

Er führte die Reparatur durch und ging heim, um sich das Rugbyspiel im Fernsehen anzusehen.

Wir machten sauber und versicherten uns gegenseitig, daß alles gar nicht so schlimm sei. Der Teppich würde trocknen. Der Schutt füllte kaum einen Eimer. Die Spuren vom Lötkolben konnte man übermalen. Sofern man den zackigen, gähnenden Graben außer acht ließ, konnte man die Zimmer als fertig und vollendet betrachten. Außerdem hatten wir gar keine Wahl. In wenigen Stunden würde Sonntag sein.

Vor 11.30 Uhr erwarteten wir niemanden, hatten jedoch die magnetische Anziehungskraft des Champagners auf Franzosen unterschätzt. Als es erstmals an der Tür klopfte, war es nicht einmal halb elf. Innerhalb einer Stunde waren bis auf Didier und seine Frau alle eingetroffen. Sie stellten sich an der Wand des Eßzimmers auf. Alle waren im Sonntagsstaat und stürzten von Zeit zu Zeit von der schützenden Wand nach vorn, um sich Essen zu schnappen.

Als Kellner, der verantwortlich war, daß die Gläser gefüllt blieben, wurde ich mir eines weiteren fundamentalen Unterschieds zwischen Engländern und Franzosen bewußt. Wenn die Engländer auf einen Drink hereinkommen, bleibt während der Unterhaltung, beim Rauchen und Essen das Glas wie festgeschraubt in der Hand. Es wird beiseite gestellt, ungern, wenn die Natur ruft – wenn man sich die Nase putzen oder aufs WC muß –, und beide Hände vonnöten sind, doch ist es immer irgendwie in der Nähe und nie außerhalb des Gesichtsfelds.

Bei den Franzosen ist das anders. Kaum hat man ihnen ein Glas in die Hand gedrückt, so haben sie es auch schon irgendwo hingestellt, vermutlich weil sie es schwierig finden, sich zu unterhalten, wenn sie nur eine Hand frei haben. So bilden sich Grüppchen von Gläsern, und nach ein paar Minuten wird es völlig unmöglich, die einzelnen Gläser zuzuordnen. Die Gäste, die nicht bereit sind, das Glas eines andern zu nehmen, doch unfähig sind, ihr eigenes zu entdecken, starren sehnsüchtig auf die Champagnerflasche. Es werden frische Gläser verteilt, und die gleiche Geschichte beginnt von neuem.

Ich überlegte, wie lang es wohl dauern würde, bis unser Vorrat an Gläsern erschöpft wäre und wir uns der Teetassen bedienen müßten, als das vertraute Geräusch eines jaulenden Dieselmotors vernehmbar wurde und Didiers Laster hinters Haus fuhr und er mit seiner Frau durch die Hintertür vom Hof hereinkam. Es war seltsam. Ich wußte, daß Didier ein Auto besaß, und seine Frau war von Kopf bis Fuß in feinstes Wildleder gekleidet, mit dem sich's auf dem sandigen Sitz im Laster bestimmt nicht angenehm saß.

Christian kam durchs Zimmer auf mich zu und nahm mich beiseite.

»Ich glaube, wir könnten da ein kleines Problem haben«, meinte er. »Sie sollten besser mit nach draußen kommen.«

Ich folgte ihm. Didier nahm den Arm meiner Frau und kam hinter mir her. Als wir durch das Haus gingen, schaute ich mich um und bemerkte, daß alle folgten.

»Voila!« sagte Christian und deutete auf Didiers Lastwagen. Hinten, dort, wo normalerweise der Betonmixer stand, befand sich ein birnenförmiges Gebilde von einem Meter Höhe und etwas größerer Breite. Es war in ein grelles grünes Crèpepapier eingewickelt und mit weißen, roten und blauen Pfeilen übersät.

»Das ist für Sie. Von uns allen«, sagte Christian. »*Allez*. Packen Sie es aus.«

Didier formte mit den Händen einen Steigbügel, und mit müheloser Galanterie, die Zigarette zwischen den Lippen, hob er meine Frau vom Boden und auf Schulterhöhe, so daß sie auf den Laster steigen konnte. Ich kletterte nach, und wir lösten das grüne Geschenkpapier.

Die letzten Streifen Papier fielen unter Beifall der umstehenden Gäste und einigen schrillen Pfiffen von Ramon dem Gipser, und wir standen im Sonnenschein hinten auf dem Laster und blickten in die hochgereckten Gesichter und auf unser Geschenk.

Es war eine *jardinière*, eine Antiquität, ein massives kreisrundes Becken, das per Hand aus einem einzigen Steinblock geschnitten worden war, lange bevor Steinfräsmaschinen erfunden wurden. Sie hatte dicke Seitenwände, die ein ganz klein bißchen unregelmäßig waren, aus blassem, verwittertem Grau. Sie war mit Erde gefüllt und mit Primeln bepflanzt. Wir wußten nicht, was wir sagen sollten oder wie wir es sagen sollten. Wir waren überrascht, gerührt und kamen mit unserem unzureichenden Französisch ins Straucheln. Gott sei Dank unterbrach uns Ramon der Gipser.

»*Merde*! Ich hab Durst. Es hat genug Reden gegeben. Laßt uns was trinken.«

Die Formalität der ersten Stunde verschwand. Jacketts wurden ausgezogen. Man sprach dem Champagner zu. Die Männer zeigten ihren Frauen das Haus, gaben mit ihrer Arbeit an, deuteten im Badezimmer auf die englischen Wasserhähne, die mit »Hot« und »Cold« beschriftet waren, öffneten die Schubladen, um nachzusehen, ob der Schreiner auch die Innenseite glatt gekriegt hatte, berühren alles wie neugierige Kinder.

Christian organisierte ein Team, das den schweren Steinblock vom Lastwagen lud, und acht beschwipste Männer in ihren besten Anzügen schafften es irgendwie, ohne verletzt zu werden, die gefährliche Masse über zwei durchhängende Holzplanken nach unten auf den Boden zu manövrieren. Madame Ramon hatte die Oberaufsicht. *»Ah, les braves hommes!«* sagte sie. »Paßt auf, daß ihr euch nicht die Fingernägel schmutzig macht.«

Die Menicuccis gingen als erste. Nachdem sie sich inmitten von *patés*, Käse, Kuchen und Champagner alle Ehre gemacht hatten, waren sie auf und davon zu einem späten Mittagessen, allerdings nicht, ohne den Feinheiten geselliger Pflicht genügt zu haben. Sie absolvierten eine zeremonielle Tour an allen übrigen Gästen vorbei, schüttelten Hände, küßten Wangen, tauschten *bons appetits* aus. Ihr Abschied nahm eine Viertelstunde in Anspruch.

Die anderen machten den Eindruck, als hätten sie sich für den Rest des Tages bei uns häuslich eingerichtet. Sie aßen und tranken sich unbeirrbar durch alles, was sich in Reichweite befand. Ramon ernannte sich selbst zum Hofkomiker und erzählte eine Reihe von Witzen, die jedesmal gröber und komischer wurden. Nachdem er uns erläutert hatte, daß man das Geschlecht von Tauben bestimmen könnte, indem man sie in den Kühlschrank legt, legte er eine Trinkpause ein.

»Wie hat ein nettes Mädchen wie deine Frau nur einen so alten *mec* wie dich heiraten können?« wollte Didier wissen. Mit großer Anstrengung setzte Ramon sein Champagnerglas ab und hielt sich beide Hände vor den Körper wie ein Fischer, der veranschaulicht, wie ihm ein Fisch entkommen ist. Von weiteren Offenbarungen wurde er glücklicherweise durch ein großes Stück Pizza abgehalten, das ihm seine Frau in den Mund schob. Sie wußte genau, was sonst kommen würde.

Als die Sonne quer über den Hof glitt und er bereits im Schatten des Nachmittags lag, begannen die Gäste ihre Abschiedstouren zu drehen – weiteres Händeschütteln und Küssen und Innehalten zu einem letzten Glas.

»Kommen Sie mit. Zum Mittagessen«, sagte Ramon. »Oder zum Abendessen. Wie spät ist es?«

Es war drei Uhr. Nach vier Stunden Essen und Trinken befanden wir uns nicht im geeigneten Zustand für das *Cous-Cous,* das Ramon vorschlug.

»Schön«, sagte er. »Wenn Sie unbedingt Diät halten wollen, *tant pis.*«

Er gab seiner Frau die Autoschlüssel und lehnte sich im Beifahrersitz zurück, beide Hände über dem Bauch gefaltet und mit strahlendem Gesicht heim Gedanken an eine solide Mahlzeit. Er hatte die anderen Paare überredet, mit ihm zu kommen. Wir winkten ihnen zum Abschied und kehrten ins leere Haus zurück, zu den leeren Tellern und den leeren Gläsern. Es war ein schönes Fest gewesen.

Wir schauten durchs Fenster zur alten Steinurne mit den leuchtenden Blumen. Es würde wenigstens vier Männer brauchen, um sie von der Garage in den Garten zu bugsieren, und vier Männer zu organisieren – das ließ sich in der Provence nicht über Nacht in die Wege leiten. Dazu waren Inspektionsbesuche, gemeinsames Trinken, hitzige Debatten nötig. Termine würden vereinbart und vergessen werden. Man würde mit den Schultern zucken. Die Zeit würde vergehen. Möglicherweise würden wir das Becken im nächsten Frühjahr an der richtigen Stelle sehen. Wir lernten, in Jahreszeiten zu denken statt in Tagen oder Wochen. Die Provence würde unseretwegen ihr Tempo nicht ändern.

Es war genügend *foie gras* übriggeblieben, um einen Salat mit dünnen Scheiben zu garnieren, und am flachen Ende des Swimmingpools kühlte eine letzte Flasche Champagner. Wir legten noch ein paar Scheite aufs Kaminfeuer und dachten an unsere erste provenzalische Weihnacht.

Es war nicht ohne Ironie: Während des ganzen Jahres hatten wir Gäste gehabt, die wegen der Arbeiten am Haus oft große Unannehmlichkeiten und primitive Lebensumstände ertragen mußten. Jetzt hatten wir das saubere und fertige Haus ganz für uns allein. Die letzten Gäste hatten uns in der vergangenen Woche verlassen, und die nächsten würden erst im neuen Jahr kommen. Weihnachten würden wir alleine verbringen.

Als wir aufwachten, schien die Sonne. Das Tal war still und leer – und die Küche ohne Elektrizität. Die Lammkeule, die nur in den Herd geschoben werden mußte, erhielt eine Gnadenfrist, und wir sahen uns der entsetzlichen Wahrscheinlichkeit gegenüber, mit einem Festmahl von Brot und Käse auskommen zu müssen. Sämtliche Restaurants der Umgebung würden seit Wochen ausgebucht sein.

In Zeiten, wenn eine Krise das Wohlbefinden des Magens gefährdet, zeigen die Franzosen sich von ihrer angenehmsten Seite. Erzählen Sie ihnen Geschichten von Körperverletzungen oder finanziellem Ruin – sie werden lachen oder höfliches Mitgefühl bekunden. Erzählen Sie ihnen aber, Ihnen stünden gastronomische Härtesituationen bevor, und sie werden Himmel und Erde und sogar Restauranttische in Bewegung setzen, um Ihnen zu helfen.

Wir riefen bei Maurice an, dem *Chef* der Auberge de la Loube in Buoux, und fragten an, ob es bei den Reservierungen eventuell Annullierungen gegeben habe. Nein. Jeder Tisch war besetzt. Wir erläuterten unser Problem. Darauf folgte ein entsetztes Schweigen, dann: »Sie werden vielleicht in der Küche essen müssen, aber kommen Sie auf jeden Fall. Irgendwie kriegen wir das schon hin.«

Wir aßen an einem winzigen Tisch zwischen Kücheneingang und offenem Kaminfeuer gleich neben einer großen Familie in Feststimmung.

»Ich habe Lammkeule, wenn Sie mögen«, sagte Maurice. Wir erzählten ihm, daß wir schon daran gedacht hätten, unsere Lammkeule mitzubringen und ihn zu bitten, sie für uns zuzubereiten. Er lächelte. »Das ist nicht der Tag, um ohne Herd zu sein.«

Wir aßen geruhsam und gut und sprachen von den Monaten, die vorübergegangen waren wie Wochen. Da gab es so viel, was wir noch nicht getan oder gesehen hatten. Unser Französisch war noch immer ein unschönes Gemisch aus schlechter Grammatik und dem Jargon von Bauleuten. Wir hatten es irgendwie fertiggebracht, die Festspiele von Avignon komplett zu versäumen, die Eselsrennen in Goult, den Ziehharmonikawettbewerb, Faustins Familienausflug in die Basses-Alpes im August, das Weinfest in Gigondas, die Hundeschau in Ménerbes und eine Menge von Dingen, die sich draußen abgespielt hatten. Es war ein Jahr gewesen, in dem wir sehr mit uns selbst beschäftigt und meist ans Haus und an dieses Tal gebunden gewesen waren. Ein faszinierendes, in manchem frustrierendes, oft unbequemes Jahr, das aber nie langweilig oder enttäuschend gewesen war. Vor allem fühlten wir uns hier zu Hause.

Maurice brachte Gläser mit *Marc* und zog einen Stuhl heran. *»Happy Christmas«*, sagte er. Dann war es aus mit seinem Englisch. *»Bonne Année.«*

Peter Mayle

Plädoyer für einen alten Geizkragen

Teure Gewohnheiten sind dem Wesen nach nicht nur physisch angenehm, sie liegen auch außerhalb des pekuniären Zugriffs aller, bis auf einige wenige Glückliche. Sie werden daher zu einem Egotrip. Es läßt sich keine bleibende Befriedigung daraus ziehen, Kiebitzeier zu essen und einen dreilagigen Cashmere-Sweater zu tragen, wenn Ihr Nachbar, Ihr Chauffeur und der Grünschnabel, der Ihnen die Lebensmittel ins Haus bringt, die gleichen Vorrechte genießen wie Sie. Die Entwicklung der Sozialgeschichte wird durch viele teure Lebensgewohnheiten geprägt – von der Psychoanalyse bis zum Reisen –, die ihr Prestige verloren haben, seit sie an die Allgemeinheit übergingen, doch der Mensch in seinem Erfindungsreichtum ist noch immer fähig gewesen, zu allem, was Allgemeingut zu werden droht, seltenere, extravagantere Alternativen zu entwickeln. Mit einer wichtigen Ausnahme.

Aus irgendeinem Grund hat sich Weihnachten als universale teuere Gewohnheit etabliert, die Hunderte von Millionen der Weltbevölkerung genießen (wahrscheinlich eher erleiden), ohne es sich leisten zu können. Das ursprünglich schlichte religiöse Fest ist zu einer kommerziellen Orgie geworden, für das ein Budget verbraucht wird wie im Pentagon. Bei der Eskalation dieser festlichen Zeit macht ein Geschenk ein Gegengeschenk nötig. Es ist eine Zeit, in der ansonsten recht vernünftige und angepaßte Menschen ernstlich über den Reiz multilingualer Waagen mit mündlicher Gewichtsansage nachdenken, über Platinzahnstocher, Streßmonitoren für sie und ihn, Schreibtischgarnituren aus Straußenhaut, Jogginganzüge aus gepreßtem Samtstoff, authentische, für den persönlichen Nutzen adaptierte Imitate von Spucknäpfen aus dem neunzehnten Jahrhundert, Unterwasser-Füllfederhalter, Eieruhren für Manager, elastische Duschseifen, leuchtende Schlafzimmerpantoffeln – es gibt nichts Überflüssiges, das einem überraschten und verlegenen Empfänger prinzipiell erspart würde.

Die menschenfreundliche Erklärung für diesen weltweiten Wahnsinn manischen Einkaufens ist angeborene Großzügigkeit des menschlichen Herzens, aber da habe ich so meine Zweifel. Ich fürchte, man hat uns die irrige Idee indoktriniert, daß Geben besser ist als Nehmen, und dafür mache ich großteils einen finsteren Gesellen verantwortlich.

Er ist anonym, doch allen von uns wohlbekannt. Elf Monate des Jahres sehen wir nichts von ihm, hoffen wir, daß er an einer Überdosis Kaviar erstickt sei oder sich mit einer seiner unzähligen elektrischen Spielsachen ins Jenseits befördert hat. Doch mit jedem Dezember kommt er wieder, wagt sich hinter seinem Sicherheitsglas im sechsunddreißigsten Stockwerk hervor, um uns fast in den Bankrott zu treiben. Er ist – wer denn sonst? – der Mann, der alles hat.

Warum man ihm nicht einfach eine Flasche Champagner und ein gutes Buch schenken kann mit dem Befehl, daß er zu Hause bleiben und uns in Ruhe lassen soll, das ist ein Rätsel, das die Gelehrten verwirrt hat. Und wenn er schon alles hat, warum sollen wir den Kerl, der alles will, auch noch verwöhnen und ihm noch mehr geben? Es ist gleichermaßen rätselhaft, warum sein von Armut geplagter Vetter, der unendlich viel mehr Recht hat, Ansprüche zu stellen, der Mann nämlich, der nichts hat, im Keller allein gelassen wird und nicht einmal zur Aufheiterung ein paar Seidenunterhosen mit Wappen bekommt. Aber Weihnachten ist eben wie das ganze Leben – es ist nicht fair.

Selbst wenn Sie das große Glück haben, niemanden zu kennen, der alles hat, haben Sie kaum eine Chance, das neue Jahr solvent willkommen zu heißen als großzügiger, organisierter Mensch, der planvoll wohlüberlegte, teure Geschenke an alle Freunde und liebe Menschen schenken will – Ihrer Sekretärin, Ihrem netten alten Buchmacher und verschiedenen anderen verdienten Seelen, die Ihr Leben während der vergangenen elf Monate bereichert haben. Leider werden auch die gründlichst durchdachten Budgets dank des Zangenangriffs im Defizit enden, der von zwei Seiten auf Ihre Börse erfolgt.

Die erste Attacke kommt aus dem Hinterhalt – von getreuen Faktoten. Es ist schon bemerkenswert, wie viele Menschen, die Ihnen während des ganzen Jahres nicht aufgefallen sind, sich zutiefst um Ihr Wohlbefinden bemüht haben. Anfang Dezember kommen Sie aus dem Gebüsch, kündigen sich an mit fröhlichen kleinen Notizen und Postkarten, um Ihnen zur Festzeit das Allerbeste zu wünschen – und ein weiteres Jahr pünktlicher Müllabfuhr, sauberer Lifte, wirksam bewachter Wohnblockeingänge und ohne Sorgen mit Klempnern. Solche Hinweise zu ignorieren bedeutet, daß Ihre Mülltonnen nicht geleert werden, daß Ihre Hemdkrägen zu Toast gebügelt und Ihre Stoßstangen malträtiert werden; Ihr Türsteher wird Ihnen eisige Blicke zuwerfen, Ihr Klempner wird sich bei Hilferufen taub stellen. Aber diese nützlichen Geister verlangen wenigstens nicht, daß Sie für sie auch noch einkaufen gehen; sie wollen von Ihnen etwas Persönliches, etwas, das Sie tatsächlich selbst gemacht haben: Geld.

Weniger vorausschaubar ist der Angriff des unerwarteten Geschenks, die Waffe der letzten Minute, die mit Sicherheit Unbehagen und Kosten verursacht. Die Situation entsteht dadurch, daß jemand, mit dem Sie eine Beziehung zu haben glaubten, die bloß einen Austausch von Weihnachtsgrüßen erfordert, plötzlich die Stufen der Freundschaft beschreitet – und Ihnen ein großes, liebevoll adressiertes Präsent macht.

Es spielt gar keine Rolle, daß dieses Paket eine unschlagbar häßliche Jardiniere aus gehämmertem Zinn enthält oder daß bis zum Beginn des Fests nur noch vier Stunden zum Einkauf bleiben. Was zählt, ist der Gedanke; wenn Sie das Geschenk nicht erwidern, werden Sie sich die ganzen Feiertage über schuldig fühlen. Und deshalb lassen Sie Ihre Pläne für einen gemütlichen Drink mit der Blondine von der Abteilung für Verkaufsstatistik fallen, um sich in die Warenhäuser zu stürzen und das wilde Bataillon der Kaufwahnsinnigen in letzter Minute noch zu vergrößern.

Heiligabend ist zweifelsohne die schlimmstmögliche Zeit, um vernünftig einzukaufen. Sie mischen sich unter die Irren mit Kreditkarten – sie schubsen, kneifen, stoßen Sie mit stumpfen Objekten in Geschenkpapier in die Nieren. Gehen Sie mir aus dem Weg! Ich habe es zuerst gesehen! In diesem Irrenhaus wissen Sie nur eines – daß Sie so schnell wie möglich wieder hinaus müssen. Deshalb sind Sie bereit, fast alles zu kaufen, zum Teufel mit dem Preis! Dem Marketingchef in der Werkstatt des Weihnachtsmanns ist dieses Phänomen wohlvertraut. Er weiß, daß ein Gegenstand, der normalerweise unverkäuflich ist, im Nu vergriffen wird. Deshalb finden Sie eine solch bizarre Auswahl auf den Regalen. Beim Betrachten sagen Sie sich: Aber kein Mensch, der noch bei Verstand ist, wird solches Zeug seinen Freunden schenken. Aber genau das tun die Leute. Und der empfangende Freund sind gewöhnlich Sie selbst.

Das Verlegenheitsgeschenk kann vielerlei Art sein. Es hat jedoch immer dieselben Wirkungen. Erstens zucken Sie jedesmal zusammen, wenn Sie es sehen – ein Kissen mit einem signifikanten Motto als Aufdruck oder ein großer Ziergegenstand mit Farben wie aus einem Alptraum. Es ist äußerst dauerhaft; das heißt, Sie können es nicht mit der Erklärung aus dem Wohnzimmer entfernen, daß es eßbar, verbraucht oder abgenutzt sei. Und, was am schlimmsten ist, Sie haben es von jemandem erhalten, dessen Gefühle Sie nicht verletzen wollen, der Sie regelmäßig besucht und dessen erste Handlung, wenn er durch die Tür kommt, darin besteht, nachzuprüfen, ob das unaussprechliche Ding in Ihrem sonst so geschmackvoll eingerichteten Haus an exponierter Stelle steht. Mit den Jahren werden Sie mehrere Schränke mit diesen Scheußlichkeiten füllen und sie jedesmal abstauben und herausholen, wenn die Geber kommen, die natürlich tief gerührt sind von der Fürsorge, mit der ihre Präsente gepflegt werden. Sie werden einen Knoten ins Taschentuch machen, um Ihnen zum nächsten Geburtstag etwas Ähnliches zu schenken.

Ganz gelegentlich kann das unvorhergesehene Geschenk auch dem abgebrühtesten Menschen ein gewisses Maß an Freude bringen. Ich habe einen Freund, dessen Abscheu für Weihnachten nur noch von seinem Widerwillen gegen seine Schwiegermutter übertroffen wird, deren einziger Besuch im Jahr den absoluten Tiefpunkt des Jahres bedeutet. Doch dann schenkte sie ihm eines Weihnachtsabends zusätzlich zur üblichen Krawatte auch die Grippe. Er mußte sich zurückziehen und ins Bett legen, wo er krank, aber glücklich verblieb, bis sie am Neujahrstag abreiste. Er meinte, dies sei das erste Mal gewesen, daß er ein Geschenk von ihr nicht zurückgeben oder umtauschen wollte.

Es wäre allerdings ein Fehler, an Weihnachten nur im Sinne von kommerziellen Begriffen wie Mark und Pfennig und Geschenken zu denken. Man hat, wie bei allen Anlässen eines zwanghaften Frohsinns, vor allem, wenn mehrere Generationen zusammengezwungen werden und eine phantastische Zeit miteinander verleben müssen, nicht nur solchen materiellen Preis zu zahlen. Ein Soziologe hat die These aufgestellt, daß Weihnachten die Ursache für mehr Familienstreitigkeiten ist als alles andere zusammen, mit Ausnahme von nachlässigem Verhalten im Badezimmer oder Ehebruch, und es fällt nicht schwer, zu verstehen, wie er zu diesem Schluß kam.

Die klassische Festversammlung besteht aus Kindern, Eltern und Großeltern – eine heikle Mischung, die durch die Gastvorstellungen von Nachbarn und Familienfreunden, die auf einen Drink vorbeischauen, noch verkompliziert wird. Die Kinder, die seit sieben Uhr morgens auf den Beinen sind, haben die zerbrechlichen Geschenke prompt zerbrochen und langweilen sich und warten um elf Uhr aufs Mittagessen, gerade wenn die Erwachsenen glauben, guten Gewissens zur Flasche greifen zu dürfen. Die ersten Gäste treffen ein. Zum Hintergrundlärm der Knallgeräusche von Billys Gewehr und Weihnachtsliedern aus dem Stereogerät werden einige tapfere Versuche unternommen, sich miteinander zu unterhalten. Opa und Oma, die soviel Lärm und Alkohol nicht gewohnt sind, ziehen sich in die Küche zurück und lassen, weil sie nichts Besseres zu tun haben, den Truthahn anbrennen. Die Gäste – trinken die morgens etwa immer soviel? – scheinen den ganzen Tag bleiben zu wollen, wahrscheinlich, weil sie genau wissen, was sie zu Hause erwartet. Doch schließlich werden sie überredet zu gehen. Das Mittagessen wird serviert.

Es verläuft keineswegs so, wie Norman Rockwell es zu malen pflegte. Dem kleinen Billy, der sich den ganzen Morgen über heimlich mit Süßigkeiten vollgestopft hat, wird übel. Die Eltern spüren bereits die ersten Anzeichen der Kopfschmerzen. Die Großeltern träumen sehnsüchtig von einem Nickerchen. Kein Glück. Weihnachten ist ein Familienfest, verdammt, und wir werden uns freuen, trotz der totalen Erschöpfung, der aufgeriebenen Nerven, der erwarteten Verdauungsstörung und dem Kater am Nachmittag. Riesenreserven an Geduld und Charakterstärke werden erforderlich, um zu verhindern, daß der Tag schweigend und mißlaunig vor dem Fernseher endet. Und dabei könnten wir es belassen – aber Weihnachten ist wirklich erst in den letzten Januartagen vorbei, wenn mit schrecklicher Unvermeidlichkeit die Rechnungen eintrudeln. Während man vor den finanziellen Trümmern sitzt, erinnert man sich liebevoll an eine der am meisten unterbewerteten Gestalten der Literatur. Der liebe, alte Scrooge, Gott habe ihn selig. Der hätte nie zugelassen, daß Sie in diesem Chaos enden. Der hätte für den Mann, der alles hat, nur ein Wort übrig gehabt: Bah!

Ein glückliches neues Jahr!

James Herriot

Das Kätzchen

Wenn ich an Weihnachten denke, kommt mir stets eine bestimmte kleine Katze in den Sinn.

Ich sah sie zum erstenmal bei Mrs. Ainsworth, als ich einen ihrer Hunde behandeln sollte. Zu meiner Überraschung hockte vor dem Kamin ein schwarzes kleines Fellbündel.

»Ich wußte gar nicht, daß Sie eine Katze haben«, sagte ich.

Mrs. Ainsworth lächelte. »Wir haben auch keine. Das hier ist Debbie.«

»Debbie?«

»Ja, so nennen wir sie wenigstens. Sie ist ein herrenloses Tier. Kommt zwei- oder dreimal in der Woche, und wir geben ihr zu essen. Ich weiß nicht, wo sie wohnt, aber ich glaube, sie ist meistens auf einer Farm unten an der Straße.«

»Haben Sie je das Gefühl, daß sie bei Ihnen bleiben möchte?«

»Nein.« Mrs. Ainsworth schüttelte den Kopf. »Sie ist ein schüchternes kleines Ding. Schleicht sich herein, frißt ein paar Bissen und verschwindet wieder.«

Ich blickte wieder auf die kleine Katze. »Aber heute ist sie dageblieben.«

»Ja. Es ist komisch, aber hin und wieder schlüpft sie ins Wohnzimmer und setzt sich ein paar Minuten lang vor das Kaminfeuer. Als ob sie sich ein besonderes Vergnügen leisten wollte.«

Sie war eine ungewöhnliche Katze. Sie saß ganz aufrecht auf dem dicken Teppich vor dem Kamin. Sie rollte sich nicht zusammen, putzte sich nicht, starrte nur vor sich hin. Es mußte ein besonderes Ereignis in ihrem Leben sein, eine seltene und wunderbare Begebenheit; hier genoß sie eine Behaglichkeit, die sie sicher in ihrem alltäglichen Leben nie zu erträumen vermochte. Während ich sie betrachtete, drehte sie sich um und schlüpfte lautlos aus dem Zimmer.

»So ist es immer«, sagte Mrs. Ainsworth. »Debbie bleibt nie länger als zehn Minuten.«

Sie war eine plumpe Vierzigerin mit einem freundlichen Gesicht, und für einen Tierarzt war sie die ideale Kundin; wohlhabend, großzügig und die Besitzerin von drei verwöhnten Bassets. Und eines dieser von Natur aus melancholisch dreinblickenden Tiere brauchte nur ein kleines bißchen melancholischer auszusehen – schon wurde ich in aller Eile gerufen. Heute hatte ein Basset die Pfote gehoben und sich mehrere Male hinter dem Ohr gekratzt, und sogleich hatte mich seine Herrin in größter Besorgnis angerufen.

So kam ich oft zu Mrs. Ainsworth, mußte mich aber nie sehr anstrengen, und ich hatte ausgiebig Gelegenheit, mich nach dem rätselhaften Kätzchen umzusehen. Einmal sah ich es, wie es gelassen an der Küchentür Milch aus einer Untertasse schlürfte. Als sie mich sah, drehte sie sich um und eilte lautlos durch den Flur und die Wohnzimmertür.

Die drei Bassets lagen schnarchend auf dem Teppich vor dem Kamin, aber sie schienen an Debbie gewöhnt zu sein, denn zwei von ihnen schnupperten nur gelangweilt an ihr herum, während der dritte sie nur kurz aus einem schläfrigen Auge anblinzelte.

Debbie setzte sich in der gewohnten Positur zu ihnen.

Dieses Mal wollte ich mich mit ihr anfreunden. Ich trat behutsam auf sie zu, aber sie drehte sich weg, als ich die Hand nach ihr ausstreckte. Nach längerem Zureden gelang es mir, sie zu berühren, und ich strich ihr sacht mit dem Finger über die Wange. Einen Augenblick lang reagierte sie sogar, neigte den Kopf zur Seite und rieb ihren Rücken gegen meine Hand, aber bald darauf war es für sie wieder Aufbruchszeit. Sie lief aus dem Haus, sprang rasch die Straße entlang, dann durch eine offene Stelle in der Hecke, und zuletzt sah ich die kleine schwarze Gestalt über das regennasse Gras einer Wiese huschen.

»Ich möchte wissen, wo sie hinläuft«, murmelte ich halb zu mir selbst.

»Das haben wir noch nicht herausfinden können«, sagte Mrs. Ainsworth.

Es müssen fast drei Monate vergangen sein, bis ich wieder von Mrs. Ainsworth hörte, und ich fragte mich schon, warum die Bassets plötzlich so gesund waren, als sie mich anrief.

Es war am Morgen des ersten Weihnachtsfeiertages, und sie entschuldigte sich. »Mr. Herriot, es tut mir leid, Sie ausgerechnet heute zu stören.«

»Ach, es ist nicht weiter schlimm«, sagte ich. »Welcher ist es denn dieses Mal?«

»Es ist keiner von den Hunden. Es handelt sich … um Debbie.«

»Debbie? Ist sie bei Ihnen im Haus?«

»Ja … aber etwas stimmt nicht mit ihr. Bitte, kommen Sie doch schnell.«

Als ich über den Marktplatz fuhr, stellte ich wieder einmal fest, daß Darrowby am Weihnachtstag einer Illustration zu der berühmten Erzählung von Dickens glich. Der Schnee bedeckte die Pflastersteine und die Giebeldächer, die Läden waren geschlossen, und die bunten Lichter der Weihnachtsbäume glänzten aus den Fenstern.

Mrs. Ainsworth hatte das Wohnzimmer mit Lametta und Stechpalmen geschmückt, Getränke standen auf der Anrichte bereit, und der Duft von Putenbraten, Salbei und Zwiebeln drang aus der Küche durch das Haus.

Debbie war wieder da, aber dieses Mal lag sie regungslos auf der Seite, und neben ihr kuschelte sich zusammengekauert ein winziges schwarzes Kätzchen.

Ich schaute verblüfft auf sie nieder.

»Was ist denn das?«

»Es ist seltsam«, erwiderte Mrs. Ainsworth. »Ich habe Debbie wochenlang nicht gesehen, und dann kam sie vor etwa zwei Stunden an – schleppte sich irgendwie in die Küche – und trug das Kätzchen im Maul. Sie ging schnurstracks ins Wohnzimmer und legte es auf den Kaminteppich, und zuerst fand ich es sehr amüsant. Aber dann sah ich, daß etwas nicht in Ordnung war, denn sie hat sich hingelegt und seitdem nicht bewegt.«

Ich kniete mich auf den Teppich und fuhr Debbie mit der Hand über Hals und Rippen. Sie war magerer als je, ihr Fell war schmutzig und voller Erdklumpen, und sie wehrte sich nicht, als ich ihr behutsam das Maul öffnete. Die Zunge und die Schleimhäute waren anormal blaß, und ihre Lippen fühlten sich eiskalt an. Als ich ihr Augenlid herunterzog und die fahlweiße Bindehaut sah, hatte ich eine finstere Vorahnung.

Ich tastete den Bauch ab und wußte bereits, was ich finden würde: und da war es auch – eine harte Masse lag in den Eingeweiden. Massives Lymphosarkom. Im Endstadium und hoffnungslos. Ich setzte ihr das Stethoskop auf die Brust und lauschte dem immer schwächer werdenden raschen Pochen des Herzens. Und dann setzte ich mich auf, starrte geistesabwesend in das Feuer und fühlte die Wärme auf meinem Gesicht.

Mrs. Ainsworths Stimme schien von weither zu kommen. »Ist sie krank, Mr. Herriot?«

Ich zögerte. »Ja ... ja, sie ist leider sehr krank. Eine bösartige Geschwulst. Ich kann nichts mehr für sie tun. Es tut mir leid.«

»Oh!« Sie legte die Hand auf den Mund und sah mich mit großen Augen an. »Sie müssen sie sofort einschläfern. Wir können sie nicht leiden lassen.«

»Mrs. Ainsworth«, sagte ich, »das ist nicht mehr nötig. Sie stirbt jetzt – sie ist im Koma – sie leidet nicht mehr.«

»Ach, du armes kleines Ding!« schluchzte Mrs. Ainsworth. Sie streichelte Debbie den Kopf. »Was sie durchgemacht haben muß. Warum habe ich nicht mehr für sie getan?«

»Niemand hätte mehr tun können als Sie«, sagte ich. »Niemand hätte gütiger sein können.«

»Aber wenn ich sie nur hierbehalten hätte – wo sie es bequem hatte. Es muß schrecklich für sie gewesen sein da draußen in der Kälte, als sie so krank war – ich wage gar nicht daran zu denken. Und dann hat sie noch die Kleinen gekriegt – ich ... ich frage mich, wie viele sie wohl gehabt haben mag?«

Ich zuckte die Schultern. »Das werden wir wohl nie wissen. Vielleicht nur das eine hier. Das passiert manchmal. Und sie hat es Ihnen gebracht, nicht wahr?«

»Ja ... das ist wahr ... das hat sie ... das hat sie getan.«

Mrs. Ainsworth bückte sich und nahm das Häufchen Unglück auf. Sie ließ ihren Finger über das schmutzige Fell gleiten, und das kleine Mäulchen öffnete sich zu einem nicht vernehmbaren Miau.

»Ist es nicht seltsam? Und dazu noch zu Weihnachten.«

Ich kniete und fühlte nach Debbies Herz. Es schlug nicht mehr.

»Sie ist tot«, sagte ich, hob den kleinen, fast gewichtslosen Körper auf, wickelte ihn in ein Tuch und trug ihn zum Wagen.

Als ich zurückkam, streichelte Mrs. Ainsworth noch immer das Kätzchen. Ihre Tränen waren getrocknet, und sie lächelte, als sie mich ansah.

»Ich hatte noch nie eine Katze«, sagte sie.

»Na, jetzt haben Sie wohl eine.«

Und das hatte sie wirklich. Das Kätzchen wuchs schnell zu einem schlanken, hübschen und etwas ungestümen Kater heran, der Buster getauft wurde. Er stand in jeder Beziehung im Gegensatz zu seiner scheuen kleinen Mutter. Die Entbehrungen des freien und geheimnisvollen Lebens waren nichts für ihn; er stolzierte wie ein König über die dicken Teppiche im Hause Ainsworth, und sein schmuckes Halsband trug noch zu seiner Würde bei.

Bei meinen Besuchen beobachtete ich seine Entwicklung mit viel Freude, aber ich werde nie den ersten Weihnachtsfeiertag genau ein Jahr später vergessen.

Ich machte wie gewöhnlich die Runde. Ich kann mich nicht erinnern, je zu Weihnachten frei gehabt zu haben, denn die Tiere wollen einfach nicht lernen, daß es Feiertage gibt. Im Lauf der Jahre habe ich aufgehört, mich darüber zu ärgern. Wenn ich in der kalten Winterluft in Ställen und Scheunen herumstampfe, hole ich mir wenigstens einen gesunden Appetit für den Putenbraten; ganz abgesehen von den zahlreichen Aperitifs, die mir die gastfreundlichen Farmer anbieten.

Ich war auf dem Heimweg und fühlte mich wie in einer rosigen Wolke. Ich hatte mehrere Whiskies getrunken –

den die Farmer von Yorkshire wie Limonade einschenken –, und den Rest hatte mir ein Glas Rhabarberwein bei Mrs. Earnshaw gegeben. Als ich an Mrs. Ainsworths Haus vorbeifuhr, hörte ich sie rufen.

»Frohe Weihnachten, Mr. Herriot!« Sie winkte mir fröhlich zu. »Kommen Sie herein und trinken Sie was, um sich aufzuwärmen.«

Mir war warm genug, aber ich parkte den Wagen ohne zu zögern. Das Haus war wieder festlich geschmückt, wie im letzten Jahr, und der köstliche Duft von Putenbraten, Salbei und Zwiebeln regte meine Magensäfte an. Aber das war halb so wichtig. Wichtig war Buster.

Er sprang nacheinander auf die drei Bassets zu, hielt die Ohren steif, funkelte teuflisch mit den Augen, gab ihnen einen kleinen Tatzenhieb und lief wieder davon.

Mrs. Ainsworth lachte. »Er ist eine wahre Plage für die Hunde. Läßt ihnen keine Ruhe.«

Sie hatte recht. Für die Bassets war Buster so etwas wie ein respektloser Eindringling in einen exklusiven Londoner Club. Lange Zeit hatten sie ein maßvolles Leben genossen: Regelmäßige Spaziergänge mit ihrer Herrin, gutes Futter in großen Mengen und lange Stunden friedlichen Schnarchens auf den Teppichen und in den Sesseln. Sie hatten ihre Tage in ungestörter Ruhe verbracht. Bis Buster auftauchte.

Er tänzelte an den jüngsten Hund heran und reizte ihn. Als er mit beiden Vorderpfoten auf ihn einboxte, war es selbst für den Basset zuviel. Er ließ seine Würde fallen, rollte sich auf den Rücken und ließ sich mit dem Kater in einen kurzen Ringkampf ein.

»Ich möchte Ihnen etwas zeigen.« Mrs. Ainsworth nahm einen harten Gummiball von der Anrichte und lockte Buster in den Garten. Sie warf den Ball über die

Wiese, und der Kater sprang ihm behende über den frostigen Rasen nach, nahm ihn mit den Zähnen auf, ließ ihn zu ihren Füßen fallen und sah sie wartend an. Sie warf ihn noch einmal, und er brachte ihn wieder zurück.

Ich glaubte meinen Augen nicht. Ein Kater als Apportierhund! Mrs. Ainsworth sah mich an. »Haben Sie je so etwas gesehen?«

»Nein«, antwortete ich. »Noch nie. Eine bemerkenswerte Katze.«

Sie nahm Buster auf den Arm, und wir gingen ins Haus zurück. Sie lachte, als der Kater schnurrte und sich an ihrer Wange rieb.

»Debbie wäre glücklich«, sagte sie.

Ich nickte. »Ja, das wäre sie … es ist ein Jahr her, daß sie ihn brachte, nicht wahr?«

»Genau ein Jahr.« Sie drückte Buster an sich. »Das schönste Weihnachtsgeschenk, das ich je bekommen habe.«

Morag McDowell

Der Bonsai

Er hatte es sich gerade wieder mit einer halben Flasche vor der Kiste bequem gemacht, da hatte es geklingelt. Es war Katie gewesen, Baby in einem Arm, einen Zehn-Pfund-Truthahn im anderen. John neben ihr hatte so ausgesehen, als wolle er um Entschuldigung bitten.

»Geh wieder nach Hause, Katie. Ich komme schon allein zurecht.«

»Daddy, du mußt dich zusammenreißen«, hatte sie gesagt, und er hatte lachen müssen und die Wirkung des Whiskys auf seinen Magen gefühlt.

Da er keine andere Wahl gehabt hatte, hatte er sie hereingelassen, sie auf das Sofa gesetzt und versucht, sich so unsichtbar wie möglich zu machen. Den ganzen Abend und den ganzen nächsten Morgen hatte sie dann doch das Glas auf dem Tisch neben ihm weggeräumt und ihm das Baby auf den Schoß gesetzt. Dabei hatte sie laut und deutlich gesagt, so als wäre er taub: »Schau, Daddy, das ist deine Enkelin.«

Vermutlich hielt sie das für eine gute Therapie, so wie sie den Säugling wie einen Zauberstab vor ihm herumgeschwenkt und von ihm erwartet hatte, daß sich sein Gesicht mit einem stolzen Großvaterlächeln überziehen würde. Glückliche Familie zu spielen gefiel ihr, und sie versuchte in allem perfekt zu sein. Wie das mit dem Hemd, das er am Morgen des Weihnachtstages getragen hatte. Es war etwas knittrig gewesen, als er es angezogen hatte, und Kate hatte es ihm förmlich vom Leib gerissen. Er hatte sich noch auf halber Treppe befunden.

»Daddy!«

So nannte sie ihn jetzt schon seit Monaten, seit Mary

gestorben war und sie ein Gewächshaus an ihre Küche hatte anbauen lassen, nur daß sie es einen Wintergarten nannte.

Er hatte ihr das Hemd gegeben, und sie hatte es mit dem Dampfbügeleisen bearbeitet. Dabei hatte sie ihn die ganze Zeit gemustert und gesagt:

»Du bist so fürchterlich dünn, Daddy. Ißt du auch ordentlich?« Das hatte schon etwas von einem Sprachfehler, dieses: »Ißt du auch ordentlich?« Jedesmal, wenn sie den Mund aufmachte, bis es schließlich so weit kam, daß er es zu hören glaubte, wenn er nur den Dosenöffner in die Hand nahm. Das verdarb ihm dann glatt den Appetit auf alles außer einem kleinen Gläschen. Den ganzen Morgen hatte sie in der Küche herumgelärmt, bis ihm der Krach und ihre Stimme Kopfschmerzen verursacht hatten. Ab und zu war die Küchentür aufgegangen, und eine Wasserdampfwolke und der Essensgeruch hatten ihn wie eine Keule getroffen. Es hatte ihm jedesmal den Magen umgedreht. Er hatte so viel er konnte von dem Dinner gegessen, und dann hatte sie die Geschenke hervorgeholt. Er hatte ihnen vor einigen Tagen mit der Post Geld geschickt, aber Katie war der Typ, der bereits für das nächste Weihnachtsfest im Winterschlußverkauf einkauft. Er war also nicht überrascht, als sie ihm ein enormes Paket mit einer abstrusen Form überreichte. Es war groß und schwer und hatte so viele Ecken und Enden, daß sie meterweise Tesafilm verbraucht haben mußte. Zum Öffnen benötigte er nicht weniger als fünfzehn Minuten. Die ganze Zeit zerrte er mit abrutschenden Händen an verschiedenen Schichten Tesafilm und Geschenkpapier. Katie sah ihm zu, lächelte und mahnte ihn zur Eile. Er sollte raten, was es war. Als er schließlich die letzte Papierlage erreicht hatte, drückte sie John das Baby in den Arm, lehnte sich zurück und schaute ihm zu, wie er sie herunterriß.

»Und?«

Das Baby fing an zu schreien, aber sie ließ sein Gesicht nicht aus den Augen.

»Es ist ein Bonsai, Daddy.«

»Ja, das sehe ich auch.«

Er schaute zu John, der den Kopf schüttelte und sich darauf konzentrierte, dem Baby die Flasche zu geben.

Dann schaute er den Baum an. Ein häßliches Gebilde mit einem vielleicht 25 Zentimeter hohen, krummen Stamm, der aussah wie ein Stück altes Tau, und mit einigen kläglichen Büscheln lederartiger Blätter. Er steckte in einem blauen, mit chinesischen Schriftzeichen bemalten Topf, der einer übergroßen Zuckerschale glich.

»Was soll ich mit einem Bonsai?«

»Das ist ein Hobby, Daddy.«

Er stellte ihn auf den Tisch, ging zum Barfach und goß sich ein Glas ein. Dann machte er den Fernseher an. Es lief »Sportler des Jahres«. Sie sagte kein Wort, preßte nur die Lippen zusammen und begann, den Tisch abzuräumen. Er wußte, daß er eigentlich etwas sagen müßte, verschränkte jedoch nur die Arme und starrte geradeaus.

Bevor die drei gegen halb neun gingen, hatte sie gespült, gestaubsaugt und während der Sendung die Mattscheibe des Fernsehers poliert. John verabschiedete sich, während sie im Wagen wartete. Etwas schuldbewußt winkte er dem Auto vom Wohnzimmerfenster aus hinterher und drehte sich dann um. Der Tisch in der Mitte war immer noch ausgeklappt und mit dem roten und grünen Weihnachtstischtuch bedeckt, das Katie mitgebracht hatte. Weil er sich danebenbenommen hatte, waren sie früher als geplant aufgebrochen. Er goß sich noch einen

Whisky ein und prostete dann dem Baum zu: »Auf dich, krummer Zwerg.«

Dann holte er die halbe Flasche des Vorabends hervor und die, die er für den Weihnachtstag vorgesehen hatte. Er war die ersten Wochen nach ihrem Tod vollkommen nüchtern geblieben, aber nach einer Weile hatte er festgestellt, daß er nicht mehr schlafen konnte. Er lag immer bis zum Morgengrauen da und dachte so intensiv an sie, daß er das Gefühl bekam, er sei gestorben und Mary lebe in seinem leeren Hirnkasten weiter. Er wußte, daß er zuviel trank, denn er hatte in letzter Zeit einige Filmrisse gehabt. Morgens wachte er dann immer auf dem Sofa oder auf dem Fußboden seines Schlafzimmers auf und fragte sich, wie er dorthingeraten war. Er war deswegen zur Ärztin gegangen. Sie hatte gemeint, Streß und zuwenig Schlaf, hatte ihm ein Rezept gegeben und vorgeschlagen, er solle einem Wanderverein beitreten. Da er achtzehn Jahre alten Maltwhisky Valium vorzog, hatte er ihr Rezept zwischen Praxis und nächstem Spirituosenladen in einen Abfallkorb an der Straße geworfen.

Er erwachte am zweiten Weihnachtsfeiertag auf dem Sofa, der Schädel schien ihm zu platzen, und der Fernseher lief auf voller Lautstärke. Aus den Augenwinkeln sah er auf dem Tisch den Baum. Das erinnerte ihn daran, daß er Katie anrufen und sich entschuldigen mußte, aber er wußte, daß sie bald mit einer Schachtel süßen Weihnachtsgebäcks und einer feuerfesten Schüssel Truthahngratin wiederkommen würde, also schaltete er nur den Fernseher aus und hob den Baum vom Tisch. Er ging zum Fenster und stellte ihn dort auf das Fensterbrett. Das Haus war immer voller Pflanzen gewesen, ein wahrer Dschungel, aber er hatte sie nicht gegossen, und sie waren noch vor dem Winter vertrocknet. Katie hatte sie eine nach der anderen weggeworfen. Er stellte zufrieden fest, daß der Bonsai bereits die Blätter hängenließ. Er schaute auf ihn herab und bemerkte, daß Stamm und Äste mit einzelnen Drähten umwickelt waren, einer Art aufwendigem Käfig. In der Blumenerde steckte eine Plastikkarte. Er zog sie heraus und las: »Willkommen in der faszinierenden Welt der Bonsai. Dieser Bonsai ist einzigartig. Ein wertvoller lebender Baum, der mindestens 40 Jahre alt ist. Sie können ihn in einen Gegenstand außerordentlicher Schönheit verwandeln.«

Er schaute den Baum an und grinste. Dann sagte er laut: »Ein Gegenstand außerordentlicher Schönheit, daß ich nicht lache!« Dann straffte er den Draht in der Mitte des Stammes. Er bot die ganze Kraft seiner Finger auf und zog so stark an, daß die Rinde anfing, aufzuplatzen. Der Stamm nahm die Krümmung eines gebrochenen Rückgrats an. Schließlich fühlte er sich besser und beschloß, einen Spaziergang zu machen, bis der Pub öffnete.

Eine Woche später war Katie immer noch nicht aufgetaucht, also rief er sie an. Daß eine größere Entschuldigung fällig war, wußte er. Am Telefon war sie reserviert, sprach nicht von Weihnachten und fragte nur: »Wie geht's deinem Geschenk?«

Er wußte zuerst nicht, wovon sie redete, dann fiel es ihm ein, und er schaute zum Fensterbrett. Er rechnete damit, einen vertrockneten Zweig in einer blauen Schale zu sehen. Zu seiner Überraschung sah er dort, wo er den Stamm verbogen hatte, eine Beule, die Ähnlichkeit mit einem Furunkel hatte, mit einer rauhen schwarzen Oberfläche und einem hellgrünen Punkt in der Mitte.

»Oh, dem geht's gut. Ich verwandele ihn in einen Gegenstand außerordentlicher Schönheit, wie das auf der Karte steht.«

Schweigen am anderen Ende.

Er wollte die Enschuldigung vorbringen, die er sich sorgsam zurechtgelegt hatte, aber jetzt schien nicht der richtige Zeitpunkt zu sein, und auf gewisse Weise hatte er alles ohnehin verdorben. Also verabschiedete er sich, legte den Hörer auf und ging zum Baum hinüber.

Er war größer geworden, als gedeihe er, wenn er ihn nur vernachlässigte. Er nahm das Ende eines mit Draht umwickelten Astes und drehte ihn energisch. Dann zog er den Draht an, damit der Ast in dieser Stellung blieb.

»Du bist schon ein häßlicher alter Gnom«, sagte er und gab dem Baum einen Schluck aus dem Glas, das er in der Hand hielt. Es war nicht mehr sonderlich viel Whisky darin.

Er wuchs trotzdem. Er versuchte, ihn nicht weiter zu beachten, aber ein- oder zweimal die Woche konnte er der Versuchung nicht widerstehen und ging zu dem Topf, ergriff einen der Äste, drehte ihn um und goß dann in den Topf, was er gerade im Glas hatte. Er kicherte und sagte: »Stirb, du Gnom.«

Am nächsten Tag bemerkte er zufrieden, daß der Baum ein neues Blatt hatte oder daß einer der verkrümmten und verwachsenen Äste ein bißchen dicker und länger geworden war, bis er schließlich den Versuch aufgab, den Baum umzubringen.

Er beschloß, es dabei bewenden zu lassen, ihn zu einer so häßlichen Pflanze wie möglich zu machen. Einer Pflanze, die jeden beim »Gärtnerquiz« im Fernsehen in Erstaunen versetzen würde. Katies Besuche wurden seltener. Gelegentlich kam sie mit dem Baby, setzte es ihm auf den Schoß, ging durchs Zimmer, fuhr mit einem Finger über den Staub, verzog die Nase, wenn sie an der Küchentür vorbeikam, und sagte:

»Ist sie nicht schon groß? Sie ist dir wie aus dem Gesicht geschnitten, Dad.«

Er sah die Ähnlichkeit nie, und wenn sie gegangen waren, schaute er den Baum an und dachte, daß er mehr für ihn empfand als für das Kind. Er fragte sich immer, wer von beiden schneller wuchs. Gelegentlich tätschelte er die Auswüchse auf dem Stamm und sagte mit Katies Stimme:

»Ist er nicht schon groß?«

Ihm wurde allmählich bewußt, daß der Baum Persönlichkeit hatte. Er war, wie er ihn geformt hatte. Wenn er ein paar Gläser getrunken hatte, sah er alles mögliche in dem Filz aus Stamm und Ästen: Tiere, Insekten und Gesichter. Er hätte schwören können, er bewege sich. Er mußte ihn nur lange genug anschauen. Nachts träumte er nicht mehr von Mary, sondern von dem Baum. Eine Öffnung in seinem Stamm erinnerte an einen Mund, und im Traum sprach er gelegentlich mit Marys Stimme zu ihm. Lachend fragte er dann, ob er sich an dieses oder jenes erinnere. Manchmal nörgelte er mit Katies Stimme auch gnadenlos an ihm herum und fragte ihn, wann er sich endlich zusammenreißen würde. Vierzig Jahre lang hatte er sich an keinen Traum mehr erinnern können, und jetzt war es eine Pflanze, die anfing, an ihm herumzunörgeln. Schließlich hatte er Angst vor dem Einschlafen: Der Mund würde doch nur wieder anfangen. Also ging er, den Wintermantel über dem Schlafanzug, nach unten ins Wohnzimmer. Er nahm den Lehnstuhl und stellte ihn direkt vor den Tisch mit dem Bonsai. Er erzählte ihm alles, was er gerade auf dem Herzen hatte. Anfänglich sprach er oft über Mary, aber nach einer Weile über alles, alles, was ihm monatelang durch den Kopf gegangen war und was er niemandem hatte erzählen können – Beiläufiges über Leute, die er kannte, oder über Dinge, die er in der Zeitung gelesen hatte und die er nicht vergessen konnte.

»Da war diese Frau«, sagte er beispielsweise, »die mit dem Auto um die Kurve fuhr, und vor ihr war dieser Lastwagen auf der falschen Straßenseite. Sie verschwand ganz und gar darunter und das mit fünfzig Meilen in der Stunde – geköpft … Kennst du Big John? Wohnt auch hier an der Straße, zwei Blocks weiter? Seinen Hund haben sie letzte Woche überfahren. Er ist außer sich vor Kummer, sah aus wie der Tod, als ich ihn gestern zufällig gesehen habe. Es ist schon seltsam, daß manche Leute einfach mit nichts klarkommen …«

Er schaute ab und zu auf, und immer kam es ihm so vor, als sei ihm gerade etwas entgangen, die Bewegung eines der Äste aus dem Augenwinkel, ein Beben der kleinen ledrigen Blätter, als sei gerade eine Brise durchs Haus gepfiffen.

Wenn es hell wurde und er vollkommen erschöpft war, ging er die Treppe hoch und ins Bett. Dann träumte er eines Nachts, daß er aus seinem Topf gestiegen war. Die Blätter bebten und zitterten kraftvoll, die Äste zuckten, zogen sich zusammen und spielten wie Muskeln. Mit einem Satz war er vom Tisch und auf dem Fußboden. Seine Wurzeln glänzten von feuchter Erde und flitzten über den Teppich wie körperlose Hände, die den Baum hinter sich herschleifen. Er konnte sich nicht bewegen und hatte nur den einen Gedanken: Was für eine Schweinerei der Baum doch auf dem Fußboden verursachte, all die Erde. Katie würde ihm das nie glauben. Sie würde denken, er habe sich betrunken und den Baum umgeworfen. Ihm brach der Schweiß aus, als es sich dem Ende des Sofas näherte. Er sah, daß es sanft auf- und niederwippte und daß sich seine Äste spannten, als würde er sich vor dem Sprung sammeln. Er landete auf seiner Brust, und er versuchte zu schreien, konnte es aber nicht. Er schmeckte Erde und ruderte mit den Händen in der Luft. Er versuchte, die Blätter und Äste beiseitezuschieben, die sich auf sein Gesicht legten und ihn erstickten. Er erwachte davon, daß er Marys Namen rief. Er setzte sich auf und schaute auf die Uhr. Es war Mitternacht. Mit der Kraft, die mit der Angst kommt, stand er auf und ging im Wohnzimmer hin und her. Er sammelte die alten Zeitungen zusammen, die dort seit Weihnachten, also schon seit Wochen, lagen, holte einen Plastiksack aus der Küche und ging leise durch das Haus und klaubte alle Flaschen zusammen, leere und halbvolle, die in sämtlichen Zimmern auf den Tischen, dem Fußboden und in den Schränken verteilt waren. Als der Sack voll war, stellte er ihn nach draußen neben die Mülltonne. Er hob den Bonsai hoch und schaute ihn an. Er erwog, ihn ebenfalls unverzüglich auf den Müll zu schmeißen, dann, den Gartenspaten zu nehmen, den ihm Katie gekauft hatte und ihm ein Grab zu graben: ihn einfach mit Erde zu bedecken und zu vergessen. Bei diesem Gedanken bekam er jedoch vor Angst Herzklopfen, so daß er ihn auf die Anrichte im hinteren Zimmer stellte, seinen Mantel nahm und Türen knallend das Haus verließ.

Er war schon seit Jahren um diese Tageszeit nicht mehr draußen gewesen und betrachtete überrascht die stillen, laternenbeleuchteten Straßen. Dann ging er den Hügel hinauf und auf die Mietshäuser zu und anschließend wieder bergab zur Hauptstraße. Hier hatten die Mietskasernen gestanden, in denen er geboren worden war. Er ging weiter und an dem Kreuz und dem Glockenturm vorbei

Richtung Zentrum. Schließlich erreichte er den Fluß. Am ehemaligen Hafen waren eine Menge Bars, Clubs und Cafés entstanden, die immer noch gut besucht waren, obwohl es schon fast drei Uhr morgens war. Die meisten Gäste waren jung und auf verschiedenste Arten gekleidet: schwarzes Leder, gelbes Nylon … Man saß um kleine Tische, und die Gesichter leuchteten im Schein der Lampen. Man trank Kaffee oder Wein und rauchte oder promenierte auch Arm in Arm den Kai entlang. Alle blieben an einer bestimmten Stelle kurz vor der Brücke stehen. Hier hatte er vor vierzig Jahren ebenfalls gestanden – mit Mary. Er saß lange auf einer Mauer unterhalb der Brücke und sah zu, wie sich die Nachtclubs langsam leerten und alles nach Hause ging. Schließlich kehrte einer der Cafébesitzer den Gehsteig und stellte ein Schild auf: »Sunday Lunch«. Dann war es endlich ruhig. Er sah, daß der Himmel langsam heller wurde, und blickte zu den Gebäuden auf der anderen Seite des Flusses hinüber, deren Farbe sich veränderte. Dann schaute er auf ein Wohnhaus, das früher einmal eine Fabrik gewesen war, und auf einige Baustellen. Hier hatte früher einmal eine Bahnlinie gelegen. Im Osten lagen die stillgelegten Werften mit ihren schwarzen, unbeweglichen Kränen wie tote Insekten und dahinter in der Ferne die Berge, wie sie immer gewesen waren.

Erst am späten Vormittag war er wieder auf dem Heimweg. Er bog in seine Straße ein und sah Katies Wagen vor der Haustür. Um diesem Umstand weitere Beachtung zu schenken, war er zu müde, da öffnete sich die Fahrertür, Katie lief die Straße entlang auf ihn zu und rief: »Dad, Daddy … ist alles in Ordnung?«

Er ging an ihr vorbei und ins Haus. Sie nahm das Baby in seinem Kindersitz aus dem Auto und kam hinter ihm her. Sie hörte nicht auf zu reden: »Wo warst du? Ich habe gestern abend schon angerufen, und du hast nicht abgehoben. Jetzt warte ich hier schon seit acht in der Frühe. Bist du dir eigentlich im klaren darüber, daß wir uns Sorgen machen?«

Sie hielt inne, um Atem zu holen und den Kindersitz auf den Boden zu stellen. Gleichzeitig löste sie den Sicherheitsgurt. Er sah überrascht, daß das Baby eilig aus dem Sitz und von ihnen wegkrabbelte. Er versuchte sich zu erinnern, wann er sie zuletzt gesehen hatte. Er hörte Katies Stimme wie aus weiter Ferne:

»Du warst wohl die ganze Nacht auf Tour? Weißt du eigentlich, wie du aussiehst? Wie ein Stadtstreicher, und so riecht es hier im Haus auch. Wie in einem Schweinestall. Wenn Mum noch lebte, würde sie sich was schämen. Glaubst du eigentlich, daß du der einzige bist, der leidet?«

Er sagte: »Nein ...«

Aber sie hörte ihn nicht, redete immer nur weiter. Ihre Stimme wurde immer durchdringender, bis er das Gefühl hatte, wieder in einem seiner Träume zu sein. Er versuchte, nicht zuzuhören, und konzentrierte sich darauf, sich abzukapseln, bis zu einem plötzlichen Krachen und dann: Schweigen.

Er sah hoch, und sie schaute ihn an, Angst in den Augen. Er begriff, daß das Geräusch aus dem hinteren Zimmer gekommen sein mußte. Katie rannte vor ihm her, und als er hereinkam, sah er, daß das Baby das Tischtuch von der Anrichte gezogen hatte und der Bonsai auf sie gefallen war. Sie saß einfach da, über und über mit Pflanzenerde bedeckt. Als sie sie sah, begann sie wie am Spieß zu brüllen. Katie sah den Baum an. Bei ihrem Blick lief es ihm kalt den Rücken herunter, besonders nach dem

Traum, den er gehabt hatte. Er hob den Baum hoch, stellte ihn wieder in den Topf und bedeckte die offenliegenden Wurzeln eilig mit Erde. Er meinte: »Du badest sie wohl besser. Ich mach das Warmwasser an …« Sie stand einfach da und sagte nur: »Ich dachte, du hättest ihn weggeschmissen …«

»Nee, irgendwie haben wir uns aneinander gewöhnt. Ein häßlicher alter Gnom, wie ich halt …«

Das Baby schrie immer noch aus vollem Hals, und er war todmüde. Er setzte sich einfach auf den Stuhl neben der Anrichte, nahm sie auf den Schoß und tätschelte ihr den Kopf: »Schon gut, schon gut … tut mir ja leid … tut mir leid … wirklich …« Bis Katie sie ihm abnahm und ihn fragte, ob er eine Tasse Tee wolle.

Der Bonsai starb ein paar Monate später. Es tat ihm leid, aber er wußte, daß er ihn früher oder später ohnehin hätte loswerden müssen, denn jedesmal, wenn das Kind ihn sah, fing sie fürchterlich an zu schreien. Er konnte ihr keinen Vorwurf machen. Nach dem Trauma, ihn einfach so auf sich fallen zu sehen, war das einfach nur normal, da sie so sensibel war und überhaupt. Er begrub den Baum im Garten, und anfänglich fehlte er ihm. Gelegentlich, wenn er ins Wohnzimmer ging, rechnete er fest damit, ihn dort zu sehen, genauso wie er damit gerechnet hatte, dort auf dem Sofa Mary in ein Buch vertieft zu sehen. Und das Seltsame war, als der Baum einmal weg war, benahm sich das Kind so, als würde es ihm genauso gehen. Jedesmal, wenn Katie sie bei ihm ablieferte, ging sie geradewegs in das hintere Zimmer und wanderte dann mit einem verwirrten, unglücklichen Gesichtsausdruck durch das ganze Haus, und obwohl sie es nicht mit Worten sagen konnte, wußte er, was sie suchte. Eines Tages hob er sie, nachdem Katie wieder gefahren war, auf den Arm und trug sie in den Garten. Dann deutete er auf den Fleck, wo der Baum begraben war, und sagte: »Er ist wieder in der Erde, Liebes … wieder in der Erde …« Er war sich sicher, daß sie ihn verstanden hatte, denn sie suchte nie wieder danach.

Fay Weldon

Die Suche nach der Weihnachtsfrau

Der Weihnachtsmann und ich«, sagte Ruby zu ihren Kindern, »haben eine ganz besondere Beziehung.« Das war 1971, als die Jungen zwölf, zehn, sieben und zwei waren. Billy, Joshua, Jason und der kleine Ben.

»Heißt das, dieses Jahr gibt es keine Geschenke?« fragte Billy, der ein nervöses Temperament und genauso rote Haare wie sein Vater hatte. Manchmal war es schwer, ihn zu mögen.

»Meinst du so was wie die besonderen Beziehungen zwischen England und den USA?« fragte Joshua, der als »begabt« eingestuft worden war. Was allerdings auch seine Nachteile hatte: Auf dem Spielplatz hieß er Schlaumeier und wurde gepiesackt.

»Heißt das, er will unser neuer Daddy werden?« fragte Jason, der in ständiger Angst vor einer nahenden Katastrophe lebte, die alles nur noch mehr durcheinanderbringen würde.

Und der kleine Ben sagte überhaupt nichts. Er sprach noch nicht. In der Beratungsstelle hatten sie empfohlen, ihn von einem Spezialisten für kindliche Entwicklung untersuchen zu lassen, aber das schob Ruby noch auf. Sie hatte so schon genug um die Ohren.

»Es heißt«, sagte Ruby, »daß der Weihnachtsmann die Geschenke wahrscheinlich nicht an Heiligabend, sondern in der Silvesternacht durch den Schornstein schiebt, weil ich mein Gehalt erst am letzten Freitag im Monat kriege.«

Ruby hatte einen Teilzeitjob. Sie arbeitete im Sekretariat der Realschule von Gerston, einer Kleinstadt in der neugebildeten Grafschaft Avon, die genausowenig aufregend war wie ihr Name. Und dort wohnte sie auch mit ihrer Familie.

»In Wirklichkeit gibt es gar keinen Weihnachtsmann«, sagte Billy.

»Oh, doch«, entgegnete Joshua.

»Nicht zu fassen, daß du mit zehn noch an so was glaubst«, höhnte Billy.

Jason sagte: »Ich weiß, daß es keinen Weihnachtsmann gibt, weil ich mal nachts aufgeblieben bin und die Taschenlampe angemacht habe, und da kam Dad mit 'nem roten Mantel und lauter Watte im Gesicht.«

»Was du gesehen hast«, erwiderte Ruby schnell, »war der Weihnachtsmann, als Dad verkleidet.«

Und der kleine Ben sagte rein gar nichts.

»Jedenfalls«, fuhr Ruby fort, »hat er mir gesagt, er kommt in der Silvesternacht, und er würde mich nicht anlügen, wo ich doch seine Frau bin.«

»Ist das eure besondere Beziehung?« fragte Joshua.

»Ja«, sagte Ruby. »Ich bin die Weihnachtsfrau, und ihr seht ja, daß ich echt bin.«

Und sie wusch acht Socken und ein Paar Nylonstrümpfe durch und hängte sie über die Stuhllehnen, damit sie bis zum Morgen trocken wurden. Sie konnte es sich nicht leisten, die Waschmaschine zu oft zu benutzen. Einen Wäschetrockner besaß sie nicht. Außerdem sind Wäschetrockner dafür bekannt, daß sie Socken einlaufen lassen, Nylonstrümpfe kaputtmachen und zum Abbau der Ozonschicht beitragen. Mit ein bißchen gutem Willen kann man mancherlei Trost in der Not finden, aber soviel nun auch wieder nicht.

Ja, das war der Winter einundsiebzig, als Ruby vierunddreißig und seit zwei Jahren Witwe war, und ihr Tagesablauf sah folgendermaßen aus:

Ben, der um sechs Uhr wach wurde, weckte seine Mutter, und sie setzte ihn aufs Töpfchen, wickelte ihn, weichte die durchnäßte Windel ein und gab ihm ein (am Vorabend gefülltes) Fläschchen zum Nuckeln und packte seine Tasche für den Kindergarten, wo er einen kostenlosen Platz hatte. Damit war Ben erst mal versorgt.

Ruby fütterte Pussy, die Katze, damit sie endlich zu maunzen aufhörte, und machte hinter ihr sauber. Pussy konnte oder wollte einfach nicht die Katzenklappe benutzen, wenn es kalt war. Ruby vergewisserte sich, daß die Anziehsachen der größeren Jungen rausgelegt und gestopft waren und die Socken zusammenpaßten. Ordnung ersparte Reibereien, Streit und Krach. (Die drei Großen teilten sich ein Zimmer, und in dem Maße, wie sie älter wurden, wurde es zu klein. Bald würde Ruby ihr Schlafzimmer freimachen und auf ein Klappbett im Wohnzimmer ausweichen müssen, aber auch das schob sie noch hinaus. Ruby saß wie König Knut am Meeresufer und befahl den Fluten – sprich: ihren Kindern – zurückzuweichen, wobei sie sich ganz wie ihr Vorbild nasse Füße einhandelte.)

Dann deckte Ruby den Frühstückstisch. »Setzt euch hin, Jungs. Eßt nicht im Stehen. Witwen und Waisen müssen guten Willen zeigen.«

»Reden Sie mit ihnen darüber, Mrs. Halter, reden Sie über den Unfall. Damit Ihre Kinder schneller drüber hinwegkommen können.« Alles schön und gut, aber was ist mit mir? Kann ich es nicht einfach vergessen? Muß ich den Kindern zuliebe alte Wunden wieder aufreißen? Sieht ganz so aus.

Also, Jungs, es war so: Euer Vater kam ums Leben, als er eines Nachts um zwei rückwärts bei Rot über die Kreuzung fuhr. Ihr braucht bloß um die Ecke zu gehen, da könnt ihr noch die Delle im Laternenpfahl sehen. Wer mit ihm im Auto saß? Das war Muriel, seine Sekretärin. Ihr erinnert euch doch an Muriel? Sie hat euch jahrelang zu Weihnachten gestrickte Schals geschenkt! Wo die Schals heute sind? Da sind die Motten rangegangen, eure Mutter hat sie weggeworfen. Ja, Muriel ist auch ums Leben gekommen. Warum sie bei eurem Vater im Auto saß? Ich glaube, die beiden hatten noch zu arbeiten. Warum um zwei Uhr morgens? Es muß was Dringendes gewesen sein. Was ganz Dringendes. Er hatte mich ein paar Stunden vorher angerufen und gesagt, er sei in Edinburgh, und mir sein Hotelzimmer beschrieben. Ob man es in zwei Stunden von Edinburgh nach Bristol schafft? Ich denke schon – wenn man fliegen kann. Nein, mein Schatz, da gibt es keine Pendlerflugzeuge, das war nur bildlich gesprochen. Und woher, wozu – warum er rückwärts gefahren ist? Ob er umkehren wollte? Und woran es lag, daß er umkehren wollte? Doch, ich bin mir sicher, daß er gesagt hat, er riefe aus Edinburgh an. Ich wünschte, ich hätte es falsch in Erinnerung, aber es gibt Dinge, die lassen sich einfach nicht falsch erinnern. Ehrlich gesagt, meine lieben Söhne: Manche Fakten werden nie geklärt, manche Fragen nie beantwortet, und je mehr ich drüber nachdenke, desto mehr reg ich mich auf. Ich kann's kaum erwarten, daß der Jüngste Tag anbricht, die Toten auferstehen und endlich alles offenbart wird.

Unter uns gesagt, Jungs: Wann immer ich schwanger

war, fand euer Vater außerehelichen Trost, und damals war ich mit dir schwanger, kleiner Ben. Sprich mit mir, Ben. Was, du bist sprachlos?

Sobald das Kind dann geboren war, kam er zurück, aber diesmal war er ja tot und konnte deshalb nur seinen Geist schicken. Wenn ihr ganz brav seid und am Frühstückstisch geradesitzt, vergibt er euch vielleicht und bläst auch seinen kalten Atem nicht mehr durch die zerbrochene Fensterscheibe. Billy, würdest du es mal ausmessen und das Glas zuschneiden? Ich kitte es dann ein. Wir haben kein Geld, um den Glaser zu bezahlen.

Ja, mir tun die jungen Frauen leid, mit denen er sich eingelassen hat. Statistinnen in einem Ehedrama, die glaubten, sie würden die Hauptrolle spielen. Hab ich euch jetzt genug erzählt, Jungs? Oder wäre euch Schweigen lieber gewesen?

Aber was soll's, die Cornflakes sind bald alle, und die Milch reicht nie: Läßt sich aus vier Eiern genug Rührei für fünf machen, oder soll Mutter wieder mal verzichten?

Und er fehlte ihr, er fehlte ihr so: war einfach gegangen und hatte jemand anderen mitgenommen, nicht sie. Und wo blieb sein Ersatz? Weit und breit war keiner in Sicht. Woher sollte er auch kommen? Sie hatte keine Fahne mit dem Aufdruck: »Hier bin ich, nun nimm mich!« Es fehlte an Zeit, Energie und Geld, um überhaupt eine zu hissen. Rubys graue Strähnen blieben grau, Ruby kam in flachen Schuhen besser vorwärts. Wie hätte Ruby sich auch schöne Kleider kaufen können, wenn die Jungs Schuhe brauchten? Ruby ließ sich nicht vom Staat unter die Arme greifen, sie doch nicht: Ruby nahm von niemandem Unterstützung an. Ruby würde es schaffen, ganz bestimmt. Das Rote Kreuz hilft Witwen und Waisen.

Um halb acht weckte Ruby die Jungs, rief sich ins Gedächtnis, wer diesmal als erster im Bad dran war, sorgte dafür, daß Joshua nicht einfach den Rasen benutzte, und zog das Bett ab, wenn Jason es naß gemacht hatte. Jason habe einen zu tiefen Schlaf, sagten sie in der Beratungsstelle. Was kann man da machen? So tun, als wäre nichts passiert: der arme kleine Jason, er hat viel durchgemacht. Aber das hat Ruby auch, die jetzt die Waschmaschine vollpackt und froh ist, eine zu haben. Interessiert das denn niemanden? Aber wen sollte es auch noch interessieren, wo Jack nicht mehr da ist? Der Witwenstand hat etwas Peinliches an sich. Die Leute gehen lieber auf die andere Straßenseite. Unglück könnte ansteckend sein. Und war da nicht noch was im Zusammenhang mit seinem Tod, war da nicht ein Mädchen dabeigewesen? Aber was soll's, das wäre nun wirklich Gefühlsverschwendung. Ich habe Jack geliebt, und er hat mich geliebt, jedenfalls die meiste Zeit, und wir haben Kinder bekommen.

Viertel vor acht. Betten machen, während die Jungs essen, damit alles ordentlich und hübsch ist, wenn sie von der Schule heimkommen, einmal schnell ums Waschbecken wischen und genauso schnell den Fußboden kehren. Dann dafür sorgen, daß sie sich fertig machen – bei Joshua müssen jeden Morgen die Schulbücher zusammengesucht werden, IQ hin, IQ her, es ist hoffnungslos mit ihm, und Ben und die Katze müssen voneinander losgeeist werden –, bis endlich jeder den Mantel anhat und die Schuhe, die sie hoffentlich letzte Nacht mit Zeitungspapier ausgestopft und an den Kohleherd gestellt hat, damit sie jetzt auch trocken sind, und Jason hat sich in den Finger geschnitten, als er eine Dose Katzenfutter aufmachen wollte, und nun braucht er ein Pflaster – dauernd schneidet er sich, und dabei steht sowieso noch eine angebrochene Dose da, und die Katze hat schon zu fressen bekommen, aber was soll's, wenn man Joshua anschreit, fängt er gleich an zu heulen und hört so schnell nicht mehr auf. Und Billy macht ein Gesicht, als wäre er am liebsten schon gestern von zu Hause weggelaufen, wenn er nur gekonnt hätte. Dann das Essensgeld jeweils genau abgezählt austeilen (das wird jetzt jeden Tag fällig, nicht mehr einmal die Woche, weil eines Montags jemand ins Schulbüro eingebrochen ist und den ganzen Batzen hat mitgehen lassen, nun also wird es täglich eingesammelt, täglich zur Bank gebracht: man muß ja so vorsichtig sein), und Billy ist mit Tischabräumen dran, aber er hat schlechte Laune: besser, Ruby macht es selbst, sie hat nicht die Energie, ihn anzutreiben.

Viertel nach acht, und alle gehen aus dem Haus. Zehn Minuten an der Bushaltestelle. Dann wieder raus aus dem Bus, um Ben in den Kindergarten zu bringen (er quengelt schon wieder, Ruby befürchtet, daß er nicht gern hingeht – und manchmal ist sie froh darüber, daß er nicht sprechen kann, so sagt er wenigstens nichts dazu), während Billy, Joshua und Jason allein zur Schule weitermüssen. Sie sind zu jung. Manchmal denkt Ruby an Kinderschänder und Kindermörder, aber nicht sehr oft und nie sehr lange. Was könnte sie auch tun? Ben legt seine Arme um Rubys Hals und klammert, kein Wunder, daß er mit ihr zu Hause sein will. Und auch kein Wunder, daß Ruby mit ihm zu Hause sein will. Ja, sogar ohne ihn.

Ruby will ihr Leben wiederhaben.

Und dabei ist es erst zwölf Minuten vor neun, und Rubys Arbeitstag hat noch nicht einmal angefangen – und Weihnachten steht vor der Tür.

»Ruby«, sagte ihre Freundin Margaret, »warum hast du dir auch gleich vier zugelegt?«

»Ich hatte meinen Ehrgeiz«, antwortete Ruby. Sie hatte einmal erleben wollen, daß Jack sich nicht in jemand anders verliebte, während sie schwanger war. Als sie mit Ben im neunten Monat war, dachte sie, diesmal hätte sie es geschafft – bis die Nachricht von dem Unfall kam, und da war ihr erster Gedanke gewesen: Wie soll ich denn jetzt ins Krankenhaus kommen, wenn das Auto Totalschaden hat? Ruby hatte Margaret einmal erzählt, Ben sei ein Versehen gewesen, aber das stimmte nicht. Das Haus fühlte sich einfach leer an ohne ein Baby. Schlimm genug, daß Frauen solche Gefühle haben, aber warum in Gottes Namen müssen sie ihnen auch noch freien Lauf lassen?

Weihnachten 1971 sprangen unerwartet Rubys Eltern ein, obwohl sie eigentlich gegen große Familien waren, und so kam auch der Weihnachtsmann zur rechten Zeit durch den Kamin. Ruby wollte, daß die Kinder an den Weihnachtsmann glaubten. Sie wußte, daß es albern war, aber es war ihr ein Bedürfnis, ein persönlicher Luxus. Und an diesem Weihnachtsfest brachte Billy Ben das Sprechen bei – genauer gesagt nur das Wörtchen »nein«, aber immerhin besser als gar nichts. Vielleicht. Lag es vielleicht an Jacks Tod, daß Billy gestört war? Oder hatte es nichts damit zu tun, und Billy wäre in jedem Fall so geworden, wie er war? Wie sollte man darauf je eine Antwort wissen? Ruby konnte nichts weiter tun als den Tisch decken, die Öfen anzünden, die Jungs zur Schule bringen und die Betten machen, damit es zu Hause gemütlich war, den Betrieb aufrechterhalten und Geld verdienen, in einer Schule arbeiten, damit sie in den Schulferien frei hatte, und sich einmal im Jahr als Weihnachtsmann verkleiden.

»Wie gut Sie doch klarkommen«, sagten die Leute.

»Was hab ich denn für eine Alternative?« antwortete sie darauf nur. »Entweder klarkommen oder umkommen.«

In so mancher dunklen Nacht wünschte sie sich, sie wäre nie Mutter geworden. Sie war erst zweiundzwanzig gewesen, als sie Billy zur Welt gebracht hatte. Sie konnte sich überhaupt nicht mehr daran erinnern, wie es vorher gewesen war, wie *sie* vorher gewesen war: Ruby ohne Kinder.

Und so verging ein Jahrzehnt, und allmählich verblaßte die Erinnerung, und dann schwand auch die Sehnsucht, sich zu erinnern. Ruby, Witwe, alleinerziehende Mutter. Das reichte vollauf als Definition. Es enthielt alle notwendigen Elemente von Depression, Elend und Verlust.

Als Billy fünfzehn war, fing er damit an, seine Brüder zu packen, in die Zange zu nehmen und sie windelweich zu prügeln.

»Mach dir nichts vor«, sagte Margaret. »Der Junge ist gestört.«

»Das wächst sich aus«, erwiderte Ruby.

Billy beschimpfte Ruby in einem fort und sagte, sie hätte sein Leben ruiniert.

»Da hat er recht«, sagten sie in der Beratungsstelle. »Sie haben seinen Vater sterben lassen.«

»Und was soll ich jetzt tun?« fragte Ruby.

»Versuchen Sie, ihn um Verzeihung zu bitten.«

Was sie auch tat. »Sag mal, spinnst du?« schrie Billy. Aber danach, fand sie, lief es besser mit ihm. Allerdings wäre es ihm nie eingefallen, ihr das auch zu zeigen. Er hatte eben seinen Stolz, genau wie sein Vater.

Mit sechzehn ging Billy von der Schule ab. Er hing mit irgendwelchen Freunden rum, rauchte Hasch und gewöhnte sich ab, seine Brüder zu verhauen. Er jobbte mal hier, mal da und kam zu den verrücktesten Zeiten nach Hause, die Taschen voller Geld. Was sollte sie ihm sagen? Besorg dir eine ordentliche Arbeit mit Rentenversicherung? Unvorstellbar, solche Worte auszusprechen. »Es gibt keine Zukunft«, erklärte er, wenn sie versuchte, mit ihm darüber zu reden, und dann führte er den nuklearen Winter an und die ökologische Katastrophe, aber Ruby wußte: Eigentlich ging es ihm um den jähen Schlußpunkt unter dem Leben seines Vaters in den Armen seiner Traumfrau – der Traumfrau seines Vaters, die nicht Billys Mutter war.

Im Winter 1981 besorgte Billy sich einen Paß und sagte, er werde nach Australien gehen. Er hatte eine Liz aus Sydney kennengelernt.

»Bleib doch wenigstens über Weihnachten«, bat Ruby. »Und lad Liz auch ein.« Und er sagte, er käme, tat es aber nicht, und sie räumten die beiden Gedecke ab und stellten die Stühle hoch, und nun gab es genug Platz für alle. Er schickte ihnen eine Karte aus Sydney, auf der stand, daß er und Liz geheiratet hätten.

»Ich denke, sie hat ihn nur geheiratet, um die englische Staatsbürgerschaft zu kriegen«, sagte Joshua. Er war der Hauptleidtragende von Billys Schwitzkästen gewesen. Joshua studierte Computertechnik an einem College ganz in der Nähe. »Billy allein hat sie ganz bestimmt nicht haben wollen.«

»Billy sieht so gut aus«, sagte Jason. »Den würden doch alle haben wollen. Im Gegensatz zu mir.« Er war kahlrasiert bis auf seine Irokesenbürste, aber die Schule hatte ihn trotzdem nicht rausgeworfen.

»Die können ihn gar nicht rauswerfen«, bemerkte Ben. »Wenn sie es täten, würden sie Mom verlieren, und es gibt wohl keine Frau auf der Welt, die so viel und so schwer für so wenig Geld arbeitet.«

Seit Ben sprechen konnte, hörte er nicht mehr auf damit. Ruby fragte sich, warum sie sich je Sorgen gemacht hatte.

Billys Auszug schaffte Platz. Es verblüffte sie, wie wenig sie ihn vermißte. Sie schämte sich. Minus eins, behalte drei. Rubys Tagesablauf sah folgendermaßen aus, seit Billy weg war:

Um sechs Uhr weckte der Hund Ruby mit seinem Gebell, damit sie ihn rausließ, und das tat sie auch und ließ gleichzeitig die Katze rein (ihr Herz war nicht mehr so weich) und gab beiden zu fressen, und wenn sie damit fertig war, lief Ben schon draußen im Garten herum und kickte den Fußball gegen den Nachbarszaun – bäng, bäng, bäng: kein Wunder, daß sie sich beschwerten –, und Ruby sagte: »Ben, nicht so früh am Morgen«, und er sagte: »Du hast gesagt, nach acht wäre es okay«, und Ruby sagte: »Es ist aber erst halb acht«, und er sagte: »Da hab ich wohl wieder meine Uhr in die Wanne getunkt«, und Ruby gab es auf und deckte den Tisch und machte das Frühstück und hob die alten Hosen und Socken vom Vortag auf und leerte Joshuas Aschenbecher (angeblich mochte er den Geruch) und sagte: »Nicht so laut« zu Jasons Ghettoblaster, und dann kam Ben herein und erklärte, er sei halb erfroren, und vergaß, die Tür zuzumachen, und Ruby bat Joshua, die Kohlen reinzuholen, und er sagte: »In einer Minute«, und sie sagte: »Nein, jetzt«, und er sagte: »Wenn ich mein Rührei aufgegessen habe. Es ist sowieso nicht viel«, und Ruby sagte: »Und zwar deshalb nicht, weil du gestern keine Eier gekauft hast. Ich hab sowieso wieder nichts davon abgekriegt. Ja, soll ich denn wirklich die Eier verdienen, kaufen und zubereiten und, wenn ihr sie verputzt habt, auch noch alles saubermachen müssen – ohne auch nur was davon abzukriegen?« Aber die Jungs hörten nicht zu. Sie lasen Zeitung, lachten über eine Geschichte in *Today*, wälzten sich unter dem Tisch mit dem Hund herum (der Hund war ein Geschenk für Billy gewesen, etwas zum Liebhaben, aber er war nicht ein einziges Mal mit ihm spazieren gewesen, nicht ein einziges Mal), und ihre riesigen Stiefel lagen überall herum, aber was soll's, sie liebte ihre Jungs, und die liebten ihre Mutter, und seit Billy aus dem Weg war – wie herzlos! –, ging es doch zumindest fröhlich zu. Und um Viertel nach acht gingen alle aus dem Haus (die Betten blieben ungemacht, der Tisch unabgeräumt – neuerdings kam sie als erste zurück, dann war noch genug Zeit, das alles zu erledigen), und zumindest hatte sie jetzt ihren Führerschein und ein kleines Auto, und ein gewisser Mr. Abbott führte sie ab und an zum Essen aus, obwohl Jason sich jedesmal derartig aufführte, daß es sich schon deshalb kaum lohnte, ein Paar Ohrringe rauszusuchen, und sie war mittlerweile offizielle Schulsekretärin und wurde auf einen Kurs für mittlere Führungskräfte geschickt und machte sich sogar Hoffnungen auf eine Stelle beim Oberschulamt …

Das war im Winter 1981. In dem Jahr meinte Ben: »Ich frage mich, warum der Weihnachtsmann immer so eine Ähnlichkeit mit unserer Mutter hat?«

Jason erwiderte: »Woher willst du das denn wissen?«, und Ben sagte: »Weil ich mich kneife, damit ich wach bleibe, und dann seh ich im Schein vom Flurlicht, daß der Weihnachtsmann unter seiner Kapuze eine Perücke aufhat, mit der er wie Mutter aussieht.« Und schließlich erklärte Ruby: »Jungs, es gibt gar keinen Weihnachtsmann«, und da lachten sie alle bloß und sagten, doch, doch. Und Ruby fragte sich, ob sie das auch wagen würden, wenn Billy noch da wäre.

Und weil die Jahre so schnell an einem vorbei- und über einen hinwegrauschen, war es dann ganz plötzlich soweit: Einer nach dem anderen zogen die Jungs aus, und sie hatte ihren Frieden und genug Platz und immer Eier zum Frühstück. Sogar die Tiere wurden ruhiger. Sie konnte sich ein neues Auto leisten. Mr. Abbott konnte über Nacht bleiben – sie wollte ihn nicht heiraten: sie war verheiratet gewesen –, Fernseher und Videorecorder blieben heil, die Türrahmen sauber, und eigentlich hätte sie sich jetzt einsam, elend und nutzlos fühlen müssen, aber sie fühlte sich ganz anders. Ruby war wieder sie selbst. Sie ging zum Friseur und ließ sich ihr graues Haar zu einem Henna-Braunton umfärben, der nach viel Geld aussah. Neben Mr. Abbott bemühte sich jetzt auch ein Mr. Roland um sie. Die drei Jungs kamen hin und wieder zu Besuch: Sie wohnten in London, sahen sich häufig und standen einander nahe, wie sie es gelernt hatten. Ruby war froh darüber. Schließlich bekam sie die erhoffte Stelle im Oberschulamt. Dann starb die Katze, das arme alte Ding. Ruby beschloß, sich keine neue zuzulegen, obwohl sie bei jungen Kätzchen schon in Versuchung geriet. Aber wer würde da *nicht* schwach?

Folgendermaßen sahen Rubys Morgenstunden aus, seit die Jungs fortgezogen waren:

Sie wachte auf, wann sie wollte (zugegeben pünktlich um Viertel nach sieben – wenn sich ein Lebensrhythmus erst einmal eingespielt hat, kann die Umstellung Jahrzehnte dauern), schlüpfte in einen seidenen Morgenrock und unpraktische Slipper, machte sich Kaffee und Toast (Rührei nur samstags und sonntags) und ging zurück ins Bett, wo sie zum Frühstück den Fernseher anmachte und sich mittels einer funktionierenden Fernbedienung nach Lust und Laune durch die Kanäle schaltete. Nach den Acht-Uhr-Nachrichten stand sie dann endgültig auf, duschte, zog sich an (ein langer, prüfender Blick über eine ganze Garderobe, danach erst die Entscheidung) und schminkte sich – da sie jetzt mehr als einen Lippenstift besaß und Augenbrauenstifte, die immer spitz waren, weil sie nicht zum Aufschreiben von telefonischen Nachrichten dienten – passend zu ihrer Stimmung. (Zweimal die Woche kam jemand, um zu putzen, die Bettlaken zu wechseln und die Mülleimer zu leeren: Ach, wie herrlich.)

Sie fütterte die tropischen Fische, sah zu, daß deren Heimstatt in Ordnung war, und redete mit ihnen. (Fische werden nicht laut, wenn sie etwas wollen, sind leichter zu handhaben als alle anderen Haustiere, kränkeln nur selten und sind entweder ganz wohlauf oder ganz tot: In dem Fall treiben sie mit dem Bauch nach oben an der Wasseroberfläche, während ihre einstigen Freunde ihre Innereien verspeisen.) Um Viertel vor neun ging Ruby aus dem Haus, in aller Ruhe, und war um neun Uhr bei der Arbeit, wo sie Freunde und Kollegen traf, mit denen sie gut zurechtkam und für die sie keinerlei moralische Verantwortung trug.

Ruby freute sich ihres gerechten, längst fälligen Lohnes. Offenbar war endlich doch alles gut ausgegangen.

Aber hat man eine Lebensweise erst einmal angenommen, wird man sie womöglich nie wieder los. Der Gezeitenstrom, der zum Stillstand zu kommen scheint, ist nur ein Trugbild. Die See ist im Stau, weiter nichts. Sie kommt wieder. Der Wellenkamm wird zum Tal und das Tal zur Welle, die ans Ufer schwappt. Im Winter 1983, dem dritten Jahr von Rubys friedlichem Leben, passierte etwas.

Ruby bekam einen Brief vom Jugendamt in Hounslow. Darin hieß es, eine junge Australierin – die sich als Liz vorgestellt habe, aber keine weiteren Angaben mache – habe kleine weibliche Zwillinge in der Geschäftsstelle abgegeben und gesagt, daß England sich darum kümmern solle. Der Vater, Liz zufolge ein Engländer, hatte die Familie schon vor einigen Jahren verlassen, und Liz sah nicht ein, warum auch sein Land sich aus der Affäre ziehen sollte. Sie wollte die Kinder nicht, hatte sie nie gewollt. Sie hatte Ruby als Großmutter angegeben, ihnen die Adresse genannt und war verschwunden. Ob das Jugendamt Hounslow demnächst einmal jemanden vorbeischicken dürfe? Die Mädchen, derzeit in befristeter Unterbringung, seien schätzungsweise fünf bis sechs Jahre alt.

»Nein«, schrieb Ruby hitzig und hastig. »Nein! Kommt nicht in die Tüte!«

Sie kamen trotzdem. Es gibt nichts Entschlosseneres auf der Welt als ein Jugendamt auf der Suche nach einem Heim für ein elternloses Kind, erst recht, wenn es zwei sind. Ruby war ihre einzige Hoffnung. Was denn Ruby für ihre Enkelkinder wolle? Pflegefamilien?

»Pflegefamilien!« sagte Ruby. »Sie haben den Nagel auf den Kopf getroffen. Das genau ist es, was ich will.« Und in einem leichten Anflug von Schwäche: »Oder vielleicht besser doch nur *eine* Pflegefamilie. Zwillinge! Sie wollen bestimmt nicht getrennt werden.«

Die vom Jugendamt zuckten mit den Achseln. Schwer zu organisieren. Ruby biß die Zähne zusammen (sie wollte sie demnächst überkronen lassen) und blieb fest.

»Herr im Himmel«, sagte Ruby. »Was glauben Sie, wer ich bin? So 'ne Art Allzweckmutter? Und außerdem«, fügte sie listig hinzu, »gibt es rein gar keinen Beweis dafür, daß das wirklich die Kinder meines Sohnes sind«, und damit servierte sie das Jugendamt ab. Jedenfalls glaubte sie das.

Joshua, Jason und Ben waren schockiert. Kein Wunder.

»So was Herzloses«, sagten sie. »Mom, wie konntest du nur. Damit hast du den armen Billy verstoßen. Das ist deine Chance, alles wiedergutzumachen.«

»Wenn der eigene Mann so ums Leben kommt wie euer Vater, bleibt einem nichts anderes übrig, als herzlos zu werden«, erwiderte sie, bevor sie es sich verkneifen konnte. Sie wollten mehr wissen, aber Ruby sagte nichts. Sie erkannte sich selbst kaum wieder.

»Warum willst du deine kleinen Enkelkinder denn nicht zu dir nehmen?« fragten sie. »Mit ihnen wäre dein Leben wieder ausgefüllt. Du mußt sehr einsam sein. Wir machen uns Sorgen um dich.«

»Mein Leben ist mehr als ausgefüllt, und ich bin nicht einsam.«

Doch das wollten die Jungs nicht hören. »Fleisch ist tiefer als Wasser«, sagten sie.

»Ihr meint wohl, daß Blut *dicker* als Wasser ist«, erwiderte Ruby. »Allerdings hab ich nie verstanden, was das bedeutet, und ich will's auch gar nicht mehr wissen.«

Die Jungs behaupteten, erleichtert zu sein, daß sie wenigstens den Hund, der gestorben war, ordentlich begraben hatte, statt seinen armen alten Leichnam in den Mülleimer zu werfen. Herzlos! So kannten sie ihre Mutter gar nicht: zu allem imstande, zu jeder Grausamkeit, jeder Verantwortungslosigkeit.

»Ich kann das unmöglich«, sagte Ruby. »Ich müßte meinen Job aufgeben. Und mal angenommen, ich würde bei ihnen genauso versagen wie bei ihrem Vater: wie ich bei Billy versagt habe?«

Sie reagierten verblüfft. »Aber das stimmt doch gar nicht. Billy ist eben Billy, da kann niemand was dafür.« Ruby war fast ein bißchen gekränkt. Was sie getan hatte, zählte also nicht! Ein Leben verschwendet mit Kochen, Putzen und Hetzen, um den Bus noch zu erwischen …? »Nehmt ihr sie doch«, sagte sie, »wenn euch das Thema Blut und Wasser so am Herzen liegt.« Die Jungs waren schockiert. Sie beriefen sich auf ihre Jugend, das College, die Freiheit und ihre Unfähigkeit in Haushaltsdingen.

Kein Wunder. Wobei das letzte Argument wirklich etwas für sich hatte. Sie konnten nicht einmal kochen. Rubys Schuld. Sie hätte irgendwie die Zeit finden müssen, die Jungs noch mehr Chaos anrichten zu lassen: genau das sagten sie ihr.

Ruby spreizte ihre manikürten Zehen wohlig in der warmen Zentralheizungsluft. »Niemals, niemals«, sagte sie. Aber Weihnachten stand vor der Tür, die gefährlichste Zeit des Jahres.

»Nur über Weihnachten«, sagten sie beim Jugendamt, wohl wissend, daß sie Ruby schon noch kriegen würden. »Die armen kleinen Mädchen! Sie haben Sehnsucht nacheinander. Oh, ja, sie sind jetzt getrennt. Die eine ist in Lancashire, die andere in Devon, und beide zeigen bereits Verhaltensauffälligkeiten. Störungen.«

»Schwitzkästen? Prügeleien? Kopfstöße?«

»Um Himmels willen, nein. Wir reden von kleinen Mädchen, nicht von Jungen in der Pubertät. Die beiden sind leider viel zu still und viel zu brav.«

»Eine Woche«, sagte Ruby. »Eine Woche, mehr nicht.«

Judith und Jane vor der Tür. Sie sahen sie mit Jacks Augen an: zwei stille, brave kleine Mädchen mit den roten Haaren ihres Vaters. Ruby spürte eine Art Schadenfreude bei ihrem Anblick, sie konnte es nicht ändern. Oder waren das gar nicht Jacks, sondern Billys Augen? Und machte das nicht alles noch schlimmer? Dieser Vorwurf – warum hast du mich vergessen? Bin ich denn nicht ebensosehr dein Sohn, dein Fleisch und Blut? Warum trauerst du nicht um mich? Siehst du, ich überlasse dir die Zwillinge an meiner Stelle, damit du es bei ihnen besser machen kannst ... Aber das war doch absurd: Sie hatten weder Jacks noch Billys Augen, sie hatten einfach die Augen verlorener Kinder, die herumgeschickt, abgeladen, getrennt, vereint und wieder auseinandergerissen worden waren, ohne zu erfahren, was das bedeutete und was sie bedeuteten, bis sie schließlich sogar die Sehnsucht verloren, es je zu erfahren. Kinder mit leeren Köpfen und leeren Herzen, abgestumpft. Strahlende Augen, die von Jahr zu Jahr stumpfer wurden. Nichts als Arbeit und nochmals Arbeit für den Menschen, der sich um sie kümmerte, Arbeit und nicht einen Moment Ruhe.

Ruby schlief schlecht an Heiligabend. Mitten in der Nacht wurde sie von Kinderlärm geweckt. Sie war wütend. Davon hatte sie in ihrem Leben nun wirklich genug gehabt. Sie ging ins Wohnzimmer, wo der Lärm herkam. Aufhören! Aufhören! Aufhören! Ihr Herz schlug hastig und hitzig.

Judith und Jane saßen auf dem Fußboden, starrten in den Kamin und warteten. Judith hielt den Mülleimerdeckel und die Tranchiergabel, Jane den Pfannendeckel und das Tranchiermesser. Ihre kleinen Augen glühten vor Anspannung. Sie bildeten eine geschlossene, zu allem entschlossene Einheit.

»Was macht ihr beiden denn hier? Geht sofort wieder ins Bett!«

»Wir warten auf den Weihnachtsmann«, erklärte Judith ungerührt.

»Er darf hier nicht rein«, bekräftigte Jane. »Dieser widerliche Kerl.«

»Aber er bringt doch Geschenke«, wandte Ruby ein. Hatten sie denn von nichts eine Ahnung?

»Nee, der tut doch nur so«, erwiderte Judith. »Und er verkleidet sich als jemand anders. Das hat Onkel Jason gesagt.«

»Er kommt einfach, ohne daß ihn jemand eingeladen hat«, meinte Jane, »und dazu ist er ganz voller Ruß. Das hat Onkel Joshua gesagt.«

»Wir schnappen ihn uns und machen ihn tot«, rief Judith.

»Wir lassen ihn nicht in dieses schöne Haus rein«, verkündete Jane. Die beiden trugen Pyjamas vom Großmarkt, verwaschen, ausgeleiert, plattgebügelt. Frischgebackene Mütter, das alte Lied. Pflegeleicht.

»So was Freches«, schimpfte Judith. »Platzt einfach rein, wenn er nicht erwünscht ist. Wenn er zu Hause bei seiner Frau sein sollte. Hat Onkel Ben gesagt.«

»Er ist ein böser alter Mann«, fügte Jane hinzu, »und sonst gar nichts.«

Und sie wetzten ihre Waffen auf ihren winzigen Oberschenkeln und starrten in den leeren, dunklen Kamin. Ihre übernächtigten kleinen Gesichter leuchteten, während sie auf den Hochstapler warteten, den Betrüger, den Auseinanderreißer.

»Das geht nicht«, sagte Ruby. »Das geht nun wirklich nicht. Der Weihnachtsmann und ich haben eine ganz besondere Beziehung. Er ist mein Freund. Und da kann ich nicht dulden, daß ihr so über ihn redet.«

Und das war das Ende von Ruby. Die kleinen Mädchen blieben, wenn auch nur, um eines Besseren belehrt zu werden. Aus einer Woche wurden zwei, daraus Monate, und aus Monaten wurden Jahre. Und das Schlimme war, daß es wirklich niemanden zu überraschen schien, weder das Jugendamt noch Ben noch Jason noch Joshua, nicht einmal Billy, von dem eines Tages tatsächlich ein Brief kam, auf den Ruby ihm antwortete, voller Zärtlichkeit und mit Bleistift, weil sie keinen Kugelschreiber finden konnte.

Ruby sagte zu Margaret: »Manche Frauen sind geborene Mütter, manche werden Mütter, und manche kriegen die Mutterschaft aufgedrückt. Ich habe mein Leben lang dagegen angekämpft, aber, ehrlich gesagt, glaube ich, daß ich dafür geboren wurde. Ich mach's nicht gut, ich mach's nicht schlecht, ich mach's halt einfach.«

Frohe Weihnachten Ihnen allen, ob jung oder alt, und mögen Ihre Geschichten auch so gut ausgehen!

Copyrightverzeichnis

schen von Helen Oplatka. In: Erzählungen. © Manesse Verlag, Zürich 1976

GERTRUD STORM, *Weihnachten bei Theodor Storm.* In: Otto Ernst (Hg.), Deutsches Weihnachtsbuch. Eine Sammlung der schönsten und beliebtesten Weihnachtsdichtungen in Poesie und Prosa. Verlag der Deutschen Dichter-Gedächtnis-Stiftung, Hamburg-Großborstel 1907

THEODOR STORM (1817–1888), *Abseits.* In: Sämtliche Werke, herausgegeben von Peter Goldammer, Band 2, Novellen 1862–1876. Aufbau Verlag GmbH, Berlin und Weimar 1992

JOHN UPDIKE (*1932), *Das Gepfeif des Jungen.* Aus dem Amerikanischen von Maria Carlsson. In: John Updike, Werben um die eigene Frau. Gesammelte Erzählungen. © Rowohlt Verlag GmbH, Reinbek bei Hamburg 1971

FAY WELDON (*1933), *Die Suche nach der Weihnachtsfrau.* Aus dem Englischen von Sabine Hedinger. In: Fay Weldon, Der Mond über Minneapolis or Why she couldn't stay. © Hoffmann und Campe Verlag, Hamburg 1994

FRIEDRICH WOLF (1888–1953), *Die Weihnachtsgans Auguste.* In: Friedrich Wolf, Dramen und Prosa. © Aufbau Verlag GmbH, Berlin und Weimar

JAN WOLKERS (*1925), *Schwarzer Advent.* Aus dem Niederländischen von Jürgen Hillner. In: Die Niederlande erzählen. 15 Erzählungen, herausgegeben von Frans Carel de Rover. Fischer Taschenbuch. © Meulenhoff, Amsterdam 1993

Textauswahl

Bei der Auswahl habe ich mich vor allem von meinen Vorlieben leiten lassen. Einige Erzählungen wurden nicht aufgenommen, weil sie gerade erst in Weihnachtsanthologien anderer Verlage abgedruckt worden waren, beispielsweise *Weihnachten* von Vladimir Nabokov und *Die lauteste Stimme* von Grace Paley (beide in *Plumpudding und Panetone*, erschienen im Piper Verlag).

Als Herausgeber einer Anthologie mit Weihnachtserzählungen begibt man sich auch in Konkurrenz zu zahllosen Vorgängern. Es gibt immer einen bestimmten Kanon, der sich am Geschmack der Zeit orientiert. Bemerkenswert ist die letzte Erzählung in dem umfassenden Band *Wunderweiße Weihnacht*, herausgegeben (mehrere Auflagen) von Rut und Rudolf Brock im Henschel Verlag, Berlin. In Regina Hastedts *Und jedermann ging, daß er sich schätzen ließe*, bekommt der Agronom Josef des Volksguts *Immergrün* trotz seiner Jugend eine der wenigen Plattenbau-Wohnungen, die bis zum Weihnachtsfest fertiggestellt werden, weil er gerade Vater geworden ist und weil er seine Pflicht getan hat: »Grünschnabel nennst du den? Wie sähe unsere Wirtschaft aus, wenn wir seine Wissenschaft nicht gehabt hätten? Und wie lange er erst bei uns ist? Der hat am 13. August mit in Berlin gestanden, und wenn das nicht geklappt hätte, brauchtest du jetzt keinen Platz für die Modelleisenbahn. Ich verlange, daß man ihm seine Dienstzeit anrechnet!« Diese und eine ganze Reihe anderer Weihnachtserzählungen sind sprachlich und inhaltlich so sehr ihrer Zeit verhaftet, daß sie heute nur noch als Zeitdokumente Interesse beanspruchen können.

Eine dritte Gruppe von Erzählungen schied ebenfalls aus: Sie hätten den Umfang des Bandes gesprengt. Hierher gehört beispielsweise Ludwig Tiecks *Weihnacht-Abend.*

In drei Fällen wurden Romanauszüge abgedruckt: Fontanes *Weihnachten auf Hohen-Vietz* ist der Anfang des Romans *Vor dem Sturm*; der Auszug aus Couplands *Generation X* hat eine solche Geschlossenheit, daß man ihn für ein Short-Story halten könnte. Das gilt auch für *Winter* von Garrison Keillor.

Für Anregungen danke ich: Anita und Traugott Gumpert, Gregor Gumpert, Lutz Hagestedt, Michael Hofmann, Arnulv Whist-Jensens, Ilse Kroher, Ilse Layer, Wolfgang Lukas, Regine Müller, Rainer Karwowski-Hartl und Charlotta Rüegger.

Berlin und Stockholm, Weihnachten 1995

Der Herausgeber

Knaur

Susanne Seitz

(60492)

(60208)

(2956)

(3260)

(60122)